U0121110

突围

国门初开的岁月

李岚清 著

中央文献出版社

为纪念改革开放30周年而作

江泽民同志为本书题词

改革开放是我国发展史上的重大转折我们要沿着邓小平同志为中华民族开创的这条道路坚持不懈地奋勇前进

江泽民

二〇〇八年八月一日

突围
(作者篆刻)

国门初开的岁月
(作者篆刻)

目录
contents

目录 contents

目录 | contents

作者与编辑的对话

（代序）

问： 我们知道您71岁开始学篆刻，刻了几百方印了。其中您还为邓小平同志刻了两方印。是哪两方印？您为什么要刻这两方印？

答： 2003年春，我离开工作岗位退休以后，有时间来学习自幼就爱好的文化艺术知识，从事这方面的实践活动。在学习篆刻时，有一种强烈的冲动，促使我为邓小平同志篆刻了两方印：一方是"改革开放总设计师邓小平印"，另一方是"科教后勤部部长邓小平之印"。邓小平同志担任过的党和国家的多项重要领导职务，都是中央"授印"任命的，唯有这两个重要"职务"，并非中央"授印"正式任命。前者是由于他在我国历史上特别是在改革开放伟大事业中所做的巨大贡献，全党和全国人民对他表达崇敬和爱戴的尊称；后者是他在"文革"后，拨乱反正，尊师重教，为科教事业排忧解难而自己任命

改革开放总设计师
邓小平印
（作者篆刻）

科教后勤部部长
邓小平之印
（作者篆刻）

的"科教后勤部部长"，他的这种风范，为我们做出了光辉榜样。我认为邓小平同志这两项非中央任命的"职务"也特别重要，于是怀着景仰和缅怀的心情，为纪念他的历史功绩而篆刻了这两方印章。

问：改革开放是一个很长的历史阶段，至少要上百年的时间，邓小平同志领导改革开放不到20年的时间，怎样理解他是改革开放的总设计师呢？

答：是的，改革开放是发展中国特色社会主义的必由之路，的确是一个漫长的历史过程。然而中国有一句老话："万事开头难。"我想补充说："伟大的事业开头更难。"邓小平同志之所以被尊称为"改革开放总设计师"载入史册，正是因为实践已经证明，他为中国人民设计了一条通向民族复兴的光明大道。

问：您写这本书的初衷是什么？

答：当你们为纪念邓小平同志和改革开放30周年要求采访我时，我的全部精神世界都还遨游在文化的海洋中，所以迟迟没有回应。然而，也正是你们几次催促，把我的思绪逐步拉回到过去熟悉的领域包括对外经济贸易工作，激起了我对往事的回忆。基于对邓小平同志出自内心的缅怀和崇敬，越发感到有责任把以他为核心的党的第二代中央领导集体所开创的对外开放伟大事业，哪怕是零星的、点滴的史实记录下来。因此就情不自禁地拿起笔不停地写了起来。

问：我们知道您是20世纪90年代进入中央决策层的，为什么不写这一段的经历，反而舍近求远去写对外开放之初的那些事情呢？

答：纵观中外历史，对外开放，国则兴；闭关自守，国则衰。纪念改革开放30周年，首先要把这段创业史尽可能地详细记录下来。讲到历史，既要有主要领导人决策的言行，也要有各级干部贯彻执行的过程，还要有第一线同志们创业的故事，特别是广大人民群众的首创精神。因此不管哪个方面的当事人都可以写，都应当写，只要写的是史实，都是可贵的。我也是基于此，觉得有责任把国门初开岁月中知道的和亲历的事写下来。另一方面，历史也需要拉开一定的距离，至于以江泽民同志为核心的党的第三代中央领导集体继承、发展改革开放事业所做的工作，会有别人写的。

问：对外开放30年了，您长期从事对外开放的领导工作，您怎样看待这段波澜壮阔的历史进程？

答：这个题目很大。其实，十一届三中全会后，党的历次全国代表大会都对改革开放作了重要阐述，十七大进一步回顾总结了改革开放的历史进程和宝贵经验。我个人体会，30年的对外开放，是一个不断探索、不断学习、不断发展的过程，其中有几个年份尤其重要。一是1978年，开始探索对外开放，接着试办经济特区；二是1984年，邓小平同志对特区予以肯定，开放14个沿海城市，对外开放格局初步形成；三是1992年，邓小平同志发表南方谈话后，中央提出建立社会主义市场经济体制，加快浦东开发开放，实行沿边开放战略，对外开放全面推进；四是2001年，我国加入世贸组织，开放型经济体系不断完善，对外开放进入了新阶段。总之，经过30年的探索和实践，我们既坚持社会主义，正确处理了对外开放和独立自主、自力更生的关系，又逐步深化了对利用国际国内两个市场、两种资源的认识，增强了通过发展对外经济关系推动国内经济建设的本领。在这个背景下，这本书主要讲述1984年以前的事，有的事情为了讲完整，适当作了延伸。这一段，对外开放艰难起步，试办初步成功。当时，我们这些后来走上中央领导岗位的人，还在对外开放一线工作，从实践中加深了对对外开放的理解，得到了锻炼。可以说，无论对国家还是对每个人，对外开放都是一所大学校。

问：时下写改革开放的书已经很多了，您这本书有哪些特别的地方？

　　答：从1978年开始，我就参与了对外开放工作，因此我是以一个参与者的身份来写的，主要是把我亲历的和知道的一些事写下来。为了增强可读性，我尽量用写故事的方法，试图用一个一个故事串连起来，还原成那个年代邓小平同志带领大家冲破阻力、突围开放的部分历史。当然，由于我是一个参与者、执行者，因此中央决策层的事，有的知道一些，有的不知道，我只能写我知道的一些事，肯定是不全面的。同时，本来改革开放是邓小平同志完整的战略部署，我只写了对外开放，提到的改革也只是与书中写到的开放有关的改革。由于改革牵涉的面很广，当时有些改革如农村改革等，我只是从文件和报刊上略知一点，所以我写不了。即便是对外开放，也是全方位的，涉及到经济、政治、文化等各个领域，这本书很难全面涉及。

　　问：这本书以《突围》为名，好记，能引发人们很多共鸣。您为什么用这个书名呢？

　　答：开始时并不是这个书名。我在回顾和写作的过程中，有一种感受是日益加深的。这就是对外开放初期，僵化的思想观念，传统的体制机制，以及国力家底都很薄弱等，束缚着人们的思想和手脚，对外开放每迈出一步，都要突破重重阻力，打破许多条条框框，是很不容易的，甚至还要承受很大的压力和风险。然而，正是邓小平同志带领大家突破"左"的思想禁锢、突破计划经济体制、突破关门搞建设的做法，才"杀出一条血路"，开辟了一个对外开放的新时代。这中间对外开放每迈出一小步，都是经济发展前进一大步。用这个书名，就是力求反映当时的艰难情景，体现先行者的胆识和精神。

　　问：听说为了写这本书，您用很长的时间和很大的精力去查阅、核实材料，并实地考察了许多地方。您为什么一定要亲自去做这些很具体的事情?

答：我先谈一谈写作过程。首先我根据回忆，一口气写了十几万字。第二步按我的回忆和有关线索查核文献档案，对草稿进行修改补充，形成第二轮草稿。第三步是当文稿进入编辑阶段，对文稿全面校核，收集整理相关的图片资料，寻访当事人对有关的事实进行核对。在此过程中又发现许多有价值的档案史料，引起新的回忆，我对文稿进行了较多补充，最后完成了这部书稿。东汉李固曾说：悠悠万事，唯此为大，国之兴衰，在此一举！在我的心目中，对外开放是一件强国富民的大事。所以，写这本书稿是一件非常严肃的事，写作的水平是第二位的，第一位是史料的可靠性，以免误导读者。

问：您说这本书主要是写给当代青年的，您想对在改革开放中出生和成长起来的青年们说些什么?

答：对外开放是一项长期的基本国策，今后要走的路还很长，有些问题尚未完全解决，不可避免地还会出现这样那样新的问题，需要一代又一代人的不懈努力。20世纪60年代以后出生的当代青年，他们有的当时年龄还小，有的没有亲历过那个年代。我想把我们这一代人经历过的一些事情告诉他们，帮助他们了解邓小平同志提出对外开放战略部署的背景，提出的过程，遇到的问题，解决的方法，使他们珍惜来之不易的成果，以便他们更好地继承、发展邓小平同志为我们开创的伟大事业。

坚持对外开放是一项
长期而艰巨的使命
（作者篆刻）

引语

　　邓小平，早年在我心目中就是我们党的卓越领导人，是开国元勋之一。

　　1958年，我国第一汽车制造厂生产出了第一辆国产东风牌小轿车。我有幸随厂长饶斌同志，将这辆轿车送到中南海，请中央领导同志参观。当时中南海的怀仁堂正在召开党的八大二次会议。饶斌同志是八大代表，他在里面开会，我和轿车总设计师史汝辑等几位同志，在怀仁堂后面的草坪上等候中央领导和会议代表在会议休息时前来参观。整个会议期间我们基本上都在那里，几乎见到所有中央领导同志，中办机要室主任叶子龙同志还安排我们旁听了毛泽东主席讲话。

1958年，邓小平（前排右一）、彭真（前排右二）等中央领导在中南海参观第一汽车制造厂制造的东风牌轿车，作者（前排左二）介绍有关情况。

　　有一天下午，来了一高一矮两位首长，一看便知道是彭真和邓小平同志。他们饶有兴趣地仔细观看了轿车，很高兴，除说了一些鼓励的话外，还问了一些问题，其中邓小平同志提的问题还很专业，我们一一做了回答，对中央领导同志的专业知识感到敬佩。后来才知道，原来邓小平同志早年赴法勤工俭学时，就曾在雷诺汽车厂工作过，他不但是无产阶级革命家、军事家，还是我们汽车工业的老前辈呢！这是我对他亲身感受的第一印象。

邓小平同志在我心目中形象的再次升华，是1973年他在"文革"中的复出。当时我在第二汽车厂参加建厂工作，亲身感受到邓小平同志领导全面整顿、力挽狂澜的巨大力量，使二汽夺回在"文革"中失去的时间，能于1975年建成投产。后来尽管"四人帮"再次批邓，已再也无法抹去邓小平同志在我心中的伟人形象。

1978年，第一机械工业部让我带领工作组调查全国汽车工业情况，提出整顿规划。我几乎跑遍了全国，看到我国汽车工业的落后情况，触目惊心。说来也巧，不久国家决定要成套引进国外先进技术，建设一个大型的重型汽车制造厂，部里委派我和其他两位同志负责筹建工作。此后我的主要工作转向筹建的第一步，与世界主要汽车公司进行引进技术的谈判。1978年底，经邓小平同志批准，重汽的引进谈判改成中外合资经营的谈判。从此，我进入了对外开放的工作领域。

1992年，我到中央工作后，有机会直接见到邓小平同志。最令我难忘的是，有一次邓小平同志对我说："必须改革开放。不改革开放，死路一条！"这个话，他过去也多次说过。这次又

邓小平与作者在一起

当面对我讲，我把它看作是对我们这一代人的政治嘱咐，也是我毕生的座右铭和思想行动的指南。

在邓小平同志设计的改革开放道路上，我一直到退休。

不觉间，几十年过去了。目睹改革开放30年我国取得的举世瞩目的成就，回顾邓小平同志在对外开放初期带领全党全国人民冲破阻力、打开国门的那段历程，感慨万千，浮想联翩，当时发生的一些事情尚历历在目。

2001年，作者在深圳莲花山邓小平塑像前与少先队员在一起。

破冰启航，
确立对外开放基本国策

　　20世纪对于中华民族来说，是一个经历了风云激荡、内忧外患，通过艰苦奋斗，走向民族振兴的时代。

　　1978年召开的党的十一届三中全会，是在中国重要历史关头召开的一次具有伟大转折意义的会议。这次会议是改革开放和社会主义现代化建设新时期开始的标志。此后，邓小平同志作出一系列改革开放的重要论述和重大决策。他把握时代发展的脉搏和契机，提出"现在的世界是开放的世界"、"中国的发展离不开世界"的科学论断。他从中国国情出发，借鉴国际经验，提出了沿海先行开放的战略构思，设计了全方位、多层次、宽领域的对外开放战略布局，并把对外开放作为长期的基本国策，为我国的全面改革开放，加快现代化建设，实现跨越发展，迈向强国富民之路，奠定了思想理论基础，构筑了持续发展的基石。

　　1978年12月18日—22日，党的十一届三中全会在北京召开。全会重新确立了党的马克思主义的思想路线，决定把党和国家的工作重点转移到经济建设上来，作出了实行改革开放的重大决策。

说到对外开放，中外历史早已向人们展示了一条规律：一个民族、一个国家，凡是对外开放的时期，往往就是繁荣强盛的时期，而闭关自守，往往是走向衰弱。或许有人要问：这种说法，又怎样解释新中国成立后的20多年比较封闭的格局？

新中国建立初期的反封锁

邓小平同志对此给出了最有说服力的论述。他说："毛泽东同志在世的时候，我们也想扩大中外经济技术交流，包括同一些资本主义国家发展经济贸易关系，甚至引进外资、合资经营等等。但是那时候没有条件，人家封锁我们。后来'四人帮'搞得什么都是'崇洋媚外'、'卖国主义'，把我们同世界隔绝了。毛泽东同志关于三个世界划分的战略思想，给我们开辟了道路。"

新中国的成立，取消了帝国主义国家在旧中国拥有的海关管理权、在华驻军权、内河航行权等一切特权，加之二战后国际上冷战格局的形成，以美国为首的西方国家对新中国实行敌视和遏制，不仅拒绝承认新中国，而且采取孤立、军事包围和经济禁运政策，阻塞了中国向西方国家学习和开放的途径。

1949年3月，毛泽东在筹划建国大政方针的党的七届二中全会上。

为突破封锁，争取国际支持来加快恢复和建设，新中国将"内外交流"作为经济建设根本方针的重要内容。对此，毛泽东同志早就有明确的基本构想。他在1945年召开的党的第七次全国代表大会上就说过："为着发展工业，需要大批资本，从什么地方来呢？不外两方面，主要地依靠中国人民自己积累资本，同时借助外援，在服从中国法令，有益中国经济的条件下，外国投资是我们所欢迎的。"1949年3月，他在筹划建国大政方针的党的七届二中全会上的报告中指出："关于同外国人做生意，那是没有问题的，有生意就得做，并且现在已经开始做，几个资本主义国家的商人正在互相竞争。我们必须尽可能地首先同社会主义国家和人民民主国家做生

1949年10月1日，毛泽东在开国大典上。

意，同时也要同资本主义国家做生意。"当年6月，毛泽东同志在新政治协商会议筹备会上宣布："中国人民愿意同世界各国人民实行友好合作，恢复和发展国际间的通商事业，以利发展生产和繁荣经济。"毛泽东同志在新中国成立的那一天，就向全世界宣告："本政府为代表中华人民共和国全国人民的唯一合法政府。凡愿遵守平等、互利及互相尊重领土主权等项原则的任何外国政府，本政府均愿与之建立外交关系。"1956年，毛泽东同志在他著名的《论十大关系》一文中，谈了"中国与外国的关系"，明确提出了"向外国学习"的思想。他指出："我们的方针是一切民族、一切国家的长处都要学，政治、经济、科学、技术、文学、艺术的一切真正好东西都要学。""外国资产阶级的一切腐败制度和思想作风，我们要坚决抵制和批判。但是，这并不妨碍我们去学习资本主义国家的先进的科学技术和企业管理方法中合乎科学的方面。工业发达国家的企业，用人少，效率高，会做生意，这些都应当有原则地好好学过来，以利于改进我们的工作。"

长期担任新中国总理的周恩来同志，从实践中更为迫切地感到国内建设与世界经济相联系的重要性。他曾指出："任何一个国家

破冰启航，确立对外开放基本国策

在建设中，任何一个国家在这个世界上，不可能完全闭关自给，总是要互相需求，首先就是贸易的来往，技术的合作。"现在世界上采取闭关自守的排外政策是不可能的，行不通的。

这些思想奠定了建国后对外经济政策的基础。新中国建立之初，就采取了非常务实的开放态度：既坚持原则，

1955年4月，周恩来在万隆会议上。

又保持灵活性，只要承认中国新政府，新中国就可以与他们在平等互惠的基础上进行通商贸易。

1953年9月26日，波兰经济展览会在北京开幕，邓小平（前排右三）为展览会剪彩并参观展览。

然而，在当时的历史条件下，面对以美国为首的西方国家的政治孤立，我们想要全方位对外开放也不可能，只能是向以苏联为首的"社会主义阵营"开放，实行 "一边倒"的政策。朝鲜战争的爆发和随之而来的西方对华封锁，则更加强化了这一政策。当时，我们对苏联、东欧等国家的开放和经贸交流却有了很大发展。因此，这种选择还不能说是完全"闭关自守"，只能说是推迟了中国对"西方世界"的开放。

1954年10月12日，周恩来同苏联部长会议副主席米高扬分别代表本国政府在中苏科技合作协定、贷款协定和苏联援助中国新建工业项目的议定书上签字。毛泽东（右三）、刘少奇（右一）、朱德（右二）和赫鲁晓夫（右四）等中苏两国领导人出席签字仪式。

建国之初，毛泽东同志赴苏联谈判签订中苏友好条约。继而由周恩来、李富春等同志与苏联具体商谈，从苏联引进建设了156个重大项目，也从东欧国家引进建设了一些成套项目，这些项目多数在当时也是国际先进水平。为了掌握这些技术，据不完全统计，从1949年到1960年，我国聘请来华的专家共2万多人，派出去

1984年12月24日，陈云（左一）、薄一波（左二）在北京会见苏联部长会议第一副主席阿尔希波夫（右一，曾于20世纪50年代任苏联援华专家组组长）。

的留学生、实习生约1万人，再加上从欧美学成回国的学者、专家，汇聚成了一支新中国的科技人才的生力军。与此同时，中央号召各级干部和广大职工用各种方式学文化、学科技、学管理，全党全国掀起了

1958年2月13日，毛泽东视察"156项工程"之一的第一汽车制造厂。

学习科技、学习经济、学习管理的热潮。大家用极大的热情和积极性投入了以156个重大项目为重点的第一个五年计划建设，取得了巨大成就，为我国打下了工业化的初步基础。

第一个五年计划是从1953年到1957年，超额完成了任务。这五年，在基本建设上，全国完成投资总额550亿元，超过原计划的15.35%。新增固定资产460亿元，相当于1952年底全国固定资产原值的1.9倍。苏联援建的156个项目，有135个已施工建设，68个已全部建成或部分建成投产。1957年，工农业总产值达1241亿元，比1952年增长67.8%。工业总产值超过原计划21%，比1952年增长128.5%。钢产量535万吨，比1952年增长近3倍。国民收入比1952年增长53%。全国职工年平均工资达637元，比1952年增长42.8%；农民收入比1952年增加近30%。

与此同时，我国还积极开展与毗邻国家和民族独立国家的经贸往来。尽管当时我国与日本尚未实现邦交正常化，但在1952年，通过民间友好人士的牵线搭桥，同日本签订了第一个民间贸易协议。1962年，廖承志和高碕达之助签署了关于中日两国民间贸易的《中日长期综合贸易备忘录》

（又称"廖高备忘录"），不仅大大促进了中日贸易关系的发展，而且开辟了中日之间半官方半民间接触和交流的窗口。

对于香港这个特殊的国际性港口、贸易和金融城市，我们在20世纪五六十年代就利用它作为对外经济贸易的一条通道，通过香港千方百计从西方国家进口一些我国急需的物资。为了保持香港的稳定和香港同胞的生活，我们特意修建广东东江供水工程，向香港供应淡水。

1962年11月9日，廖承志（前右）和高碕达之助（前左）签署了关于发展中日两国民间贸易的《中日长期综合贸易备忘录》（又称"廖高备忘录"）。周恩来出席了签字仪式。

20世纪60年代初期，中苏关系恶化，苏联单方面撕毁合同，撤回专家。毛泽东、周恩来等中央领导同志及时提出，对外贸易的重点和引进技术装备的对象，转移到西方对我友好的国家和地区。从1962年至1966年，同西方一些国家谈判成交的大小成套设备20多套，合同总金额达3亿多美元，包括冶金、石化、电子、精密机械等等。

从这里可以看出，"文革"以前的17年中，我们并不是主观上不愿意对外开放，而主要是客观上不具备全方位对外开放的条件。即使在那种受封锁的环境中，我们党仍然进行了一些对外开放的尝试。

极左思潮下的自我封闭

中国走向自我封闭是在"文化大革命"期间。在那场错误的政治运动中，江青等人到处散布极左思潮，在"反帝"、"反修"的借口下，几乎断绝了同大多数国家的交往，甚至发生了"火烧英国代办处"那种严重违反国际准则的事情。当时不但有海外亲属关系的人要

破冰启航，确立对外开放基本国策

受到审查，就连在国外学习工作过的同志与外国人进行正常人际交往，有时也会被当作"特嫌分子"对待。在对外经贸活动中，他们把"自力更生"与"对外交流合作"对立起来。对引进国外技术、进口外国产品，动辄扣上"卖国主义"、"洋奴哲学"的帽子，或无中生有，或无限上纲地加以攻击批判，使我国的对外经贸工作受到严重干扰破坏。周恩来同志等老一辈无产阶级革命家力抗逆流，与之进行了针锋相对的斗争。再加上当时中苏关系进一步恶化，直至发生边境武装冲突。那种两边"敌对"的对外关系，显然无法继续维持。

1975年，邓小平在主持党中央和国务院日常工作期间，同"四人帮"进行了针锋相对的斗争，着手进行全面整顿。

历史的进程，为中国与"西方世界"彼此改善关系提供了重大契机。毛泽东同志敏锐地觉察并抓住这一契机，通过努力，我国于1971年恢复了在联合国的合法席位。以1972年2月中美上海公报为契机，中美关系走向正常化。随后，一些西欧国家也逐步放松了对我国的封锁，表达愿意与我国发展贸易的愿望。也就在这个时期，毛泽东同志根据国际形势的变化，提出了划分三个世界的理论，为当时的对外关系和对外经贸工作指明了方向，也为以后实行对外开放作了铺垫。

1975年，由于周恩来同志病情严重，一度被打倒又重新恢复工作的邓小平同志在毛泽东同志的支持下，主持党中央和国务院日常工作。他针对"文革"造成的混乱局面，实行全面整顿，人心大振，成绩斐然。连我们这些当时在第一线工作的人都能深切地感受到，他是一位能力挽狂澜的伟大人物。根据邓小平同志的指示，国务院于1975年6月中旬到8月中旬，召开了计划工作务虚会，讨论研究实现"四个现代化"的方针、政策和重要措施，提出要引进新技术、新设备，扩大进出口。邓小平同志明确提出：引进技术是一个"大政策"。在新中国的经济发展史上，他首次把这一项"专业工作"提高到战略方针的"大政策"高度。

然而"四人帮"仍继续进行干扰破坏。到了当年第四季度，国内政治形势急剧逆转，开始"批邓、反击右倾翻案风"，全盘否定邓小平主持中央日常工作期间的政治方针和工作成就。在"宁要社会主义的草，不要资本主义的苗"和"反修防修"的一片呼喊声中，中国的社会主义建设走上了闭关自守、与世隔绝的道路。在"左"的思想指导下，把自力更生的创业精神绝对化，拒绝学习和利用国外的一切先进科学技术，拒绝接受外国的一切经济援助和贷款，使我国坐失了发展良机。

从上述历史可以看出，新中国成立后，尽管我们党主观上要实行对外开放，而实际上对外开放很难实施，外部环境是主要的，"文化大革命"中"四人帮"的干扰破坏也是重要因素。

关门搞建设，经济走进死胡同

经过"文革"十年浩劫，我国经济已处于千疮百孔、捉襟见肘的地步，人民生活十分困难。根据《中国统计年鉴》数据，新中国成立后，经过一段经济恢复，1955年我国国民生产总值占世界的比重是4.7%，1978年则下降到1%。1976年我国人均年消费粮食只有381斤，低于1952年的395斤。1976年全国职工(含国有、集体)平均工资为575元，低于1966年的583元。城镇职工工资不但十几年没有上调，实际生活水平反而下降，全国农村有2.5亿人没有解决温饱问题。从绝对值来说，1976年(GDP为4704亿元)全国人民工作365天只相当于2007年(GDP为24.7万亿元)工作1周的GDP。1976年全国工业企业的资金利润率只有1965年的一半，亏损企业占1/3。1976年的进出口额仅134亿美元，外汇储备仅5.8亿美元。

以上这些数字，固然已足以在宏观上描绘当时的经济困境，但还不能具体反映当时人民生活的实际困难情况，特别是对青年人更是如此。对于我们经历过那个时代的人，那时的情景难以忘却。首先，由于物资的短缺，几乎所有的重要物资都实行限量供应。生产资料是实行计划分配，柴、米、油、盐等生活物资则是凭票证限量购买，各种供应票证达六七十种之多。

吃饭要粮票　粮票对青年人已经是一个很陌生的词汇。可是，对我们这些用过几十年粮票的人来说，都有一些难忘的记忆。

部分地方粮票

为什么会出现粮票？还得从解放初期说起。那时我在上海念书。当时国民党刚从大陆溃逃台湾，但反攻大陆之心不死，从军事上、经济上采取各种公开和秘密手段，千方百计对我们进行破坏，并妄言"共产党能打下上海，但治理不了上海，不久他们就会知难而退"。他们所用各种破坏手段中重要的一种，就是国民党潜伏特务与奸商勾结破坏粮食供应。记得当时由于奸商大量收购囤积本来就十分短缺的粮食，不但使居民购粮十分困难，而且粮价飞涨。为解决这一问题，党和政府一方面打击奸商，另一方面从各地向上海紧急调粮投放市场，使囤积粮食的奸商顶不住了，不得不跟进抛售。这样总算渡过了这一难关，使我们有了从长计议的时间。

1953年开始的第一个五年计划，标志着社会主义工业化建设的开始。大规模工业化建设的全面展开，急剧扩大了城市和工业对商品粮的需求量。为解决粮食供应紧张的问题，保障人民生活，1953年11月政务院颁布了《关于实行粮食的计划收购和计划供应的命令》，其中规定：在城市，对机关、团体、学校、企业等人员，可通过其组织，进行供应；对一般市民，可发给购粮证，凭证购买，或暂凭户口本购买。1955年又制定实施了《市镇居民粮食定量供应暂行办法》。粮票作为此项政策的配套措施，于同年11月正式印制使用。粮票种类分全国粮票和地方粮票，只有全国粮票可在全国范围通用。

　　粮票的使用，在粮食短缺的情况下，对保证居民的口粮供应起过重要作用，但也带来了许多麻烦。特别是在"文革"中，粮食配给本来就比较紧张，又动员大家"主动"要求减少配给数量，人们生活就更加困难了。例如，对不同职业和岗位的人群，要核定不同定量标准和各种粮食的比例，男性女性还有差别。粮票以地方为主，只能在当地指定的粮店凭户口本发放，如果要到外地出差，还要由单位开介绍信去兑换全国通用粮票。地方粮票定期使用，过期作废，而全国粮票无时间限制，因此居民都想方设法把节省的地方粮票，兑换成全国粮票加以保存。这样全国粮票无形中就变成

部分全国通用粮票

一种"有价证券"，记得当时一斤全国粮票可以换一个鸡蛋，几斤全国粮票可以换一个当时很时髦的塑料盆等等。

北京市市镇居民粮食供应证

南京市购粮券

代存粮票卡片

有一位外国大公司的高层领导就同我讲述过一个他亲身经历的故事。20世纪80年代，他曾在北京语言学院学习汉语，由于他喜爱中国文化，课余时间就骑自行车外出请人教他书法。有一次，下课时天色已晚，饥肠辘辘，他骑车回校途经东单，看到一家饭馆，想买几个包子充饥。当他拿出钱要买时，服务员向他要粮票。他说：我是外国人，没有粮票。服务员说，外国人也要粮票。

北京市部分物资购买证（券）

这位外国朋友会说中国话，还继续同他理论说：前几天我在另一家饭馆吃饭，他们就没有向我要粮票。岂知这位服务员很讲原则，用现在的词汇可以叫做坚持"国民待遇"，对他说，他们要不要我管不着，我们这里就是要粮票。正好当时旁边有另一位买包子的人看到他们在"讨价还价"，就慷慨地拿出几两粮票送给他，帮他解决了"燃眉之急"。据这位朋友说，因为他未见过粮票，感到很新鲜，当时他没有舍得用完，至今还保存着一张呢。他还说，虽然已过去很多年了，他仍记得那是一位瘦瘦的中年人，可惜当时没有问他的姓名，否则真应设法感谢他一番呢。他的这段经历对我们来说，当时实在不足为奇，可对一位外国人来说，的确还不失为一件难忘的趣事。

改革开放后，随着经济的改革和发展，粮食大幅增产，特别是农产品经营和购销体制的改革，粮食凭票限量供应的制度才取消，粮票逐步退

部分地方物资购买票证

出历史舞台。食品凭票证限量供应的还不只是粮食，食用油、肉、鸡蛋、煤等也是凭票、凭本供应。新鲜鱼在北京市场基本上看不到，咸带鱼只能碰运气才能买到。每当快到冬季，街道就组织居民限量购买过冬储存的大白菜等等。不少日用品如肥皂等也凭票证限量供应。

穿衣要布票　说到穿衣，当时人们首先想到的是布票，每人配给的数量很少，只有结婚、丧葬才能一次性地增加一点供应量。因此，当时连面粉袋、进口化肥的化纤布袋都拼缝起来做被里使用。布料的花色也很单调，无非是草绿色（军服）、蓝色、灰色、黑色，春秋季能做一件浅灰的布料中山装就觉得挺神气了。"文革"刚结束时妇女开始穿花衬衫，所谓花衬衫，实际上不过是在白布上印一些红、黄、蓝、咖啡色的小圆点而已。那时，一般干部和知识分子出国的机会很少，出国的服装都是借的。一些有外事活动的单位，集体做几套服装，像道具一样，谁出国或有外事活动就谁穿，回来后立即归还。对穿衣来说还不只是衣料限量问题。由于当时成衣的尺码档次很少，很难买到合身的衣服，因此除了自己缝制外，主要靠到裁缝店去做。当然，衣服打个补丁，补个袜子，缝个被子等都得自己动手，这是大家必须学会的"基本功"。但那时到裁缝店做衣服也并非易事，我就有过这样一段遭遇。

部分地方布票

三级服装加工部　1978年的初春，我需要买一件夏天穿的短袖衬衣，在北京一连跑了七家商店，竟然买不到一件合适的。我的夫人建议说："别再跑了，还是买块料子找个裁缝店去做吧。"于是我们买了一块仿绸料子，去找个地方做。谁知从西单找到甘家口，都说他们做不了。原因是说我是特殊体型，他们只能做标准体型的。这使我非常纳闷，我真不知道自己的体型"特"在哪里。想来想去无非稍微胖一些，可对一个四十多岁的人来说，胖得并不过分。这时真感到非常无奈，衣服买也买不到，做也做不了，总不能光膀子吧。没有其他办法，只好继续"奋斗"，锲而不舍地再去找。到了四道口，终于找到一家说可以做的裁缝店，当时真有点喜出望外。裁缝师傅为我量好了尺寸，把尺寸单的副页夹在料子里，算是手续办理完毕。我便问他什么时候来取？回答说11月。这使我着实吃了一惊，心想做这么一件衣服怎么会要大半年的时间呢？便同他商量说："您看，我这衣服是夏天要穿的，11月才能拿，都到冬天了，能不能请你们帮忙赶一赶。"他很干脆地说"不行。你看，我们就这么几个人，接的活儿都快要堆到屋顶了，怎么做得过来呀？"我一看，他说的也确是实话，便向他建议说："既然活儿这么多，为什么不多找几个人呢？""多找几个人，您说得倒轻巧，您是劳动局长吗？"经他这么一说，我方才恍然大悟，才想起增加劳动指标不是那么容易批的，当然也就彻底失望了，只好要回衣料继续去碰运气。兜了一个大圈子后，到了王府井东安市场，在市场的西北门口有一家绸缎店，便信步走进去随便看看。忽然发现店内挂了一个可以做衣服的横幅，心里高兴地想，终于又找到一家，便问他

20世纪60年代的北京东风市场（后恢复原名为东安市场）

们像我这样的体型的衣服能不能做，答复说可以，但同时营业员指着那横幅，让我看一看。我抬头仔细一看，那红布上粘的白纸剪的字是："三级服装加工部"。我不懂是什么意思，便请他解释一下。回答说："'三级服装加工部'的意思，就是加工技术水平低，也就是说做坏了不赔。"这种"坦率"真叫人哭笑不得，然而在走投无路的情况下，我还是硬着头皮问了他一句："你们总不会故意给做坏

三级服装加工部

三级服装加工部（作者篆刻）

了吧？"他的回答是："当然不会。"这倒也给我增添了几分信心，于是量好尺寸，办好手续，取衣的时间也还算说得过去。总算带着"天无绝人之路"的感觉，高兴地回家了。过了一段时间，约定的取衣时间到了，先后去取了两次，都说还没有做好。按照第三次约定的时间又去取衣。记得那天还下着雨，是打着伞去取的。我问他们做好没有？查了一下说做好了，便取出让我试一下。我一看，口袋、袖口和下摆缝的线全都是波浪形的，再一试更糟糕，衣服大得像日本人穿的和服。这时我再也忍不住了，便同他们理论起来。我说："你们看看，这衣服怎么穿呀？再说你们缝的'波浪线'如果在衣服里面倒也算了，全在外面缝得这样弯弯曲曲的，多难看呀！"谁知他们不但无一点歉意，还理直气壮地说："我们早就告诉您，这里是'三级服装加工部'，做坏了不赔，您硬要在我们这里做，现在又埋怨我们做坏了。"听了他们这番话，我自知"理亏"，其实他们哪里知道我并非硬要在他们这个"三级服装加工部"做衣服，我也是不得已而为之呀。我再也无言可对，只好拿着这件实在不能穿的衣服，颓然走出这家"三级服装加工部"。

我讲的这是一个发生在30年前亲身经历的故事，现在听起来好像天方夜谭，也许有些青年人根本听不懂。的确，不要说青年人，就是我自己现在也感到有些不可思议，可这的确是曾经发生过并带有普遍性的事实。

房子越住越小　说到住房，更是不堪回首。回想解放初期，我大学毕业到长春参加第一汽车制造厂的建设。虽然当时条件很苦，天气又冷，但是我们党尊重知识、爱护人才的干部政策，使我们这些知识分子感到无比温暖，大家积极性很高，好像有使不完的劲。在建设工厂的同时，一栋一栋的职工宿舍拔地而起，在大小不一的单元公寓房中不仅有厨房、厕所，有热水、淋浴，还有木质地板。开始我们都不敢想象这是为职工们建的。然而，当我24岁结婚时，厂里就分配给我们一套这样的两居室单元房。像江泽民同志当时是处级干部（当时一

一汽的职工宿舍

汽的干部比地方高半级，他享受地市级待遇），住的条件就更好了，是大屋顶的公寓楼。这样的住房条件，使我们内心深处更加体会到社会主义的优越。不过好景不长，我于上个世纪60年代初调离一汽后，到80年代初，不但居住条件每况愈下，还住过"干打垒"、农村的"简易房"、"筒子楼"、"办公室"等等。我相信我的居住情况当时还不算是最差的，有不少职工结婚多年仍长期住单身宿舍，很多年连"筒子楼"都住不上的也大有人

筒子楼

在。据统计，1977年我国城市居民的人均居住面积只有3.6平方米，居然低于1952年的人均4.5平方米的水平，可见当年的住房问题是多么严重。改革开放30年，住房条件有了很大改善，2007年底，城市居民人均住房面积已达28平方米。

出行难　说到行，当时出门不叫乘车，叫挤车，挤公共汽车，挤火车。我乘过最挤的火车，站着的人挤人，连空隙都没有。我的夫人为挤公共汽车被人挤倒，还摔断过骨头。路不太远自然是骑自行车，平时骑车还好，冬天也是怪冷的，所以白纱布缝制的大口罩就成为必备品。骑自行车也并非没有危险，特别是路灯昏暗的地方，不小心也

会出乱子。有一次晚间我骑车经过一条小街，一不小心碰上了一个半开的下水道井盖，摔得我人仰马翻，幸好还未伤筋动骨。后来，我设法弄到一张自行车票，花了180元买了一辆带磨电灯的永久牌自行车。但骑了没有多久，可能因为这辆车太有诱惑力，竟被小偷偷走了，让我心疼了好一阵子。

自行车券

当时我国的汽车很少，卡车主要是一汽生产，二汽刚投产不久，产量还不大。由于卡车长期严重供不应求，而一汽每年获得的利润，基本上都上缴国家用于其他项目的建设，工厂本身难以进行产品更新和扩大再生产，在这种供应严重不足的情况下，各地不得不自己仿造"解放"牌卡车。当然，他们不用"解放"牌而换上了自己的"品牌"。由于投资和技术有限，产量、质量和效益自然很差。1978年第一机械工业部让我负责调查全国汽车工业的状况，以便制定整顿和发展汽车工业的规划。在调查中，我发现全国除西藏外，几乎每个省、区、市都有所谓的"汽车制造厂"。各地办的汽车厂，生产规模小的年产只有几十辆，一般也就几百辆、千把辆，而实际上多数是外购一些包括残次品在内的零部件拼装的。这种"小、散、乱、差"的状况，不但给国家资源造成极大浪费，生产出的汽车基本上也是不合格的，污染环境，也很不安全。有一件事让人觉得特别好笑。某城市仿造的"解放"牌卡车，商标是"永向前"，我开玩笑地说了一句："这种车子看起来不怎么样，名字倒有点意思，勇往直前。"我话音刚落，同行的同志就对我说："他们的商标真的是名副其实，他们生产的车子，没有倒挡，只能向前开，不能往后退。"当时还有一个现象，就是拖拉机极少在田间作业，而

"永向前"牌汽车

破冰启航，确立对外开放基本国策

永向前
(作者篆刻)

是在公路上跑运输，效率更低，安全性更差，污染更大，使用成本更高，是对社会资源的很大浪费。轿车产量更少，主要是上海牌轿车和北京吉普。当时，我国的汽车无论是质量还是数量，与国外汽车相比都有很大差距，再加上当时"汽车厂"林立，无序发展，对能源和资源也造成很大浪费。现在我国汽车工业无论是数量还是质量上都已取得惊人发展，虽然随之也带来了一些能源、交通和环境等方面的问题，但这是发展进步中另一种性质的问题，也是寻求新的科技和政策、法规可以解决的问题。

理发的烦恼 理发，比起衣食住行来虽还算不上大事，但也是人民群众生活的必需。在那个时代，凡是中年人大都有过理发烦恼的经历，主要是每次理发都要排队等待很长时间。20世纪70年代，我在工厂里当领导，当时办工厂就是办社会，特别是在偏僻的山沟里更是如此。办社会当然也少不了要办理发室。包括我在内的职工们，对那时的理发室意见可不小，不但排队等待的时间很长，而且理发时浪费的时间也很长。如果听说厂里给职工弄来什么难买到的鱼、肉、菜等，或自己有什么事，理发员竟会丢下理了一半头的职工，跑出去办自己的事。弄得去理发的职工无可奈何，怨声载道。后来我看这样下去实在不像话，想了一个"月评月奖"的办法，每月开一次评奖会，大家来个自报公议，评上先进的理发员发给奖金。希望通过奖励先进来改进服务态度，提高工作效率。谁知事与愿违，每次评奖时，大家是"当仁不让"，谁也不甘"落后"，有时甚至还争得面红耳赤，把"月评月奖"弄成"越评越僵"，难以为继。可奖金一发，要取消就难了，最后只好把奖金平均分配给大家了事，而理发排队的情况却依然如故，职工对理发的牢骚也丝毫未减。后来又想了一个办法，实行"计件工资制"，理发员的工资按理发的数量来计算。这个办法一实行，立刻见效，排队等待的现象大大减少了，理发员的效率也空前提高。可是，出现了"高速切削"式的理发，使理发质量也空前下降。

有的职工到我这里来"告状"时，不待他申诉，我一看他的头发被推成一个"锅盖头"，就已经又好气又好笑。后来又不得不给理发员规定每天理发的上限，即一天理发最多不能超过几个人，超过限额的不计工资，目的是想遏制他们"高速切削"。然而这个办法仍不见效，他们还是"高速切削"，"切"完后，提前收工。我讲的这种现象，固然有当时"文革"干扰的因素，那时表现得比较突出。但在"文革"以前和以后的一段时期里，这种类似的现象，也是普遍存在的。在粉碎"四人帮"以后，我调来北京工作，星期日去理发店理发，往往连排队带理发，差不多也得花上近半天的时间。其实我理发最简单，从来不要他们给刮胡须，也不吹风，理发本身一般不超过半小时。虽然自己不能给自己理发，我还是下决心买了一把理发推子，有时对着镜子把自己两边的鬓发推一推，以延长理发的周期，节省一点排队的时间，更主要是学着给孩子理发，免得孩子再花时间去排队。因此，那时我总有这样一个愿望：如果有哪一天不要再排队等待理发就好了。

我讲的是理发的烦恼，但这只是当时短缺经济和"大锅饭"体制在方方面面的一个缩影。对于这些长期普遍解决不了的问题，是我们这些干部无能吗？是理发员不好吗？都不是。也许有人会说，那时我们那里的理发员就不像你说的那样，服务态度很好，还是劳动模范呢。当然，各行各业都有劳动模范，我们也应当以他们的先进思想和事迹为榜样，要求大家向他们学习。而我们过去却总是认为，人人都应当也可以成为和劳动模范一样的人，思想政治工作是万能的，体制和管理制度问题并不重要。而实践证明，凡是带普遍性的问题，就必须从体制和管理制度上找原因，这样才能从根本上解决问题。过去那种理发的烦恼，改革开放以后已悄然消失，因为我们的经济体制改变了，服务业放开，不再吃"大锅饭"，"铁饭碗"也没有了，大家要靠服务态度、质量和效率去竞争，才能获得相应的回报，甚至才能保住"饭碗"。事实不正是这样吗？

"时髦"的代价　　当时的日用品也极为匮乏，我曾经特别注意过儿童玩具，好像在商店里主要只见过赛璐珞的洋娃娃，铁皮做的玩具小汽车，充气的气球和塑料鹅、鸭等。有一次，我想买一盏台灯，走遍了商店，只有三种，一种是样式非常古旧的绿色玻璃罩的，一种是伞形纱罩的，还有一种是"丁"字形的荧光管台灯，仅此而已。手表虽然还不属于奢侈品，但要想买也不容易，因为首先要弄到一张手表票。我的一块"上海"牌手表，坏了就修，修了再用，一用就是20多年。由于误差已"超标"，且外表已呈老态，本想更新一下。可一是怕弄手表票麻烦，二是仅有的几种国产手表样子大同小异，也就懒得换了。改革开放初期，北京生产了一种"双菱"牌手表，造型稍有新意，价格虽比老式手表要贵一倍，每块130元，但无需手表票，于是就买了一块。

手表购买券

可时隔不久，看到商店里又出现一种电子表，没有表针，是液晶数字显示的，不但可以显示时间，还能显示日、月和星期。觉得挺新奇，而且每块只要70元，于是当即就买了一块。当时我想，把这块刚买的"双菱"表拿到寄售商店处理掉，还能回收几十元呢。于是就直接向王府井一家寄售商店走去。当我把手表和购表的发票给营业员看了以后，他问我是寄售还是要他们收购。我便问他寄售和收购有何区别？他说，寄售80元，收购60元。这大大出乎我的意料。我指着发票对他说：你看，我是130元买的，用了还不到3个月呢。他说："您讲的全对，可您不了解，'双菱'在手表厂内部销售给职工，每块只卖70元，价格定高了，谁买？"经他一说，我全明白了，只好成交了这笔赔本买卖。可是赶"时髦"的代价尚未到此为止。买的那块电子表起初还是挺引人注目的，可是不到半年，就"未老先衰"了，显示器越来越模糊不清，表壳的电镀层也跟着脱落。我记得还不到8个月就完全报废了。由于手表引起的这番经历，1983年我到天津工作时，知道天津有个大的手表厂，于是就促使我关注怎样能把手表几十年不变的老面孔给改一改？便带着这个问题到手表厂去调研。经过了解，发现这个问题固然有技术性的原因，但更多是体制方面的原因。如国外专业化分工很细，有的厂专门做表芯，有的专门做表壳，有的专门做表针和表盘，而且工艺设备先进，效率高，品种多，变化快。他们所谓的手表厂，主要是造型设计，装配，出品牌，销售。而我国的手表厂则是"大而全"，什么都干，再加工艺设备落后等等，人家一个厂一年出300多种款式的手表，我们三年出不了一种新表。然而，这些问题还比较好办，可以引进先进技术和设备。但最不好解决的是体制、政策和管理问题。

20世纪70年代，"三转一响"（手表、自行车、缝纫机和收音机）是人民群众生活中的奢侈品。图为当时顾客在浙江省平湖县百货公司购买钟表。

例如，我到天津手表厂去调研时，发现手表生产原来是个"暴利"行业，手表的成本每块只有8元左右，而售价要卖几十元。这么大的利润，为什么工厂还没有积极性呢？原来所获利润绝大部分都上交了，干多干少，干好干差，与工厂和职工关系不大。还有更不合理的是，由于手表是"暴利"行业，当时各地纷纷上手表厂，顿时五花八门各种品牌的手表在市场上纷纷出现，价格都比上海、北京、天津这些大厂的便宜。小厂低价销售，这些大厂能不能也降价销售呢？不行。因为这些大厂的价格是属于国家统一管理范围的，自己无权调节。这一下可坏了，地方小厂的低价手表占领市场的份额越来越大，大厂生产的手表越来越积压滞销，陷于大幅减产、停产的困境。因此，这种管大放小的办法，造成了不公平竞争，弄不好就成了以小压大，以小吃大，"蚂蚁啃骨头"，使大中型骨干企业处于危险的境地。这些看来似乎是可笑的怪现象，当时正是困扰我们的活生生的现实！这些问题怎么解决呢？改革，只有改革。放开计划和价格管理，合资、合作、引进先进技术，到国内外市场去竞争。这样才使它们起死回生，彻底改变我国手表工业的落后局面。

当时还有一个严峻的问题。20世纪70年代港、澳、台地区经济的快速发展给我们很大压力，毗邻香港的广东出现"逃港潮"。1978年广东农民人均年收入只有77.4元，一水之隔的香港新界农民收入已达1.3万港元，差距上百倍。离香港最近的深圳的前身宝安县，从1951年封锁边境到1980年建特区前，外逃香港青壮年约7万人，撂荒耕地9万多亩，成为当时的一个严重的社会问题。

上述这些，也不过是30年前的真实情况，却好像早已成为尘封的历史，有些青年人听起来也许无法想象和理解。

历史和人民的选择，邓小平再复出

"四人帮"的覆灭，宣告了"文革"的结束，饱受十年动乱之苦的中国人民，重新看到了民族振兴的希望。

谁将带领中国摆脱困境，走向振兴？不但许多曾与邓小平同志长期共同战斗和工作过的老一辈领导人想到的是他，广大群众心目中也

自然想起他们敬佩的邓小平同志。叶剑英、陈云、李先念等老一辈领导同志向中央建议恢复邓小平同志的职务，让他尽快出来工作。

1977年2月，中央一些报刊发表了《学好文件抓住纲》的社论，提出"凡是毛主席作出的决策，我们都坚决维护，凡是毛主席的指示，我们都始终不渝地遵循"，即"两个凡是"。其实质是要维护毛主席晚年发动"文化大革命"的错误，包括"批邓"和悼念周总理、反对"四人帮"的"天安门事件"都不能翻案。

社论的发表使许多老同志们意识到问题的严重性，他们在用各种方式表达自己对"两个凡是"的不同意见的同时，也在为推动邓小平的复出而加紧做工作。1977年3月10日至22日，中共中央召开工作会议，会前，叶剑英同志对华国锋同志的讲话稿提出两条意见："一是'天安门事件'是冤案，要平反；二是对邓小平同志的评价，应该把提法换一下，为小平同志出来工作创造条件。"3月13日，陈云同志在书面发言中指出："为了中国革命和中国共产党的需要，听说中央有些同志提出让邓小平同志重新参加党中央的领导工作，是完全正确、完全必要的，我完全拥护。"王震也对阻挠为"天安门事件"平反和邓小平复出的人进行了批评。他说："邓小平政治思想强，人才难得，这是毛主席讲的、周总理传达的。1975年他主持中共中央和国务院的工作，取得了巨大成绩。他是同'四人帮'作斗争的先锋。'四人帮'千方百计地、卑鄙地陷害他。'天安门事件'是我们民族的骄傲，是全国人民阶级觉悟和路线大大提高的集中表现，谁不承认'天安门事件'的本质与主流（是革命的），实际上就是替'四人帮'辩护。"

经过叶剑英等老一辈无产阶级革命家的反复做工作，在全党、全军、全国各族人民强烈要求邓小平同志出来工作的情况下，1977年7月16日至21日，在北京召开了党的十届三中全会，一致通过《关于恢复邓小平同志职务的决议》，恢复了邓小平同志的中共中央委员，中央政治局委员、常委，中央副主席，中央军委副主席，

1977年7月，党的十届三中全会通过了恢复邓小平职务的决议。图为邓小平在会上发表重要讲话。

国务院副总理，中国人民解放军总参谋长的职务。邓小平同志在会上的讲话中说："作为一名老的共产党员，还能在不多的余年里为党为国家为人民做一点力所能及的事情，在我个人来说是高兴的。出来工作，可以有两种态度，一个是做官，一个是做点工作。我想，谁叫你当共产党人呢，既然当了，就不能够做官，不能够有私心杂念，不能够有别的选择，应该老老实实地履行党员的责任，听从党的安排。"

7月30日晚，邓小平同志突然出现在北京国际足球友好邀请赛的主席台上。这是邓小平同志复出后首次出席公众活动，给全场8万观众一个极大的惊喜，现场顿时响起了经久不息的雷鸣般的掌声。对邓小平同志在公众场合的公开露面，外国通讯社迅速作了报道，成为当时重大的国际新闻。这场中国队对香港队的足球赛事，由于邓小平同志的出现，引起现场观众们的轰动和欢呼。

1977年7月30日，邓小平（前排左四）出席在北京工人体育场举行的北京国际足球友好邀请赛闭幕式，并观看比赛。这是邓小平复出后第一次在公众场合露面，受到全场观众热烈欢迎。

这次复出后，邓小平同志站在了一个更广阔的舞台上，指挥着中国

这艘巨轮，沿着他设计的航线——建设有中国特色的社会主义道路，驶向小康、富裕的目标。如果说1975年的整顿是对改革道路的探索，而此后的30年，我国历史上的重大事件，我国人民的日常生活都与邓小平同志倡导的改革开放的政策密不可分。在叶剑英元帅80岁寿宴上，叶帅称邓小平"是我们老帅中领班的"。他在老帅们心目中已经形成了不可替代的核心地位。也可以

1977年5月14日，邓小平夫妇到叶剑英家中祝贺叶剑英80大寿。

说，没有邓小平同志的再次复出，就不会有改革开放的今天。历史选择了邓小平，人民选择了邓小平。

尚未复出的邓小平（前排右四）与叶剑英（前排右二）、徐向前（前排右三）、聂荣臻（前排右一）等在一起。

破冰启航，确立对外开放基本国策

解放思想，真理标准大讨论

结束"文革"这场灾难，使我国有了发展的生机。然而，消除这场浩劫在政治上、思想上造成的混乱决非易事。

当时的中国并没有因为粉碎"四人帮"而走出真正的危机，仍然面临着严峻的政治形势：当时的中央主要负责人不但没有否定和批判给中华民族带来灾难的"文化大革命"，反而认为"粉碎'四人帮'是无产阶级文化大革命的又一个伟大胜利"，今后必须"把无产阶级专政下的继续革命进行到底"

正是在这种背景下，宣扬"两个凡是"的文章发表后，仍沉浸在欢乐和希望之中的全国人民，心中突然蒙上了一层厚厚的阴霾。人们在想，难道还要继续"批邓"吗？难道还要搞"阶级斗争为纲"、"无产阶级专政下的继续革命"吗？难道"文化大革命"仍要继续搞下去，或者过七八年再来一次吗？如果真是那样，那中国可真是万劫不复了。

当时，尚未复出的邓小平同志洞察出了"两个凡是"的要害，他以大无畏的精神指出："两个凡是"不行。1977年4月，他给华国锋、叶剑英同志和党中央写信，提出用"准确的完整的毛泽东思想来指导我们全党、全军和全国人民"，并多次在不同场合表达反对"两个凡是"的意见。

1977年3月，中共中央决定胡耀邦同志任中央党校副校长，主持中央党校工作。4月，他组织召开整风会议解决中央党校的"文革"遗留问题，直到9月才结束。期间，胡耀邦同志针对"文革"造成的全面混乱，提出要把"四人帮"颠倒了的思想是非、理论是非、路线是非再颠倒过来，要把遭到"四人帮"破坏的我们党的优良传统和优良作风恢复发扬光大。10月9日，叶剑英同志在中央党校复校的开学典礼上发表讲话，指出：希望在党校工作的同志，来党校学习的同志，都来用心研究我们的党史，特别是第九次、第十次、第十一次路线斗争的历史。这实际上是要求研究总结整个"文化大革命"。之后，在胡耀邦同志的直接领导下，中央党校开展了总结"文化大革命"路线斗争的研究和讨论，其焦点是，到底应当以什么为标准来认识和判定历史是非，实际是有关真理标准的讨论。12月2日，在中央党校党委会议讨论总结方案时，胡耀邦同志明确提出了实践的标准，他说："这十几年的历史，不能根据哪个文件、哪个人的讲话，要看实践，要用实践来检验。"胡耀邦同志提出了研究的两条重要原则：一是要完整地、准确地理解毛泽东思想，另一条是实践标准。据此，中央党校编写了《关于第九次、第十次、第十一次路线斗争的若干问题》，在党校800多名学员中讨论。

1978年5月10日，中央党校内部刊物《理论动态》刊出了一篇名为《实践是检验真理的唯一标准》的文章。11日，《光明日报》署名"本报特约评论员"全文公开发表该文，新华社当天即向全国转发。12日，《人民日报》、《解放军报》和多家省报全文转载。

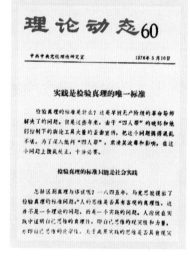

1978年5月10日，《理论动态》刊登《实践是检验真理的唯一标准》一文。

这篇文章共分为四个部分：一、检验真理的标准只能是社会实践；二、理论与实践的统一是马克思主义的一个最基本的原则；三、革命导师是坚持用实践检验真理的榜样；四、任何理论都要不断接受实践的检验。文章勇敢地宣称："凡有超越于实践并自奉为绝对的'禁区'的地方，就没有科学，就没有真正的马列主义、毛泽东思想，而只有蒙昧主义、唯心主义、文化专制主义。"

这篇文章的发表引起了巨大反响，但很快就遭到了严厉批评和斥责。从一开始，这篇文章就被上升到路线问题、旗帜问题上来，有人指责这篇文章"犯了方向性的错误"，"理论上是荒谬的，在思想上是反动的，在政治上是'砍旗'的"，"文章起了很坏的作用"，也有人指责"把党中央主要领导人的分歧，公开暴露在报纸上，不利于党内的团结"等等。

1978年5月11日，《光明日报》刊登《实践是检验真理的唯一标准》一文。

在此关键时刻，邓小平同志给予了及时而有力的支持。5月30日，邓小平在同胡乔木等同志谈话时说："只要你讲话和毛主席讲的不一样，和华主席讲的不一样，就不行。毛主席没有讲的，华主席没有讲的，你讲了，也不行。怎么样才行呢?照抄毛主席讲的，照抄华主席讲的，全部照抄才行。这不是一个孤立的现象，这是当前一种思潮的反映。这些同志讲这些话的时候，讲毛泽东思想的时候，就是不讲要实事求是，就是不讲要从实际出发。""现在发生了一个问题，连实践是检验真理的标准都成了问题，简直是莫名其妙!" 7月21日，邓小平找中宣部部长张平化谈话，指出："不要再下禁令、设禁区了，不要再把刚刚开始的生动活泼的政治局面向后拉。"7月22日，邓小平同胡耀邦同志谈话，明确肯定和支持真理标准问题的讨论，指出："《实践是检验真理的唯一标准》这篇文章是马克思主义的。争论不可避免，争得好。引起争论的根源就是'两个凡

1978年7月22日，邓小平同胡耀邦谈话，明确支持和肯定真理标准问题的讨论，指出争论不可避免，争得好。引起争论的根源就是"两个凡是"。

实践是检验真理的唯一标准

1988年，邓小平为光明日报出版社出版的《真理标准讨论纪念文集》一书的题词。

是'。"8月19日，邓小平在接见文化部负责人时再次表示："《实践是检验真理的唯一标准》这篇文章是马克思主义的，是驳不倒的。"邓小平同志这番掷地有声的讲话，不仅是在真理标准讨论的关键时刻，给了《实践是检验真理的唯一标准》以有力的支持，更是刚刚复出的邓小平同志以一个伟大政治家的气魄和敏锐，抓住了在政治思想上拨乱反正的这一历史契机，发出了对坚持真理的呼唤。

陈云等老一辈领导同志都支持文章的观点，凡有同志向陈云同志请求题词时，他往往都书赠"不唯上、不唯书、只唯实，交换、比较、反复"。

军队大力支持《实践是检验真理的唯一标准》，军委秘书长罗瑞卿同志在全军政治工作筹备会上说："《实践是检验真理的唯一标准》是一篇坚持马列主义、毛泽东思想的好文章。它提出了一个牵一发而动全身的大问题，全军政治工作会议就是要宣传实事求是的思想路线，宣传一切从实际出发，宣传实践是检验真理的唯一标准。不从根本上解决这个问题，我们一步也前进不了。"这年6月2日，邓小平同志在全军政治工作会议上发表了重要讲话，着重阐述了实事求是的指导思想，强调"实事求是是毛泽东思想的出发点、根本点"，严厉批评了个人崇拜、教条主义和唯心论，号召"拨乱反正，打破精神枷锁，使我

1978年6月2日，邓小平出席全军政治工作会议，并作重要讲话。

破冰启航，确立对外开放基本国策

们的思想来一个大解放"，要求部队干部要做马列主义、毛泽东思想和革命实践相结合的榜样。胡耀邦同志再次组织中央党校撰写了《马克思主义的最基本的一个原则》一文，反驳种种责难《实践是检验真理的唯一标准》的观点，又一次得到罗瑞卿同志的大力支持。为纪念毛泽东诞辰85周年，《红旗》杂志约请谭震林同志撰文。谭震林欣然应承，对约稿人说："文章不能只讲历史，要从现实着眼，要我写文章我就要写实践是检验真理的唯一标准，说明毛泽东思想是从实践中来，又经过革命实践检验的科学真理。"谭震林的文章大部分都是有关支持实践标准的论述。

1978年9月，邓小平在吉林视察。

为了将讨论进一步引向深入，邓小平同志离开了北京，先后去了四川、广东，9月又到了吉林。用他自己的话说："我这是到处点火。"邓小平到各地都宣讲实事求是的精神。9月16日，他在听取吉林省委常委汇报工作时指出："怎么样高举毛泽东思想旗帜，是个大问题。现在党内外、国内外很多人都赞成高举毛泽东思想旗帜。什么叫高举？怎么样高举？大家知道，有一种议论，叫做'两个凡是'，不是很出名吗？凡是毛泽东同志圈阅的文件都不能动，凡是毛泽东同志做过的、说过的都不能动。这是不是叫高举毛泽东思想的旗帜呢？不是！这样搞下去，要损害毛泽东思想。毛泽东思想的基本点就是实事求是，就是把马列主义的普遍原理同中国革命的具体实践相结合。"他还反复强调，现在中国面临的最迫切的任务就是发展生产力。我们太穷了，太落后了，老实说对不起人民。我们是社会主义国家，社会主义制度优越性的根本表现，就是能够允许社会生产力以旧社会所没有的速度迅速发展，使人民不断增长的物质文化生活需要能够得到满足。为此，他提出要适时结束揭批"四人帮"的群众运动，把党和国家的工作重点转移到社会主义现代化建设上来。这是个具有重大战略意义的思考。

1978年9月，邓小平在东北视察时明确指出，怎么样高举毛泽东思想旗帜，是个大问题。

1978年12月13日，邓小平同志在中央工作会议上再次强调："关于真理标准问题的争论，的确是个思想路线问题，是个政治问题，是个关系到党和国家的前途和命运的问题。"邓小平的"到处点火"，对于争取各地对真理标准讨论的支持，起到了极大的推动作用。这样，各省、市、自治区党委纷纷对"真理标准"问题进行了热烈讨论，都对"实践是检验真理的唯一标准"表示拥护。军队各总部和各大军区也对此表态赞成。

关于"实践是检验真理的唯一标准"的大讨论，充分证明一个理论是否正确反映客观实际，是否是真理，只能靠实践来检验。这不仅是思想理论上的是非问题，也只有这样才能使人们从过去的个人崇拜和教条主义的枷锁中解放出来，才有可能实现全党全国的工作中心的转移，从因循守旧转向改革，从封闭半封闭转向对外开放。其在理论上的最大作用，就是恢复了解放思想、实事求是的思想路线。从30年改革开放的全过程看，每前进一步也是继续解放思想的过程。从这个意义上讲，对真理标准的认识，的确是关系到党和国家前途命运的重大政治问题。

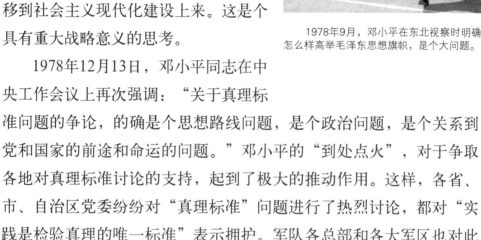

审时度势，拨乱反正

在举国欢庆粉碎"四人帮"之后，人们都在思考一个重大而严肃的问题：振兴中华，路在何方？这自然是复出后的邓小平同志思考的头等大事。

这里要指出的是，在毛泽东外交思想的指引下，我国的国际环境在20世纪70年代已发生重大变化。1971年10月25日，联合国大会第26届会议以压倒多数通过了恢复我国在联合国一切合法权利的提案。这是我国和许多第三世界国家，以及主持正义的其他国家经过长期斗争取得的巨大胜利。

1972年2月21日，美国总统尼克松访问中国。访问期间，毛泽东主席与尼克松总统举行了历史性会晤。周恩来总理和尼克松总统就两国关系正常化以及双方关心的其他问题，进行

2758 (XXVI). Restoration of the lawful rights of the People's Republic of China in the United Nations

The General Assembly,

Recalling the principles of the Charter of the United Nations,

Considering that the restoration of the lawful rights of the People's Republic of China is essential both for the protection of the Charter of the United Nations and for the cause that the United Nations must serve under the Charter,

Recognizing that the representatives of the Government of the People's Republic of China are the only lawful representatives of China to the United Nations and that the People's Republic of China is one of the five permanent members of the Security Council,

Decides to restore all its rights to the People's Republic of China and to recognize the representatives of its Government as the only legitimate representatives of China to the United Nations, and to expel forthwith the representatives of Chiang Kai-shek from the place which they unlawfully occupy at the United Nations and in all the organizations related to it.

1976th plenary meeting,
25 October 1971.

1971年10月25日，联合国大会第26届会议通过了2758号决议，恢复我国在联合国的一切合法权利。

了多次会谈。2月28日，中美双方经反复磋商，在上海签订了《联合公报》。《联合公报》强调双方同意以和平共处五项原则来处理国与国之间的关系。中方重申了在台湾问题上的严正原则立场，美方表示：它认识到，在台湾海峡两边的所有中国人都认为只有一个中国，台湾是中国的一部

1972年2月21日，美国总统尼克松（左二）抵达北京。这是周恩来（左三）和尼克松在机场握手。

分，美国政府对这一立场不提出异议。《联合公报》还规定双方将为逐步开展中美贸易以及进一步发展两国在科学、技术、文化、体育和新闻等领域的联系和交流提供便利。尼克松访华和《联合公报》的发表，是中美关系发展史上的一个里程碑，标志着两国关系正常化过程的开始，为以后中美关系的进一步改善和发展打下了基础。

1972年9月25日，日本首相田中角荣访华，中日两国领导人以两国邦交正常化为主题进行了认真、坦率的会谈，取得了圆满成功。双方于

1972年9月27日，周恩来（右三）同日本首相田中角荣（左三）举行会谈。

9月29日签署发表了两国政府《联合声明》，宣布结束两国之间的不正常状态，建立外交关系。当晚，毛泽东主席接见了田中角荣一行。《联合声明》宣布，双方同意在和平共处五项原则的基础上，建立两国间持久的和平友好关系，并进行以缔结和平友好条约为目的的谈判。中日邦交正常化，揭开了两国关系史上的新篇章。

1973年9月11日，法国总统蓬皮杜应邀访华，他是西欧大国中第一位应邀访华的国家元首，双方就主要国际问题和中法关系深入地交换了意见，并发表《联合公报》，强调这次访问标志着两国关系进入一个新的重要阶段。

毛泽东同志把握国际关系的变化和我国对外关系的重大突破，1974年2月，他在接见一位外国领导人时，提出了三个世界划分的战略思想。1974年4月，中国代表团团长邓小平在联合国大会第六届特别会

1974年4月10日，邓小平在联合国大会第六届特别会议上发言，系统地阐述了毛泽东关于三个世界划分的理论和中国的外交政策。

议上阐明了毛泽东同志关于三个世界的战略思想，他说："从国际关系的变化看，现在的世界实际上存在着互相联系又互相矛盾的三个方面、三个世界。美国、苏联是第一世界。亚非拉发展中国家和其他地区的发展中国家，是第三世界。处于这两者之间的发达国家是第二世界。"三个世界的战略思想为当时的国际统一战线提供了战略依据，也为实行对外开放政策创造了有利的国际环境。

邓小平同志复出后，高瞻远瞩，抓住契机，推动现代化建设和对外开放。他首先想到的是，实现现代化的关键是科技、教育。他自告奋勇抓科技，抓教育，主持召开科技和教育工作座谈会，领导科教战线的拨乱反正，果断恢复中断了10年的高考。

科教的春天　　当时，像枷锁一样紧箍在全国知识分子头上的是对教育战线的"两个估计"，这是指1971年8月发布的《全国教育工作会议纪要》中所说的："文化大革命"前17年教育战线是"资产阶级专了无产阶级的政"，是"黑线专政"；知识分子的大多数"世界观基本上是资产阶级的"，是"资产阶级知识分子"。

1977年5月24日，邓小平同志在同王震、邓力群同志谈话时说：

科教兴国
（作者篆刻）

"我们要实现现代化，关键是科学技术要能上去。发展科学技术，不抓教育不行。靠空讲不能实现现代化，必须有知识，有人才。""一定要在党内造成一种空气：尊重知识，尊重人才。"

8月4日至8日，邓小平同志主持召开科学和教育工作座谈会。针对有人谈到"两个估计"问题，邓小平同志指出："对全国教育战线17年的工作怎样估计？我看，主导方面是红线。应当肯定，17年中，绝大多数知识分子，不管是科学工作者还是教育工作者，在毛泽东思想的光辉照耀下，在党的正确领导下，辛勤劳动，努力工作，取得了很大成绩。特别是教育工作者，他们的劳动更辛苦。现在差不多各条战线的骨干力量，大都是建国以后我们自己培养的，特别是前十几年培养出来的。如果对17年不作这样的估计，就无法解释我们所取得的一切成就了。"他强调：我国的知识分子绝大多数是自觉自愿地为社会主义服务的。要特别注意调动教育工作者的积极性，尊重教师。无论是从事科研工作的，还是从事教育工作的，都是劳动者。知识分子的名誉要恢复。

9月3日，《人民日报》记者写了一篇"全教会《纪要》是怎样产生的"的内参，刊登在《情况汇编》特刊上。内参分析了"两个估计"的出台背景，认为"两个估计"严重挫伤了教育工作者积极性，是教育工作的障碍，必须彻底否定。这个材料很快得到了邓小平同志的批示。

9月19日，邓小平同志在同教育部主要负责人谈话时进一步指出："两个估计"是不符合实际的。怎么能把几百万、上千万知识分子一棍子打死呢？我们现在的人才，大部分还不是17年培养出来的？对这个《纪要》要进行批判，划清是非界限。《纪要》是毛泽东同志画了圈的。毛泽东同志画了圈，不等于说里面就没有是非问题了。我们要准确地完整地理解毛泽东思想的体系。

邓小平同志的这些讲话，实事求是地肯定了"文革"前17年教育战线的成绩和知识分子为社会主义服务的本质，实际上否定了"两个估计"。随后,《人民日报》和《红旗》杂志发表了署名文章"教育战线的一场大论战——批判'四人帮'炮制的'两个估计'"。这篇文章在全国引起了轰动,不仅教育战线,其他战线也从中看到了希望。

1978年3月和4月间,中共中央和国务院先后召开了全国科学大会和全国教育工作会议。邓小平同志在两个会议上发表了重要讲话,提出了"科学技术是生产力"(后来又提出科学技术是第一生产力)、"知识分子是工人阶级的一部分"和"为人民服务的教育工作者是崇高的革命的劳动者"的著名论断,把千百万知识分子从"臭老九"的恶名中解放出来,成为受人尊敬的人。这从根本上纠正了长期以来对待知识分子的"左"的观点,改变和提高了知识分子的社会地位,促进了科学和教育事业的发展。

1978年3月,邓小平(右二)在全国科学大会后同数学家陈景润(右四)握手。

在全国科学大会闭幕式上,中国科学院院长郭沫若同志以"科学的春天"为题,发表了激情澎湃的讲话:我们民族历史上最灿烂的科学的春天到来了。这是人民的春天,这是科学的春天!让我们张开双臂,热烈地拥抱这个春天吧。郭沫若同志的讲话代表了科技、教育工作者的心声,随之,广大知识分子欢呼:科学的春天来了!教育的春天来了!

我经历过教育寒冬的严酷,也感受过教育春天的一派生机。20世纪70年代,我在鄂西北山沟里参加筹建第二汽车制造厂时,正赶上高校停办,懂管理懂技术的人才紧缺,原有的为数不多的大学生,背负着"臭老九"的压力,搞得灰头土脸,难以发挥作用,一度使建厂工作走了许多弯路。1973年邓小平同志复出后,狠抓整顿,二汽建厂走上正轨,但需要的大学生还是没有来源。所幸当时厂里有大量文化基础较好的"老三届"中学生，于是二汽与华中工学院（即现在的华中科技大学）和湖北财经学院（即现在的中南财经政法大学）合办职工大学，培养了一大批人才。他们在二汽建设中发挥了重要作用，许多人成为技术和管理骨干，有的现在成了二汽的主要领导成员。参加一汽和二汽建设的实践，使我对邓小平同志重视科技教育的思想由衷地拥护，在我心中打上了永恒的烙印。

恢复高考　说起恢复高考，千百万人都会感慨万千。当时，"文革"造成的人才匮乏、青黄不接、难以为继，成为实现"四个现代化"目标的最大制约。在这一情况下，教育怎么搞，大学怎样办，人才怎么出，成为全社会关注的焦点。

恢复高考　批准扩招
（作者篆刻）

我国高校招生考试制度是在"文革"开始后不久被废止的。1966年至1969年，大专院校均停止招生，知识青年上山下乡，大学教师被下放到"五七干校"劳动，高等教育全面瘫痪。

1970年，北大、清华等部分高校开始招收工农兵学员。1971年高等学校按照"自愿报名，群众推荐，领导批准，学校复审"的16字方针，招收经过两年以上劳动锻炼的工农兵学员。由于废除了招生考试，学员文化程度差别很大。据1972年5月北京市11所高校调查，学员入学前，初中以上的占20%，初中的占60%，相当于小学程度的占20%。这些文化程度差别很大的学员在同一教室上课，教学质量可想而知。

还在1975年，邓小平同志领导开展全面整顿，他在多次谈话中对改变大学招生方法和提高教学质量发表意见。他说："大学究竟起什么作用？培养什么人？有些大学只是中等技术学校水平，何必办成大学？""一点外语知识、数理化知识也没有，还攀什么高峰？中峰也不行，低峰还有问题。我们有个危机，可能发生在教育部门，把整个现代化水平拖住了。"他主张搞一些试点，通过考试直接从高中生中选拔一批优秀学生到大学深造。

1977年7月29日，邓小平同志在听取方毅、刘西尧等同志汇报时提出，他近期要主持召开一个科学和教育工作座谈会，请科学院和教育部找一些敢说话、有见解的，不是行政人员，在自然科学方面有才学的，与"四人帮"没有牵连的人参加。按照邓小平同志的要求，中科院和教育部分别在科学院系统和高等院校找人，确定了一个包括吴文俊、马大猷、唐敖庆、杨石先、苏步青、查全性等专家学者的33人与会者名单。

8月4日至8日，科学和教育工作座谈会在北京饭店召开。专家们情绪激昂地讲出心里憋了多年的话。有的专家指出：高校招生实行的16字方针应当修改，群众推荐往往只是形式，而领导批准实际成为走后门的合法根据，今后一定要有考试考查制度。有的专家提出了恢复高考方案，即"自愿报考，领导批准，严格考试，择优录取"。专家们建议，党中央、国务院要下大决心，对现行招生制度来一个大的改革，立即恢复高考，宁可今年招生晚两个月。

1977年8月，邓小平主持召开科学和教育工作座谈会。图为邓小平与参加会议的同志合影。

此时，教育部已经形成了《关于1977年高等学校招生工作的意见》，招生工作总的原则依然沿袭"文革"中确定的16字方针。8月4

日，教育部的《意见》报送国务院。

8月6日，针对与会者在座谈会上建议尽快改变用推荐的办法招生时，邓小平同志在座谈会上明确指出："既然今年还有时间，那就坚决改嘛。把原来写的招生报告收回来，根据大家的意见重写。"并强调："招生十六字方针可以改一改嘛。改成'自愿报考，单位同意，统一考试，择优录取'十六个字的建议比较好，但第二句有点问题，比如考生很好，要报考，队里不同意，或者领导脾气坏一些，不同意报考怎么办？我取四分之三，不要这一句。"他还在会上强调要加强科技和教育的管理，表示：我愿意给你们当总后勤部长。邓小平同志的话，赢得了全场热烈的掌声。

8月8日，邓小平同志在座谈会总结讲话中宣布："高等院校今年就要下决心恢复从高中毕业生中直接招考学生，不要再搞群众推荐。从高中直接招生，我看可能是早出人才、早出成果的一个好办法。"

一个重大决策就这样确定了。

会后，根据邓小平同志的意见，教育部很快报送了《关于推迟招生和新生开学时间的请示报告》，决定将高等学校和中专推迟到第四季度招生，录取新生1978年2月底前入学。8月18日，邓小平同志将这份报告批送党中央主席、副主席："这是经过考虑，为了保证重点大学学生质量而商定的。拟同意。"当天，中央领导同志均圈阅同意。

9月19日，针对教育部对高校录取的政治条件依然规定了许多"左"的条条框框，邓小平同志指出："你们起草的招生文件写得很难懂，太繁琐。关于招生的条件，我改了一下。政审，主要看本人的政治表现。政治历史清楚，热爱社会主义，热爱劳动，遵守纪律，决心为革命学习，有这几条，就可以了。总之，招生主要抓两条：第一是本人表现好，第二是择优录取。"根据邓小平同志的指示，最后形成的1977年高校招生工作的文件规定：招生实行德、智、体全面衡量，择优录取的原则，政审"主要看本人政治思想表现"。政治思想表现的主要依据是："政治历史清楚，拥护中国共产党，热爱社会主义，热爱劳动，遵守革命纪律，决心为革命学习。"这基本上就是邓小平同志的原话。政审条件的修改，引起了全社会强烈反响。过去，以审查家庭出身和社会关系为主要内容的政审，曾断送了多少有为青年的读书路。这一改变使无数青年才俊获得平等的竞争机会，走进了大学校门。更重要的是，这项改革迅速波及征兵、招工、提干等各个方面，为促进全党全社会解放思想，摒弃"以阶级斗争为纲"，纠正"左"的错误，起到了开风气之先的作用。

10月3日，邓小平同志将教育部修改后报送的《〈关于1977年高等学校招生工作的意见〉的请示报告》和教育部代拟的《国务院转发教育部〈关于1977年高等学校招生工作的意见〉》等文件批送华国锋同志："此事较急，请审阅后，批印政治局会议讨论批准。建议近几日内开一次政治局会议，连同《红旗》杂志关于教育的评论员文章（前已送阅）一并讨论。"华国锋同志很快批示印送中央政治局各同志。10月5日，中央政治局讨论并原则通过了《关于1977年高等学校招生工作的意见》，也提出了一些修改意见。10月7日，邓小平同志在教育部再次修改后的《意见》上批示："我看可以。华主席、剑英、先念、东兴、方毅同志核示，退教育部办。"当天，华国锋等领导同志圈阅同意。

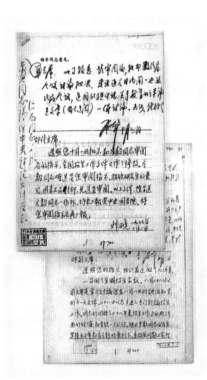

邓小平对教育部《关于1977年高等教育招生工作的意见》的请示报告的两次批示

10月12日，国务院转发了《关于1977年高等学校招生工作的意见》，规定从当年起，高等学校招生制度进行改革，恢复统一考试制度。招生政策为：工人、农民、上山下乡和回城知识青年、复员军人和应届毕业生，符合条件均可报考。考生要具备高中毕业或与之相当的文化水平。招生办法是自愿报名，统一考试。

1977年恢复高考后北京大学入学新生

喜讯一经公布，立即传遍大江南北、长城内外。

青春被耽误了十几年的大龄青年们，翻出蒙尘多年的课本，开始了彻夜苦读。当年，全国570万人报考，录取27.3万人。由于报名参加考试的人数大大超过预期，一时竟拿不出足够的纸印刷试卷！最后，中央决定紧急调用印刷《毛泽东选集》第五卷的纸张，及时解决了这一问题。

在恢复高考的这一年，还有一件值得一提的事，这就是中央音乐学院扩招。

1977年12月9日，中央音乐学院李春光、杨峻等6位教师写信给邓小平同志。信中反映：中央音乐学院当年有1.7万多人报考，考生中人才之多，水平之高，是建国以来历届招考所不可比拟的。但该院招考的28个专业总计招生135名，仅占报考人数的0.8%，而经过初试、复试，留下的400余名考生的业务水平都是比较好的，就连初试被

1978年2月，恢复高考后的第一批大学生进入大学校门。图为清华大学1977级的学生在课堂上。

刷掉的许多考生的水平，也有些超过当时该学院的在校学生，可是由于名额太少，不但他们早已被刷掉，而且已通过复试的400人中的许多人，也不可能被录取。音乐专门人才的发现和培养是不容易的。像今年这样众多的音乐人才的涌现，真是难得啊！他们年轻，有很好的音乐素质，应该对他们及时培养。对这些有才能的青少年来讲，不能

1977年12月11日，邓小平对中央音乐学院李春光、杨峻等6位教师来信作出批示。

被录取，无疑对他们是一个沉重的打击，他们当中的不少人很可能再也没有学习音乐的机会或失去继续学音乐的信心而改行，这对今后音乐事业的发展将会带来不可弥补的损失。他们建议：能否不受名额限制，将确有培养前途、有才能而又符合入学标准的青少年留下入学，以便为国家更多更快更好地培养艺术人才。

仅仅两天后，邓小平同志在12月11日作出批示：看了这封信反映的情况，很高兴，建议予以支持。华主席、先念、登奎、乌兰夫同志阅后交文化部党组处理。结果，当年中央音乐学院实际录取新生213名。在邓小平同志关心支持下，中央音乐学院扩大招生才得以展开，一大批富有艺术才华的音乐学子实现了他们的求学梦想。

邓小平同志恢复高考的重大决策，不仅给国家的振兴带来希望，也给渴望学习求知的无数青年带来希望，得到广大人民的热烈拥护。但是，当时国家百废待兴，国力有限，一时很难满足广大青年的升学要求。在20世纪80年代，有一次我到浙江温州出差，乘汽车途中，留宿雁荡山。次日清晨，我外出散步，看见三个小尼姑正在用功晨读。我好奇地问她们读的是什么经书，她们笑着给我看所读之书，原来是高三的语文课本。我问道："庙庵中也学文化课吗？"她们回答说："不是。我们今年高中毕业没有考上大学，因此出家为'尼'，在这里复习功课，准备明年再考。"听了她们的话，我特别理解她们求学的迫切心情。联想到"千岛湖惨案"，也是高考落榜生所为，同样给我心灵巨大震撼。我想，将来国家经济发展了，能让更多青年接受高

用功的小尼姑
（作者篆刻）

等教育，于国于民皆是一大幸事。经过30年的发展，我国大学本专科的招生人数从1977年的27.3万扩大到2007年约570万，高考录取率由4.8%上升到56%，为广大青年铺就了一条成才之路，为我国现代化建设提供了宝贵的人才资源。

平反冤假错案　　这一时期，全国人民在揭批"四人帮"的过程中，强烈要求平反冤假错案，这成为当时摆在党中央面前的一项重大而紧迫的任务。

1977年3月14日，邓小平同志与前来看望他的胡耀邦同志就粉碎"四人帮"后应该抓落实干部政策、平反冤假错案问题交换了意见。当时，胡耀邦同志刚任中央党校副校长，随后在他的主持下，中央党校为90多名右派平了反。12月10日，中央决定胡耀邦同志任中组部部长，在邓小平、陈云等同志的支持下，他一到任就

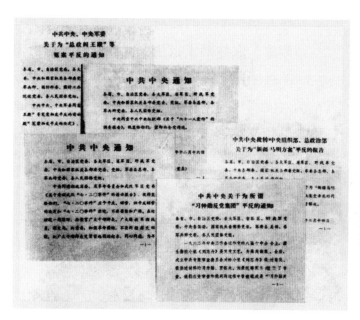

中共中央为"文化大革命"中和历史上受错误批判及遭受诬陷的冤假错案平反的部分通知。

坚定地推动平反冤假错案的工作。随后的几年中，按照党中央实事求是、有错必纠的方针，各级党组织共同努力，全国60多万从事落实政策工作的同志直接参与，至1982年底这项工作才基本结束。全国共纠正了约300万名干部的冤假错案，47万名共产党员恢复了党籍，54万多名错划的右派得到了平反。一大批领导干部、知识分子重返工作岗位，解放并极大地调动了广大干部和知识分子的积极性。

投石问路，了解外部世界

党中央、国务院在调查研究，总结经验教训，拨乱反正，调整思想路线的同时，为了解当时外部世界的实际情况，决定派一些领导干部出国实地考察，了解国际发展情况，学习发展经验。

谷牧考察西欧　　1978年5月，中央派谷牧副总理率领代表团赴西欧考察。这是新中国成立后，我国向西方国家派出的第一个由国家领导人担任团长的政府经济代表团。成员中有水电部钱正英、国家建委彭敏、农林部张根生、北京市叶林、广东省王全国、山东省杨波等省部级干部，还有王维成、严明以及谷牧同志办公室的李灏、胡光宝等六位司局级干部。出发之前，邓小平同志专门找谷牧同志谈话，要求出访考察时广泛接触，详细调查，深入研究一些问题，了解人家现代化工业发展到什么水平了，把资本主义国家先进的好的管理经济的经验学回来。代表团从1978年5月2日至6月6日，先后访问了法国、联邦德国、瑞士、丹麦、比利时等五国。谷牧一行广泛接触政治经济等各界人士，除了会谈、交流外，安排了较多时间参观工厂、农场、城市、码头、科研机构、市民家庭等。

邓小平和谷牧在一起。1978年4月底，邓小平找即将出访欧洲五国的谷牧等谈话，要求他们在访问中广泛接触，深入调查和研究一些问题，了解人家现代化工业发展到什么水平了，把资本主义国家先进的好的管理经济的经验学回来。

参加这次考察的同志回来说：刚到联邦德国时，使馆请考察团看了一部介绍联邦德国战后重建的纪录片。战后的联邦德国一片废墟，不少城市被毁掉一半甚至2/3，很多老百姓没地方住，市民没吃的，不少人赶着马车、牛车到乡村找吃的，到处是饥寒交迫的平民百姓，给

1978年5月，谷牧（前排右六）与出访西欧的全体人员合影。

他们留下了深刻的印象。但战后联邦德国大力发展新兴工业，积极开展国际贸易，短短十几年，就实现了快速恢复和现代化。在考察中，他们看到的30年后的联邦德国，是如此先进和繁荣，普遍实现了电气化和自动化，代表团的同志们都震惊了。他们在感到我国落后的同时，也增强了振兴国家的信心。

　　谷牧同志访欧期间，在看到我国与欧洲各国在经济、科技等方面的巨大差距的同时，也感受到了所到各国官员和企业界人士同中国发展经贸关系的强烈愿望。在与法国总统德斯坦会见时，法国驻华大使对谷牧说："听说你们要建120个大项目，我们法国愿意有所贡献，给我们10个行不行？"在联邦德国，一些州长表示可以提供几十亿甚至上百亿美元的贷款给中国。从这些表态中，可以看出他们是急于为过

1978年5月4日，谷牧（前排右二）一行
参观法国巴黎地铁莱阿尔车站。

1978年6月5日，谷牧（右二）一行参观
联邦德国加斯多福露天矿。

剩资本找出路。尽管后来我们发现搞120个大项目在当时并不实际，并提出了"调整、改革、整顿、提高"的八字方针，但当时的国内外形势表明，利用外资加速我国经济建设是可能的。

代表团回国后，邓小平同志就约谷牧同志谈话，详细询问了出访情况，并就实行开放政策、积极引进外国先进技术等问题，讲了三点意见：一是引进这件事一定要做；二是要下决心向国外借点钱搞建设；三是要尽快争取时间。接着谷牧同志向华国锋、叶剑英、李先念、聂荣臻、乌兰夫、王震等党中央、国务院领导同志做了详细汇报。据谷牧同志回忆，那次会开得很长，从下午3点半一直到晚上11点。谷牧同志主要汇报了三个方面的情况：1.第二次世界大战后，西欧资本主义国家的经济确有相当大的新发展。尤其是科学技术日新月异，工农业生产、交通运输、通信手段广泛采用电子技术，现代化水平很高，劳动生产率大大提高。2.这些西欧国家，大部分对华友好，由于资金过剩，技术要找市场，商品要找销路，因此，对于同中国发展经济关系很有兴趣。他们普遍认为，中国是世界上重要的稳定因素，有个强大的中国，加上强大的欧洲，世界局势就好办得多。我国粉碎"四人帮"后的安定团结政治局面，使他们增强了信心，潜力巨大的市场对他们很有吸引力。3.在发展对外经济关系中，许多国际上通行的做法，我国也可以采用。比如卖方信贷、买方信贷、补偿贸易、吸收外国投资、中外合作生产等等。这些办法可以缓解我们外汇支付的困难，加速我国经济发展。到会的党中央、国务院领导同志在插话和发言中，高度肯定了汇报的内容和建议，要求谷牧同志进一步研究归纳出几条，正式提请国务院讨论。

1978年7月上旬，国务院召开有关部委负责同志参加的关于加速四化建设的务虚会。根据中央领导同志的指示，谷牧同志在会上报告了考察西欧的情况，提出了对外开放的若干意见。他特别强调，国际形势给我们提供了可以利用资本主义世界科技成果的机会，邓小平同志在1975年就提出把加强技术引进、增加外贸出口作为一项大政策，现在应当认真组织实施。一定要解放思想，开拓路子，不能自我封闭，贻误时机。这次会议开了20多天，认真总结新中国近30年的经验教训，认真研究国外先进的东西。发展问题成为讨论的重点。大家说，日本、联邦德国这两个战败国为什么能够迅速复兴？"上帝只给了太阳和水"的瑞士，为什么也能跻身于发达国家行列？我们条件并不比他们差多少，许多方面还比他们强得多。许多同志表示，一定要下决心，千方百计把经济搞上去。李先念同志在会上作了长篇讲话，提出了改革经济体制，实行对外开放政策的主张。他讲到目前国际形势对我们有利，欧、美、日等西方国家经济萧条，要找出路。我们应有魄力、有能力利用他们的技术、设备、资金和管理经验，来加快我们的建设。我们决不能错过这个非常难得的时机。自立更生决不是闭关自守，不学习国外的先进事物。这篇讲话引起了很大的反响，后来被党中央作为提交十一届三中全会讨论的文件之一，对改革开放决策的形成发挥了重要作用。在务虚会后，党中央和国务院又多次讨论研究，酝酿制定对外开放的方案。

"质量救国"救了日本　　1979年，世界经济领域的一个热门话题，就是日本的崛起。1945年，日本宣布无条件投降时，当时的盟军总司令道格拉斯·麦克阿瑟曾对美国《芝加哥论坛报》的记者说，"日本已经沦为第四流的国家，再也不可能东山再起、成为世界强国了。"1955年，我国的国民收入占世界的6.5%，当时日本只占2.5%，而到了1960年，日本就赶上了我们。尽管如此，在人们的心目中也没有把战败的日本放在眼里，尤其是那时"东洋货"就是假冒伪劣商品的代名词，仍根深蒂固地扎根在人们的心目中。

我本人就有过这样一个经历。20世纪60年代，日本在北京展览馆举办商品展览会，我参观后买了一个塑料的肥皂盒，粉红色的挺好看，但用了没有多久，就由粉红变为灰白色，连接上盖的塑料也断

质量金牌强国之道
（作者篆刻）

了，于是"东洋货"骗人的概念又加深了一次。后来我读了一位日本政要的回忆录，其中有一段给我留下了深刻的印象，他说战后日本的经济很困难，他访美时，希望美国多买一些日本商品。美国人告诉他说，我们没有直接购买过日本货，但从其他国家转口过一些，因质量差，以后就停止进口了。我们有的是钱，但是我们只买优质商品，决不买劣质商品。这次访问使他很震惊，也使他找到了问题的关键。

于是，他在原来"贸易立国"战略的基础上，提出"质量救国"的号召，并采取一系列措施。经过若干年的奋斗，日本货终于甩掉了不光彩的假冒伪劣的帽子，换上了一个高质量的光环。1970年，日本复兴的象征性事件发生了。这年3月，日本政府令人惊讶地竟拿出20亿美元在大阪举办了世界博览会，全球77个国家蜂拥而至，并取得巨大成功。当时，美国未来学派创始人之一赫尔曼·康恩在《芝加哥论坛报》上甚至说："日本已经进入世界经济强国的行列，21世纪将是日本的世纪。"

在整个70年代，日本是全球经济增长最快的国家。按国内生产总值来计算，在20世纪60年代，中日两国基本相当，而到1980年，日本已经是中国的4倍。1980年底，日本汽车产量首次突破1000万辆大关，达1104万辆，占世界汽车总产量的30%以上，超过美国成为"世界第一"。汽车是工业文明和现代国家竞争力的标志性产品，为此，美国NBC电视台在黄金时段播出一部名为《日本能，我们为什么不能？》的电视专题片，其主题是比较美国与日本的工业。NBC节目主持人说道：十几年前，日本人以制造伪劣产品昭著于世，"日本制造"一词，成为取笑劣质产品的口头禅。但时至今日，"日本制造"已经是品质优秀的代名词，美国的年轻人现在以开日本的小跑车为荣。在国际市场上，日本产品——从家电、手表、照相机、汽车到半导体等商品，成为最受青睐的抢手货。日本的企业管理也成为全球企业家和政治家研究学习的榜样。日本迅速成为经济强国，在海外大量投资。

这不得不使中国人思考，在20世纪60年代，中日几乎在同一起跑线上，在不长的时间里，为什么会拉开如此大的差距？然而，正在人们寻求答案的时刻，邓小平同志决定亲自访问日本。

邓小平感受日本现代化　1978年秋，应日本政府的邀请，邓小平以国务院副总理的身份访问日本，此行是自中华人民共和国成立以来中国主要领导人对日本的首次访问，也是在中日邦交正常化后关系不断发展形势下的访问。此次访日的主要目的是顺应时势与民心，继续把中日友好推向新高潮。因此，无论是在官方还是民间，代表团都受到热烈的欢迎和隆重接待，日本各大媒体对访问活动作了大量报道。日本新闻

1978年10月，邓小平出访日本。图为邓小平在日本首相福田赳夫陪同下检阅仪仗队后，向欢迎人群招手。

媒体说："邓的访问使日中友好深入到每一个家庭，迎来了中日新时代的黎明。"并称邓小平在日本掀起了"邓旋风"、"邓热潮"。访问期间，除了会谈会见之外，邓小平还参观了日本的现代企业和高科技设施，与企业负责人和资深经济界人士、技术管理人员接触交谈。

1978年10月，邓小平在东京会见日本前首相田中角荣。

邓小平同志参观了三家日本企业的工厂，其中有日产汽车公司的座间工厂、新日铁公司的君津工厂、松下电器公司的茨木工厂。在座间工厂，邓小平同志一行乘坐电动汽车参观了第三车身车间和第二装配车间，对自动化程度先进的机器人焊接生产线表现出浓厚兴趣，体

破冰启航，确立对外开放基本国策

57

1978年10月，邓小平在乘坐新干线列车时向日本记者谈自己乘车的感受。

会到了现代化。他在讲话中指出："中国正在进行现代化建设，我们感谢工业发达的国家，尤其是日本产业界对我们的协助。"10月26日在由东京前往京都访问时，邓小平还专门乘坐了时速210公里的新干线"光——81号"高速列车。在飞驰的列车上，有日本记者问邓小平的感受，他爽快地回答说：就感觉到快，有催人跑的意思，我们现在正合适坐这样的车。在著名的日产汽车公司，当邓小平了解到公司每个工人每年能生产汽车94辆，而我国最先进的长春第一汽车制造厂每个职工只能年产1辆汽车时，他不禁感慨地说："我懂得什么是现代化了。欢迎工业发达的国家，特别是日本产业界的朋友们对中国的现代化进行合作。"

访问期间，邓小平在回答日本记者有关中国现代化问题时，又让人们充分领略了他的坦率、务实和开放的风格。他说："这次到日本来，就是要向日本请教。我们要向一切发达国家请教

1978年10月，邓小平参观新日本钢铁公司君津钢铁厂。

教，向第三世界穷朋友中的好经验请教。世界在突飞猛进地发展，要达到日本、欧美现在的水平就很不容易，达到22年后本世纪末的水平就更难。我们清醒地估计了困难，但是树立了雄心壮志，一定要实现

现代化。这就要有正确的政策，就是要善于学习，要以现在国际先进的技术、先进的管理方法作为我们发展的起点。首先承认我们的落后，老老实实承认落后就有希望，再就是善于学习。本着这样的态度、政策、方针，我们是大有希望的。"这不仅是他这次访问的简要总结，也是他对中国必须改革开放经过深思熟虑的思考。

1978年10月，邓小平应日本朋友的要求，挥毫题词。

邓小平首提开放　1978年10月，邓小平同志会见联邦德国新闻代表团，同客人就中国实行开放政策，学习世界先进科学技术等问题，进行了深入交谈。邓小平从总结中国长期历史经验教训说起，他指出，中国在历史上对世界有过贡献。但是长期停滞，发展很慢。现在是我们向世界先进国家学习的时候了。在回答客人的提问时，邓小平第一次明确使用了"开放"一词，郑重强调："你们问我们实行开放政策是否同过去的传统相违背。我们的做法是，好的传统必须保留，但要根据新的情况来确定新的政策。……我们引进先进技术，是为了发展生产力，提高人民生活水平，是有利于我们的社会主义国家和社会主义制度"。

毋忘开拓者
（作者篆刻）

1978年11月，邓小平同志访问新加坡。新加坡面积只有600多平方公里，人口250万。但新加坡从20世纪60年代起，就十分重视加强对外经济联系，积极参与国际市场竞争，利用发达国家传统工业转移到海外的机会，不断从国外引进资金和先进技术，使经济迅速腾飞起来，成为亚洲地区"四小龙"之一。新加坡引进外资发展经济的成功经验，也给邓小平留下了深刻印象。11月13日，邓小平参观了新加坡裕廊镇工业园区，详细听取了裕廊镇管理局介绍园区的建设情况。他当时就表示，要把新加坡的"经"取到中国来。中国要学习新加坡的做法。后来，他在《关于经济工作的几点意见》的讲话中，又专门谈到："我到新加坡去，了解他们利用外资的一些情况。外国人在新加坡设厂，新加坡得到几个好处，一个是外资企业利润的35%要用来交

1978年11月12—14日，邓小平（右二）对新加坡进行友好访问。这是邓小平抵达新加坡时，在机场出席新加坡总理李光耀（右一）举行的欢迎仪式。

税，这一部分国家得了；一个是劳务收入，工人得了；还有一个是带动了它的服务行业，这都是收入。我们要下这么个决心，权衡利弊、算清账，略微吃点亏也干，总归是在中国形成了生产能力，还会带动我们一些企业。我认为，现在研究财经问题，有一个立足点要放在充分利用、善于利用外资上，不利用太可惜了。"

机械工业国外取经　为加快机械工业发展，经华国锋、邓小平、李先念等党中央、国务院领导同志批准，1978年10月至12月，第一机械工业部分别派出两个代表团出国考察。一个以部长周子健同志为团长、安志文同志为副团长、江泽民同志为秘书长的代表团，对意大利、瑞士、联邦德国、法国、罗马尼亚、南斯拉夫等国进行考察；另一个以副部长周建南为团长的代表团对日本进行考察。考察团出国前进行了周密的准备，有针对性地拟定了具体的考察提纲。回国后于1979年1月25日向国务院作了详细报告。报告中引用大量事例和数据，指出我国机械工业远远落后于当时的西欧和日本，并提出了发

中国机械工业代表团名单

团长	周子健	第一机械工业部部长
付团长	安志文	吉林省革委会付主任
秘书长	江泽民	一机部外事局局长
团员	李　克	一机部石油化工通用机械局局长
	蒋　涛	上海第一机电工业局局长
	孙　毅	广东省第一机械局局长
	王士荣	国务院办公室付局长
	李　干	第二重型机器厂厂长
	王大军	洛阳矿山机器厂厂长
	崔健民	一机部办公厅付主任
	徐文海	一机部研究室付主任
	沈烈初	一机部机床局付处长
	李翼民	一机部电工局工程师
	周相吉	法文翻译
	刘延凤	罗文翻译
	陆文祺	塞尔维亚文翻译

1978年底访问欧洲的中国机械工业代表团名单

展我国机械工业，迎头赶上发达国家水平的措施建议。

报告指出，近20多年来，欧洲、日本的机械工业发展都很快，规模大，水平高，适应性强，不仅能满足国内需要，而且是出口的重要支柱。它们的特点可概括为：产品的大型化、高速化和精密化；生产过程的高度自动化；组织生产的专业化、多样化以及管理的科学化和现代化。

我国机械工业的生产能力、技术水平和组织管理水平都远远落后于西欧、日本，不能适应四个现代化的要求。具体表现在：

一是生产能力只相当日本、联邦德国的1/5左右。据统计，扣除电子、造船、航空等，与一机部对口产品的营业总额，日本约为1000亿美元，联邦德国约为800亿美元。而我们1977年总产值327亿元，折合180多亿美元，只相当日本、联邦德国的20%左右。它们设备拥有量则比我们略多一点，劳动生产率比我们高七八倍。

二是技术水平比西欧、日本落后20多年。1.我们生产的多数机械产品只相当世界四五十年代水平。产品等级比世界先进水平低二三级。以火力发电设备为例，法国1953年就生产12.5万千瓦的，进入70年代，已达到90万、130万千瓦的。我们成批生产的还是10万、12.5万和20万千瓦的，30万千瓦的技术尚未过关。2.产品自动化水平很低，基本上靠人工操作。日本制造的4000—5000立方米高炉，全部由电子计算机控制，日产铁9000吨—1.1万吨；而我们只能提供1513立方米的，还没有自动控制，日产铁1800吨左右，高炉利用系数比日本低一半左右。3.产品精度比国外低一两个等级。如联邦德国生产的超重型卧式车床，长24米，回转直径4.2米，可加工500吨重的工件，精度达到千分之五毫米；我们刚试制长16米、回转直径3.15米的，精度也差。4.产品的消耗高，使用寿命短。如铁牛55型拖拉机与意大利菲亚特同等功率的拖拉机相比，重量重30%左右，燃料消耗高10%以上。5.工艺落后，新工艺采用少。热加工尤为突出，如模锻件比重，国外一般都在60%以上，我国只占26%。

三是组织管理水平落后更多。国外现代化大生产的特点，一方面是在生产组织上广泛实行专业化协作，另一方面是在企业管理上实行科学管理，电子计算机已普遍采用，自动化水平越来越高。他们在专业化基础上搞多品种，适应性很强。此外，各国都有大量的中小企业，生产协作配套产品。而我们的中小企业，工艺水平较低，设备很不成套，更没有什么测试手段，因而，很难成为有力的协作厂。再者，各国的企业管理工作在科学化基础上向自动化发展。生产的许多环节，从接受订货、产品设计、工艺编制、计划管理、生产准备、生产流程、车间运输一直到仓库管理，大多采用电子计算机进行数据处理、计算及控制。我们只有个别骨干工厂有小型计算机用于编作业计划等少量管理工作，其余都靠人力，效率极低。

综上所述，我们的差距是多方面的。综合反映在劳动生产率上，罗马尼亚、南斯拉夫机械工业的全员劳动生产率约折合人民币4万—5万元；西欧和日本约折合8万—10万元。扣除这些国家专业化水平高、产值重复计算多及我国工厂兼办许多社会服务工作等不可比因素，我国机械工业的劳动生产率约比罗马尼亚、南斯拉夫低三四倍，比西欧、日本低七八倍。

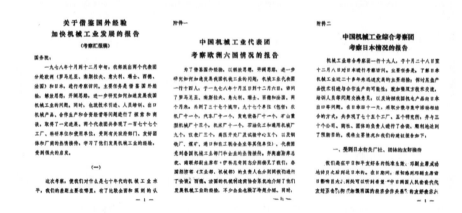

一机部关于借鉴国外经验加快机械工业发展的报告（考察汇报稿）及其附件

鉴此，报告表示："我国机械工业一定要急起直追，迎头赶上。西欧、日本能在20年左右的时间实现现代化，我们埋头苦干，也是完全能够做到的。"为达到这一目标，报告中建议要高度重视机械工业。报告特别强调，要解放思想，加快引进新技术的步伐。为此，工作中要把握"四个结合"的方针：1.建立样板厂与改造老厂相结合。在机械工业的主要行业中，对缺门和技术差距很大，一时难以掌握的，要引进一批新厂（车间、生产线）。对现有企业的改造，拟采取两手抓：一方面，所有企业都要发动群众，因陋就简，大搞革新、改造；另一方面，每个行业选一个排头兵，请国外帮助改进工艺、改进产品、改进管理，取得经验后组织推广。2.进口成套设备与引进设备制造技术相结合。只有通过技贸结合，才能较快和花较少代价掌握先进的制造技术。如进口原子能电站设备，建议同时引进其制造技术，建立生产基地，经过一段合作生产的过程，达到完全掌握并能独立发展技术的水平。3.引进技术时要主机与关键配套件相结合。如引进汽车、拖拉机制造技术的同时，引进油泵油咀等关键配套件的制造技术。4.引进主要设备与引进工艺相近产品的制造技术相结合。如引进拖拉机项目的同时，引进农田基本建设机械。有了拖拉机作为基础，搞农田基本建设机械就能事半功倍。同时，参照国外经验，希望在各部门进口设备的同时，引进制造图纸及工艺技术，并进行合作生产，这样既可节约外汇，又为机械工业尽快消化吸收、掌握制造技术创造条件。有计划地进口一部分我国技术尚未过关的关键零部件和原材料，扶植我国的制造力量。引进技术要有一个战略部署，通盘规划，急用先引，打歼灭战。特别是重要成套设备及其配套的基础件、通用系列产品，要走前一步。对合资经营、合作生产等要及早制定相应的政策和条例，简化审批手续，提高办事效率。

此外，报告还就扩大机械产品出口，大力加强科学研究、迅速提高技术水平，加速培养一批技术与管理人才，改革机械工业管理体制

破冰启航，确立对外开放基本国策

63

等提出了具体建议措施。

在考察期间，考察团与有关厂商进行了多方面接触，共建议引进大小140多项，重点是围绕钢铁、发电等基础工业所需设备和热加工、重型汽车、基础件的关键技术。如，从意大利引进80-150马力轮式拖拉机制造技术，从法国引进90万千瓦原子能电站的制造技术，从瑞士ＢＢＣ公司引进30万、60万千瓦火电机组的制造技术，从日本、联邦德国引进大型轧机和有关冶金设备的关键制造技术，与美国通用汽车公司接触引进重型载重汽车厂，请日本有关公司帮助改造第一汽车制造厂。

这份考察报告在第一机械工业部系统传达后，在干部特别是领导干部中引起强烈反响。对解放思想，开阔眼界，在自力更生的同时加速对外开放，起了很好的作用。

邓小平同志指出："我们过去有一段时间，向先进国家学习先进的科学技术被叫作'崇洋媚外'。现在大家明白了，这是一种蠢话。我们派了不少人出去看看，使更多的人知道世界是什么面貌。关起门来，固步自封，夜郎自大，是发达不起来的。"随着外部条件的变化，我国与西方经济贸易关系的发展，特别是一些重大项目的引进，有计划地派出团组出国考察，对推进对外开放起了重要作用。当时的考察是非常严格认真的，出国前先要办学习班，除学习外事纪律和礼仪外，还要制定详细的考察计划和提纲目录，回国后要写详细的报告。据不完全统计，从1977年7月1日到1980年6月30日3年间，除中央领导同志出访活动外，派出的部委办代表团达360次、科教经贸代表团达472次。这些考察活动不仅在推动经贸合作，学习国外先进科技和管理方面发挥了重要作用，也亲身体验到与人家的差距，对怎么赶上世界先进水平方面引发思考。特别是邓小平同志的两次历史性的出访，以及谷牧同志及其他重要出访考察活动，为我国对外开放的准备起到了重要作用。

这一段历史，从真理标准讨论、科教战线拨乱反正、平反冤假错案，到改善对外关系、学习了解国外、酝酿对外开放，所有这些，都为党的十一届三中全会实现历史转折、我国迈向改革开放和现代化建设新时期作了政治、思想和组织准备，也成为我国对外开放的前奏。

伟大的历史转折

在党的十一届三中全会召开之前，中央于1978年11月10日至12月15日，召开了一次为全会做准备的中央工作会议。会议历时36天，出席会议的共有212人。这个会议由党中央主席华国锋同志和其他四位常委叶剑英、邓小平、李先念、汪东兴同志共同主持，并听取华东、中南、西南、西北、华北、东北六个代表团的汇报，各省、自治区和直辖市以及各大军区负责人都参加了会议。会议主要议题是讨论农业问题。中共中央政治局常委会提出，在讨论农业问题之前，先用一两天时间讨论邓小平提出的从1979年起将党的工作重点转移到社会主义现代化建设上来的问题。

当时，社会上要求否定"文化大革命"的呼声很高，和会上思想解放的议论结合起来了。用"无产阶级专政下继续革命的理论"再也不能统一思想了。大家是同意工作重点转移的，但是，一些重大的政治问题不解决，怎么能实现转移?大家提出了突破当时各种禁区的问题。会议很自然地转变了方向。

陈云同志在讨论经济工作的会上破例不谈经济工作。11月12日，他在东北组的发言中提出了6个问题要求中央考虑和决定：一、薄一波同志等61人所谓叛徒集团一案。他们出反省院是党组织和中央决定的，不是叛徒。二、"文化大革命"中还有一

1978年11月12日，陈云在中央工作会议东北组的发言简报。

大批被打成叛徒的人，要根据1937年7月7日中央组织部的决定重新复查，恢复其组织生活。三、陶铸同志、王鹤寿同志等是在南京陆军监狱坚持不进反省院，直到七七抗战以后由我们党向国民党要出来的一批党员，……现在被定为叛徒或者恢复了组织生活，但仍留一个"尾巴"，……应当由中央组织部做出实事求是的结论。四、彭德怀的骨灰应该放到八宝山革命公墓。五、天安门事件……是几百万人悼念周总理、反对"四人帮"、不同意批判邓小平同志的一次伟大的群众运动。中央应该肯定这次运动。六、康生同志的错误是很严重的，中央应该在适当的会议上对他的错误给以应有的批评。陈云的发言得到了与会者的广泛赞同，从而把解决历史遗留问题推向高潮。

谭震林同志指名道姓地批评"两个凡是"的错误。万里、王首道、康克清等同志积极支持陈云的发言，要求迅速解决这六个问题。胡耀邦同志发言要求把"文化大革命"中遗留的大是大非问题搞清楚。萧克同志发言要求为"二月逆流"平反……大家不仅要把"文化大革命"中颠倒了的大是大非问题颠倒过来，还对很多重大决策提出了新的建议。

这次会议的特点是一边讨论，一边行动。11月14日，经中共中央政治局常委会批准，由北京市委出面为"天安门事件"平反。第二天《人民日报》发表了《实事求是，有错必纠》的社论，使广大群众感受到一种解冻的气氛。紧跟着，对"南京事件"（指1976年4月，南京群众纪念周恩来总理而引发的类似北京"天安门事件"的事件）宣布平反，对吴晗同志的新编历史剧《海瑞罢官》也宣布平反。

12月13日，邓小平同志在会上作了题为《解放思想，实事求是，团结一致向前看》的著名讲话，受到与会同志的赞同拥护，并成为十一届三中全会的基调。在讲话中，他语重心长地说："一个党，一个国家，一个民族，如果一切从本本出发，思想僵化，迷信盛行，那它就不能前进，它的生机就停止了，就要亡党亡国。"他还提出，

1978年12月13日，邓小平(左二)在中共中央工作会议闭幕会上做题为《解放思想，实事求是，团结一致向前看》的讲话。这个讲话实际上是随后召开的党的十一届三中全会的主题报告。

"要允许一部分地区、一部分企业、一部分工人农民，由于辛勤努力成绩大而收入先多一些，生活先好起来。一部分人生活先好起来，就必然产生极大的示范力量，影响左邻右舍，带动其他地区、其他单位的人们向他们学习。这样，就会使整个国民经济不断地波浪式地向前发展，使全国各族人民都能比较快地富裕起来。"这是一个能够影响和带动整个国民经济的大政策。这就为后来经济特区的创立，以及全国各地和各个行业的改革，提供了重要的行动指针。这篇讲话不仅提出和回答了在历史转折关头党面临的一系列根本问题，明确了党在今后的主要任务和前进方向，而且也为即将召开的十一届三中全会确定了指导方针，实际上成为十一届三中全会的主题报告。

这篇重要讲话，邓小平同志亲笔写了一个400字左右的发言提纲，并多次请胡耀邦、胡乔木、于光远、林涧青同志根据他的提纲，准备他在会上的讲话稿。这个提纲共三页纸，列出了七个问题：一、解放

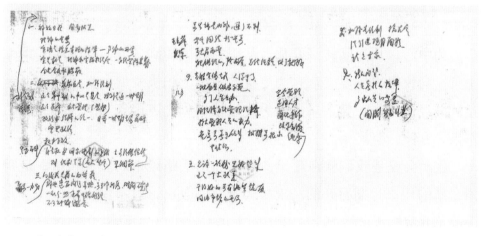

邓小平亲笔写的发言提纲

思想，开动机器；二、发扬民主，加强法制；三、向后看是为的向前看；四、克服官僚主义、人浮于事；五、允许一部分先好起来；六、加强责任制，搞几定；七、新的问题。在提纲的最前面，还写了"对会议的评价"几个字。加在一起，就是八个问题。邓小平同志根据这个提纲，同起草的同志详细谈了自己的看法和设想。这篇讲话稿，完全是邓小平同志自己的想法，不但思路是他的，而且给人留下深刻印象的那些语言也大都是他的。在讲话起草过程中，他不但多次看过稿子，而且在多次与起草的同志谈意见时，不断深化和充实自己的思想，连讲话的题目也是他提出来的。

在经过一系列准备的基础上，1978年12月18日，在白雪皑皑、空气清新的北京，党的十一届三中全会隆重召开。这次会议只用了5天时间，却具有划时代的重大意义。邓小平同志在中央工作会议上的讲话成为全会的话题。会议经过充分讨论，对过去作了系统的总结，提出了一系列新的方针政策。中心点是从以阶级斗争为纲转到以发展生

十一届三中全会后，邓小平成为党的第二代中央领导集体的核心。图为邓小平（右）、陈云（左）在十一届三中全会上。

产力为中心，从封闭转到开放，从固守成规转到各方面的改革的重大决策。会议提出了要"在自力更生的基础上积极发展同世界各国平等互利的经济合作。努力采用世界先进技术和先进设备"的对外经济工作指导方针。

这次会议是我们党在政治、思想和组织路线上的重大转折，是我国在新的历史时期召开的一次极为重要的会议，它不仅正式拉开了我国改革开放的历史性序幕，在国际上也引起了巨大反响。

1979年1月，美国总统卡特（左四）在白宫举行仪式，欢迎邓小平（左三）访问美国。

美国刮起"邓小平旋风"　　1979年1月29日，中华人民共和国国歌第一次奏响在美国白宫南草坪上空。邓小平同志访美，是中华人民共和国成立以来中国领导人首次对美国进行正式访问。美国政府对此极为重视。卡特总统设国宴欢迎。在林肯中心，专门举行了欢迎邓小平的演出。邓小平在"文化大革命"中第二次复出时，曾代表中国赴美参加过联合国大会。他那潇洒自如的风度，大胆而幽默的谈笑，给西方人留下了深刻的印象。"邓小平旋风"在美国刮起。在参观休斯敦和约翰逊宇航中心以及回答美国报纸主编们的提问时，邓小平多次表示，美国很多东西是中国可以学习的。这种态度深得美国媒体称道，使美国人对中国的领导者有了一个全新的观感。卡特总统在1月29日的日记中写道："在肯尼迪中心看了一场精彩又轻松的演出。表演结束

1979年访美期间，邓小平在休斯敦乘坐19世纪的马车。

1979年访美期间，邓小平夫妇在肯尼迪中心观看演出后与小演员拥抱。

1979年访美期间，邓小平（左）和卡特（右）在华盛顿白宫签订中美科技合作协定和文化协定时亲切交谈。

后，邓和我还有他的夫人卓琳女士、罗莎琳和艾米一起走上舞台同演员见面。当邓拥抱美国小演员，特别是在拥抱唱了一支中国歌曲的孩子们时，流露出真挚的情感，确实是全场轰动。他亲吻了许多孩子，后来报纸上说许多观众感动得流下了眼泪。"一直强烈反对同中国建交的参议员拉克索尔特在看了这场演出后说："我们被他们打败了，谁也没法对唱中国歌的孩子们投反对票。"邓小平与卡特总统最后一次会谈时，双方签署了领事、贸易、科学技术、文化交流等协议。中国人民随着邓小平同志出访的电视镜头开始了解世界，上至高层下至百姓都不同程度地意识到了我们封闭得太久了。

1981年6月，党的十一届六中全会通过了邓小平同志主持起草的《关于建国以来党的若干历史问题的决议》。这个决议，

邓小平为《关于建国以来党的若干历史问题的决议》的起草付出了智慧和心血。左起：陈云、邓小平、胡耀邦、李先念。

总结了建国以来的历史经验，彻底否定了"文化大革命"，科学地评价了毛泽东同志，坚决维护了毛泽东同志的历史地位和毛泽东思想科学体系的指导意义，正确解决了一个关系党和国家命运的重大战略问题。这是新时期邓小平同志作出的历史性贡献。

杀出一条血路，
创办经济特区

　　我国的对外开放，没有现成模式可参照，更不能照搬其他国家的做法，只能根据国情在实践中不断摸索、不断前进。1979年1月，一封关于香港厂商要求回广州开设工厂的来信摘报，送到了邓小平同志的办公室。邓小平阅后，当即批示：这种事，我看广东可以放手干。曾任广东省委副书记的王全国回忆当时的情形说："经过十一届三中全会，我们感到不改革开放不行了。小平同志的这个批示，对我们是很大的启示和鼓舞。我们就从广东的实际出发，分析广东的特点，提出广东的改革开放应该先走一步。"

蛇口响起第一炮

　　李先念初定蓝图　　1978年10月9日，交通部党组上报了一份《关于充分利用香港招商局问题的请示》，提出招商局的经营方针应当是"立足港澳，背靠国内，面向海外，多种经营，买卖结合，工商结合"，为此，应当冲破束缚，放手大干，争取时间，加快速度，适应国际市场的特点，走出门去搞调查、做买卖。建议：改革上层建筑，简化审批手续，确定招商局就地独立处理问题的机动权；授权可以一次批准招商局动用当地贷款500万美元的权限，从事业务活动。

李先念同志10月12日批示："请华主席、叶、邓、汪副主席，纪登奎、余秋里、谷牧、康世恩同志阅批。拟同意这个报告，只要加强领导，抓紧内部整顿，根据华主席'思想再解放一点，胆子再大一点，办法再多一点，步子再快一点'的指示，手脚可放开些，眼光可放远些，可能比报告所说的要大有作为。妥否，请阅示。"很快，党中央、国务院其他领导同志也一一圈阅并批准了这份报告。

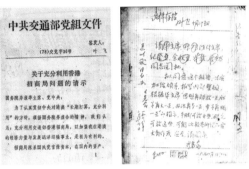

1978年10月9日，交通部党组《关于充分利用香港招商局问题的请示》及九位党中央、国务院领导人的批示。

招商局启用的第一枚印章——总办轮船招商公局关防

中央为何要支持香港招商局呢？所谓招商局，是1872年清末大臣李鸿章奏请清廷核准创立的，与江南制造局、纺织新局同为清政府三家最大的官方企业。在晚清的洋务运动中，招商局发挥着独一无二的作用。从辛亥革命到新中国成立以后，招商局的功能多次变化，当年的风光虽不复存在，但招商局这块招牌却始终保存下来了。1951年，在上海的招商局总公司改称为中国人民轮船总公司，只有香港分公司继续保留招商局的名称。香港招商局隶属交通部。

为落实中央领导批示精神，1978年10月28日，交通部派袁庚到香港担任招商局第29届常务副董事长。袁庚上任后的第一件事就是传达中央指示，研究贯彻落实的办法。袁庚在香港考察时，注意到了一个奇特的现象，就是招商局的船不经过任何检查，也不用办手续，可以直接进出香港码头，在内地与香港之间往来很方便。由此，他萌生了在内地沿海建立一个出口加工基地的想法。袁庚经过调查研究，反复比较，认为宝安县的蛇口最合适。这一想法，得到了交通部部长叶飞同志和广东省革委会副主任刘田夫同志的大力支持。于是，1979年1月6日，广东省和交通部联合向李先念副总理和国务院上报了《关于我驻香港招商局在广东宝安建立工业区的报告》，提出：招商局初步选定在宝安县蛇口公社境内建立工业区，以便利用国内较廉价的土地和劳动力，同时利用国外的资金、先进技术和原材料，把两者充分结合起来。

很快，李先念副总理收到了这个《报告》，立即与谷牧副总理进行了认真研究，决定请交通部副部长彭德清、香港招商局副董事长袁庚到他那里去，当面商议这个报告。

1月31日，彭德清和袁庚来到了中南海。李先念同志先向他们问起招商局的情况。当袁庚同志在汇报中谈到要把香港充足的资金、先进的技术和内地廉价的土地和劳动力结合起来

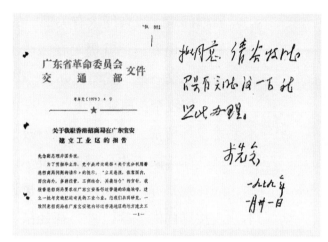

1979年1月，广东省和交通部联合向国务院提出在广东宝安建立工业区的报告及李先念的批示。

时，李先念同志说："对，现在就是要把香港和内陆的优势结合起来，充分利用外资来搞建设。不仅广东要这样搞，福建、上海等地都可以考虑这样搞。"李先念同志又说："我不想给你们钱买船、建港，你们自己去解决，生死存亡你们自己管，你们自己去奋斗。"袁庚拿出一张香港出版的香港地图，向李先念接着汇报："我们想请中央大力支持，在宝安县的蛇口划出一块地段，作为招商局的工业用地。"李先念同志看着地图，仔细审视，用铅笔在地图上南头半岛的根部用力画了两根线条，指着这个

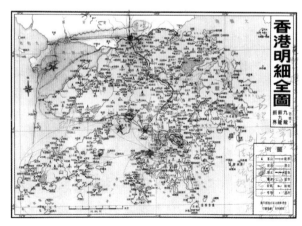

1979年1月李先念规划蛇口工业区时所用的地图，左上角为李先念用铅笔所画。

区域说：给你们一块地也可以，就给你这个半岛吧。然而，袁庚同志只要了半岛尖上一块名为蛇口的2平方公里的地方，当时的他还没有那个胆量一口"吞"下几十平方公里土地。李先念同志又征求谷牧同志的意见："对招商局的报告，你看怎么办？"谷牧同志回答："你批个原则同意，我去征求有关部门的意见好了！"李先念同志说："好，我批。"说着，他就提笔在报告上写道："拟同意。请谷牧同志召集有关同志议一下，就照此办理。"批准的时间是1979年1月31日。

谷牧牵头研究政策 1979年2月2日，谷牧同志召集国家计委、建委、外贸部、人民银行、财政部、交通部等有关方面负责人，商议如何具体落实李先念同志的批示。谷牧同志说："现在议一议香港招商局在蛇口办厂的问题。在这里设厂当然要得到特殊待遇。除了地方行政按国内的一套以外，在经济上要闹点'特殊化'，就是要享受香港的待遇，进出自由。"他接着说："根据小平同志的意见，广东、福建可以更放开一些。先念同志听了交通部的汇报以后作了批示。"谷牧宣读了李先念的批示后，请袁庚同志介绍情况。袁庚说："目前香港中区地价之高仅次于东京银座。1平方英尺要1.5万元港币，郊区工业用地每平方英尺也要500港元以上。劳动力工资也很高。我们经过多方面研究，形成了一点共识，就是利用广东毗邻港澳的土地和劳动力，吸收香港的资金和技术。如果这样做，香港任何财团都无法和我们竞争。"接着袁庚提出要求："交通部与广东省已经商定了具体方案，但进出口交税的问题要中央定才行。"谷牧说："也就是要给点特殊政策。"袁庚进一步介绍了搞工业区、办工厂的具体想法，提出："这个工业区的建设不用财政部一分钱，只要求财政部免税10年到15年，以后全部交给国家。"财政部部长王丙乾说："其他没有什么意见。关于纳税问题，不按国内办法，而按香港办法。在香港你们怎么交税的，在蛇口就怎么交税。"外贸部副部长刘希文说："关于海关进出口税问题可以给予优惠。具体怎么办，我回去和海关商量一下。"他们商量的似乎都是些具体问题，然而这些内容在当时可以说是惊天动地的大事。

经过上述酝酿和筹备，1979年7月20日，蛇口工业区开始正式运作，基础工程破土动工，响起蛇口开山第一炮。通过移山填海兴建码头，花了近一年时间建成600米的码头泊位，可停靠5000吨以下的货船，与香港互通航班客轮和货船，解决了交通运输的瓶颈。就这样，在当年林则徐、关天培率领中国军队向英国侵略者打响第一炮的蛇口左炮台下，中国经济特区的发轫地——蛇口工业区诞生了。

1979年7月，蛇口工业区基础工程正式破土动工，响起蛇口开山第一炮。这一炮被后人称之为中国改革开放第一炮。

在国内划一块地方，由驻港企业按香港方式来经营，在过去不仅没有做过，连想也没有人敢想过。事情定下来后，在交通部内部就引起了不少不同意见，有人说袁庚同志是"不务正业"，还断定他会"人财两空"；甚至在招商局内也有少数人不同意办工业区。然而，与此形成鲜明对比的是，当香港的一些大财团得知这一信息后，羡慕无比。李嘉诚、冯景禧、胡应湘等找袁庚商量："袁先生，你那个地方能不能给点我们，把中央政府给你们的权力也给点我们，我们一起来搞。"

1979年5月，谷牧视察深圳蛇口。

两年后的1981年12月，港督麦里浩访问蛇口，看了那里的建设速度，十分惊叹，认为蛇口的速度香港赶不上。他说："这个工业区搞了2年4个月，能搞到这样的程度，是值得祝贺的，在香港，我估计要花4年半的时间。"

75

钉子精神
（作者篆刻）

江泽民协调解难题　　蛇口工业区在创建初期遇到的困难是现在难以想象的。除了思想认识和体制上的障碍外，在建设上也遇到许多"卡脖子"的问题。例如，工业区外有一条7公里的专用公路快要修竣时，施工部门硬是在工业区入口200米处留下一段不铺沥青路面。这样，雨天时，泥浆、石子加雨水，使这段路形同沼泽，严重影响工业区的交通，也有碍观瞻。又如蛇口当时是一个落后的渔村，根本没有现代通讯设施，打电话十分困难，他们想建一个微波通讯站，也遇到重重阻力等等。

　　国家进出口委副主任江泽民同志于1980年3月22日陪同谷牧同志视察蛇口，蛇口的对外开放、改革、发展、变化给他留下深刻的印象，对他们遇到的困难也记在心头。8月8日，江泽民同志又来到蛇口。在实地考察，与工业区负责同志许智明等人座谈后，他高度评价蛇口近几个月又取得新的进展，"蛇口工业区建设速度快、有章法、效果好"。对他们遇到的许多困难问题，江泽民同志指出："我们在四化建设中确实碰到许多问题。我认为有些是认识问题，因为特区是个新事物，而我们长期闭关自守(也有外国长期对我封锁的影响)，对国外新情况缺乏了解，因此，想的，做的，常常是老框框，这些认识问题，我认为是可以原谅和可以说服的；但也有属于封建主义甚至是封建割据的问题，有些单位大权在手，不照他们的旧框框办，怎样说他都不同意，对这种封建割据，则要做必要的斗争。"当蛇口同志谈到通讯困难时，江泽民同志指出："通讯问题是个大问题，和外商合作建厂，通讯不便是不行的。据了解，香港电话很普及，平均4个人就有一部电话，而且电话安装费很便宜。我们国家落后，电话太少

1980年，谷牧（右三）、江泽民（左一）在蛇口。

了，申请安装个电话很困难，而且安装费很贵。蛇口工业区为了适应和外商合营的需要，自己筹钱建设由蛇口经深圳通香港的微波电话，是件好事，一定要支持。"微波电话建设过程中属于要由深圳市邮电局和广东省邮电局帮助解决的问题，江泽民同志请陪同他的广东省经济特区管理委员会副主任、深圳市委副书记秦文俊回去跟他们谈。属于要由邮电部解决的问题，他找邮电部部长朱学范帮助解决。

袁庚同志很快请邮电部及其所属的省、市邮电局的专家来蛇口参观考察，他们认为解决通讯问题在技术上是可行的。他原以为蛇口的通讯问题可顺利解决了，但没想到还是解决不了。邮电部门坚持通讯设施由特区出资建设，但经营管理权属邮电部门，电话费必须由邮电部门收，长途电话和香港通话必须经长途局，不能直拨。袁庚同志在无奈中，不得不把蛇口遇到的问题设法向中央反映。

1980年9月3日，胡耀邦总书记看到新华社一份题为《蛇口工业区建设中碰到的几个"卡脖子"问题》的内参，当即作了如下批示：

谷牧同志：

中央现在决心坚决反掉各种形形色色的官僚主义，这个特区是否确有卡脖子的官僚主义，是否有拦路打劫的官僚主义，建议你抓住这个麻雀，弄个水落石出，必要时制裁一点人(最好是采取经济制裁)，否则不但官僚主义克服不了，四化也遥遥无期。

谷牧立即要求国家进出口委研究落实胡耀邦同志的批示。1980年9月12日，国家进出口委召集专题会议，由江泽民同志主持，研究解决蛇口工业区建设中碰到的四个"卡脖子"问题。邮电部、外贸部、海关总署、劳动总局、科技局等负责同志与会，就安装通讯设备问题，请邮电部特事特办，给予"松绑"，确定在深圳市的通讯设备解决前，蛇口工业区先安装一台进口的专用交换机，可直拨香港，第二年三四月份投入运行，由招商局自己管理。其他问题，技术工人和技术干部调配问题、施工设备进口问题，都放开了口子。至于200米左右一段公路迟迟不给铺沥青路面问题，当时参加会议的人定不了。广东省委书记刘田夫当天下午到会后，当即表示广东省将积极配合工业区把道路打通。会上，江泽民同志多次强调说："请大家支持工业区，开点绿灯。"几天后，有关单位把那位施工部门"卡、拿、要"的处长革职，搬开这块"卡脖子"的"绊脚石"后的24小时内，200米公路就铺上了沥青路面，从此蛇口工业区通向区外的公路终于贯通了。

同年12月，江泽民同志陪同谷牧同志再次视察深圳、珠海，又来到了蛇口工业区，这是他一年中第三次到蛇口，关心蛇口的创业和发展。

1980年12月，江泽民(左二)陪同谷牧(左三)视察蛇口。

蛇口工业区的创建本意是吸引外资开发工业，特别是外向型工业。但是，任何一个工业区的建设都不可能是孤立的，必须有住房、商业和其他服务业的配套，特别是在那个商品十分匮乏的年代，又有不少外商在那里工作、生活，因此办一家中外合资的购物中心，进口一些国内没有和无法供应的收取外汇的商品是必要的。然而，这又是"破天荒"的事。向外宾供应进口商品的外汇商店，历来是由国家有关部门指定的国营商店垄断经营的，要在这个渔村加工地的蛇口，办一家外汇商店很难设想。然而，一位姓陈的港商却看到蛇口未来的商机，向袁庚表示希望能投资在蛇口办一家合资的购物中心。据袁庚同志回忆说，当时他主要是感到蛇口需要一个购物中心，但开张后能否有生意也无把握。他曾对这位港商半开玩笑地说，如果购物中心开张后一天只能卖出一瓶汽水怎么办？那位港商坚定地说："你叫我一天卖一瓶汽水，可以。我坚持半年。假如半年后仍然是一天卖一瓶汽水，我就回香港！"于是，双方达成合办购物中心的意向。他们便上报省有关部门审批，可是对这种无章可循"破天荒"的事，谁也不愿沾边，互相推诿，杳无音信。除了购物中心迟迟不能批准外，蛇口与香港的海上通航问题，由于种种原因也无法解决。这时袁庚不得不再次通过上次同样的渠道向中央反映情况。

1981年10月16日新华社内参上刊登了《深圳蛇口特区建设在两个问题上遇到困难》的文章，反映蛇口遇到的"购物中心"不能开办和蛇口至香港之间不能通航两个问题，使中央及省委关于特区建设的指示无法落实。万里同志批示：请谷牧同志过问一下此事。谷牧同志批示：明天议一下。

江泽民同志见到这份内参时，继一年前帮助蛇口解决四个"卡脖子"问题后，再一次帮助蛇口解困。经与有关部门协调，10月24日，他给谷牧同志写了一份专题报告，提出了解决问题的意见：

谷牧副总理：

《国内动态清样》第2492期反映深圳蛇口特区建设中的两个问题，经与王润生（作者注：时任海关总署署长）、王斗光（作者注：时任海关总署副署长）同志商议，并向蛇口建设指挥部了解了情况。解决意见如下：

一、蛇口"购物中心"开办问题。中发〔1981〕27号文件规定：除烟、酒按最低税率减半征税、少数物品照章征税外，其他均免征关税。特区运往内地的货物、物品，应按一般进口的规定办理。在分界线未建好之前，按海关暂行办法执行。蛇口指挥部称：蛇口第二道防线正在加紧建设。海关反映：两年来对蛇口区内职工早已免税进口了电视机等物品，而"购物中心"进口的货物，凡持有外币的即可选购，实际上扩大了供应对象，在小二线未建成前，会促使区外人员拥入蛇口无法控制。我们同意海关的意见，"购物中心"应待小二线建成后再考虑开业，以利贯彻"外松内紧，前松后紧"的方针执行。并已告知蛇口指挥部，尽快将蛇口工业区的小二线建好。

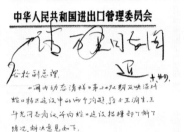

1981年10月，江泽民就蛇口购物中心等问题给谷牧的信。

二、蛇口港口对客轮开放问题，今年9月26日国务院办公厅(81)国办函字75号文件已批准蛇口口岸对客轮开放。蛇口指挥部认为联检设施条件均已具备，只待海关派人进驻即可开放。海关则反映，文件刚下达，九龙海关目前人员尚不敷应用，立即开放还有问题。现经协商初步定于11月15日派人进驻，最迟不超过11月20日开放。

特此报告，妥否请示。

江泽民

1981年10月24日

在万里、谷牧同志的过问下，11月12日，由江泽民同志签发的国家进出口委《关于蛇口工业区"购物中心"及港口开放问题的处理意见》((81)进出综字第061号)，下发广东省经济特区管理委员会，袁庚的两大难题终于得到了明确的答复。经过半年多的筹备，1982年6月23日我国第一家合资的"购物中心"顺利开业了，而开业的第一天不但不是门可罗雀，相反，开门前的一大早就有几百人排队等待。很快这个店就取得很好的经济效益。这个现在看来很不起眼的小店，在当时迅速成为蛇口的一个亮丽的旅游景点。我有一次到深圳蛇口调研工作时，也去参观了这个商品琳琅满目和顾客熙熙攘攘的"购物中心"，与香港和欧美也相差无几，与内地其他城市

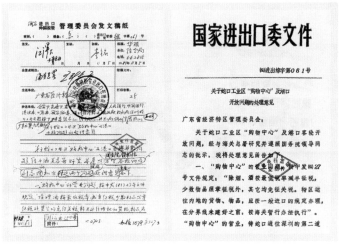

国家进出口委《关于蛇口工业区"购物中心"及港口开放问题的处理意见》

货架空荡、品种单调的商店形成鲜明对比。

尖兵的作用不可低估　创办工业区，一没有被纳入国家计划，二没有财政拨款，但却争取到了两项政策：一是500万美元以下的工业项目自主审批，二是被允许向外资银行贷款。于是，袁庚走遍香港，向港商和银行借贷资金，前后两年，招商局借进15亿元，用来搞"三通一平"（通水、通电、通气、平整土地），建设工业基础设施和生活设施。为了使借来的钱很快产生效益，袁庚利用已建成的厂房设施，

1984年1月26日，邓小平视察蛇口，袁庚（右）向邓小平（左）汇报工作。

大大简化招商程序，从谈判到签订协议，到审批注册一般只有个把月时间，投资者只要把设备运来安装好，便可招工投产。正因为如此，企业和人才蜂拥而至，两年多的时间，蛇口的企业从无到有猛增一百多家。蛇口的试验不仅是思想的解放，也是计划经济体制的改革，还

杀出一条血路，创办经济特区

1983年2月9日，胡耀邦（前排中）在任仲夷（后排左一）、袁庚（前排左一）的陪同下视察蛇口工业区。

是对干部和劳动体制的改革。

蛇口有许多第一：首先吸引外商投资；首先向境外举债；首先获得审批项目的自主权；首先实行企业自主经营，自负盈亏；1980年3月28日，他们还首先试行了干部、职工招聘制，竞争上岗。1983年经来视察的胡耀邦同志同意，蛇口试行了由群众推举、考核干部。

1983年4月24日，蛇口第一届管委会15名干部，经民主测评推荐候选人，再经2000多人选举产生。调入蛇口的干部的工资级别只能存入档案，在蛇口的工资和职务，只能通过他们的选拔程序，量才录用。干部每年考核一次，民主测评不过半者下岗，打破终身制。企业职工实行招聘合同制，打破了"铁饭碗"等等。

1982年，谷牧听取袁庚汇报。

　　这些改革取得的直接成果是高速度、高效率和高效益，并在袁庚脑海里逐步形成一个理念：时间就是金钱，效率就是生命。也正是在这个思想观念的指导下，招商局由一个1980年只有1亿元资产的小公司，到1992年袁庚离休时变成了一个拥有200亿元资产的大公司。

蛇口的改革试验，虽然当时并未意识到已触及经济体制的改革，而只是从实际出发"摸着石头过河"的产物。然而，实际上它是突破计划经济体制堡垒重围的尖兵，其历史意义不能低估。

广东福建先行先试

由于我国地域辽阔，各地经济社会发展水平和投资环境的差异很大，在对外开放步伐上齐头并进显然是不可能的。

还在1977年，国务院财贸办、国家计委、外贸部、财政部等有关部委和广东省的领导就先后到宝安调研考察，为解决当时的逃港问题和保障港澳市场供应，提出把宝安、珠海两地建成供应港澳鲜活农副产品的出口生产基地。后来决定把卖海沙收入中的400万元留给宝安，就用这笔钱建起了一批养殖场和果园等出口基地。

1978年3月，外贸部基地局局长杨威同志带领由国家计委、外贸部组成的工作组到宝安，和广东省的同志一起，对宝安、珠海两个县兴办副食品出口基地问题作了研究，工作组和县委共同制定了一个生产和出口的年度计划和三、五年规划。

4月10日至5月6日，国家计委副主任段云同志带领由国家计委、外贸部组成的经贸考察组到香港、澳门调研，考察组参观了两地的一些企业和市场，同我驻港机构和一些爱国厂商进行了座谈，又同广东省的同志交换了意见，回京后写了一份《港澳经济考察报告》。报告分析了港澳经济发展较快的原因：有充裕的资金来源，较为廉价的劳动力，都是"自由港"，购进原材料和技术设备比较方便，企业以销

1978年，外贸部转发国务院办公室参阅文件《港澳经济考察报告》。

定产，市场需要什么，就生产什么，产品适应性很强；尤其是大力发展对外加工业，利用外来资金和当地劳动力，进口设备、原材料和半成品，大搞加工装配，增加出口，这是两地经济发展的主要途径。报告指出：要切实把宝安、珠海两个基地建设好。大办副食品生产基地，增加鲜活商品出口；积极发展建筑材料工业和加工工业；开辟游览区，办好商业、服务业和文娱场所。报告提出，为了把两个县尽快建设好，有必要实行某些特殊管理办法，建议把宝安、珠海两县改为两个省辖市（相当于地级市），派得力干部，加强领导力量。同时，报告还就充分发挥我驻港澳贸易机构的作用、利用港澳大力发展对外加工装配业务、加强我在港澳的经济力量、加强港澳地区经济工作的统一领导等进行了分析，提出了建议。

6月3日，华国锋等党中央、国务院领导同志听取了赴港澳经济贸易考察组的汇报，指出：这个报告，总的同意，凡是看准了的，就要抓紧落实，说干就干，把它办起来。随后，根据国务院领导指示，国务院办公室将《港澳经济考察报告》作为参阅文件，印发有关地方和部门。

1978年4月初，习仲勋同志到广东担任省委第二书记，主持广东省的日常工作。面对困难重重的经济局面，他重点考虑如何解放思想，调动一切积极因素，尽快把经济搞上去。

6月，习仲勋主持召开省委常委会议，专门听取省革委会副主任王全国参加谷牧副总理率领的赴西欧五国考察团的情况汇报，并决定在广州中山纪念堂召开广东省、广州市处以上干部大会进行传达。省委领导和其他干部听了传达，反应热烈。6月20日，习仲勋同志再次主持召开省委常委会，学习中央、国务院领导关于《港澳经济考察报告》等的指示，研究宝安、珠海两县的建设和开展对外加工装配业务问题，提出了有关落实意见。7月上旬，习仲勋到宝安调研，他看到深圳河两岸反差很大，强烈感受到搞活地方经济的唯一出路在于发展经济、对外开放。经过多次调查、研究和讨论，1978年10月23日，广东省向国务院上报了《关于宝安、珠海两县外贸基地和市政建设规划设想的报告》，提出要在三五年内把宝安地区建成具有相当水平的工农业相结合的出口商品生产基地，并成为吸引港澳游客的游览区，发展对外贸易，巩固祖国南大门。报告还建议将宝安、珠海两县改为地级市。

改革开放初期，习仲勋（右一）在广东省委工作会议上讲话。

1978年11月10日到12月15日，中央召开工作会议。习仲勋同志在中南组分组会议上，作了题为《广东的建设如何大干快上》的发言。他提出："希望中央能给广东更大的支持，同时多给地方处理问题的机动余地。如果中央允许我们吸收港澳、华侨资金，从香港引进一批先进设备和技术，购进电力、进口部分饲料，就可以一方面先把国营农场、畜牧场、淡水养殖场等武装起来，作为示范，培养人才，取得经验。凡是来料加工、补偿贸易等方面的经济业务，授权广东决断处理，以减少不必要的层次和手续。"福建的同志也提出，要利用侨乡优势，吸收外资、侨资，放手大搞出口贸易，为发展福建经济创出一条路子，建议中央在具体政策上给予支持，外贸分成多给地方一点，开放福州、厦门等港口。这些意见和建议，引起了中央的重视。

会议期间，12月11日，中央决定习仲勋同志任广东省委第一书记，杨尚昆同志任省委第二书记。1979年1月23日，广东省决定将宝安县改为深圳市，珠海县改为珠海市，成立两市市委，分别由张勋甫、吴健民任市委书记。2月14日，国务院批复同意广东省《关于宝安、珠海两县外贸基地和市政建设规划设想的报告》；很快，国务院又于3月5日批复同意两县改设市。

酝酿出口加工区　就在宝安县（即后来的深圳市）开始建设"出口基地"的时候，广东省委收到了一份在汕头建立"出口加工区"的报告。

1979年初，广东省委书记吴南生和丁励松同志前往汕头市部署学习贯彻党的十一届三中全会精神。他们到汕头后，为当时破旧的市容和萧条的经济感到震惊。汕头是著名侨乡，在历史上曾是一个比较繁华的港口城市。新中国成立后，因国际敌对势力的封锁受到一定的影响，然而由于数以百万计的港澳和海外潮汕籍人士始终眷念并用各种方式帮助故乡的发展，也还算比较好的地区。但十年动乱期间在极左思潮影响下，汕头不但远远落后于海外同类城市，与广东其他沿海城市比，也有不小差距。他们设想，能不能像海外办出口加工区一样，把汕头市划出来，对外开放，办出口加工区，吸引外商投资办企业。如果说把整个市划出来办加工区不现实的话，那么，能不能在市内划出一小块地方，集中物力、财力办出口加工区，先取得经验，再进行推广呢？

2月21日晚，吴南生向广东省委发了一封电报，指出汕头存在的突出问题，并提出：汕头地区对外贸易、来料加工等条件很好，只要认真落实政策，调动内外积极因素，同时打破条条框框，下放一些权力，让他们放手大干，这个地区工作长期被动的局面，三五年内就可以从根本上扭转。3月3日，省委召开常委会，吴南生提议，在汕头划出一块地方搞试验，用各种优惠的政策来吸引外资，把国外先进的东西吸引到这块地方来。常委们都表示赞同。习仲勋同志表示：要搞，全省都搞。并要求起草一份文件，4月份召开中央工作会议时，他带去汇报。

还是叫特区好　　1979年4月1日—2日，杨尚昆主持广东省委常委会议，讨论中央工作会议汇报稿。会议认为，广东有两大优势：一是毗邻港澳，二是华侨众多。只要中央在对外经济活动中给予广东充分的自主权，采取灵活措施，实行特殊政策，就完全可以发挥这两大优势，加快经济发展的步伐。会议决定向中央提出允许广东"先走一步"的意见。

这一段时间，广东省委明确了在深圳、珠海和汕头搞出口工业区。划出一块地方，实行特殊办法，但究竟怎么划，叫什么名字？一时却定不下来。据吴南生同志回忆说：发愁这块地方叫什么名称好呢？在国际上一般叫自由贸易区、自由港，但当时人们一听到"自由"二字，往往就会同主权联系起来，同"租界"、"飞地"联系起来。他想是否可以叫"出口加工区"？但这就和台湾一样，似乎也不行。总之，当时顾虑重重，颇费思量。习仲勋、吴南生为这件事请教叶剑英同志，叶剑英要广东省赶快向邓小平同志汇报。

1979年4月，中央召开工作会议，专门讨论经济建设问题。会议中讨论了广东、福建两省要中央给点政策、加快发展的要求。这次中央工作会议期间，邓小平等中央领导同志听取了习仲勋等同志的汇报。习仲勋在汇报中提出，希望中央下放若干权力，让广东在对外经济活动中有必要的自主权；允许在毗邻港澳的深圳、珠海和重要侨乡汕头市举办出口加工区等设想。习仲勋同志说，我们省委讨论过，这次来开会，希望中央给点权，让广东能够充分利用自己的有利条件在四个现代化建设中先走一步。这个提议，引起了中央领导高度重视。邓小平同志表示："广东、福建实行特殊政策，利用华侨资金、技术，包括设厂，这样搞不会变成资本主义。因为我们赚的钱不会装到华国锋同志和我们这些人的口袋里，我们是全民所有制。如果广东、福建两

就叫特区
（作者篆刻）

省八千万人先富起来，没有什么坏处。"对习仲勋、杨尚昆提出的在邻近香港、澳门的深圳、珠海以及汕头兴办出口加工区的意见，谷牧同志也曾就这一情况和名称问题向邓小平同志汇报过，邓小平同志对他们的创新构思表示赞同，并说：还是叫特区好，陕甘宁开始就叫特区嘛！邓小平同志在不同场合还说：中央没有钱，可以给些政策，你们自己去搞，杀出一条血路来。这是邓小平第一次提出"特区"这个概念，它是以后正式名称"经济特区"的由来和简称。也是我国对外开放的"突围"，杀出一条"血路"的突破口。

邓小平同志倡议并坚决支持办经济特区，是经过深思熟虑的。一是一些国家和地区已有类似的做法，可以作为借鉴；二是在战争年代，我们党领导的根据地例如陕甘宁边区，就是"特区"，实行不同于国民党统治区的政治、经济、文化制度和政策。国外的做法和我国历史上特殊情况，与新时期将要兴办的经济特区不可同日而语。在社会主义条件下，在坚持党的领导和社会主义制度的前提下，划定一个区域，在对外经济活动中，实行一些特殊政策和灵活措施，作为加快发展社会主义经济的试验区，是符合中国实际和经济发展客观规律的。后来的实践证明，邓小平同志关于办经济特区的决策，是很有远见的。

会议期间，邓小平同志正式向中央提议批准广东、福建两省的要求。经中央工作会议讨论，形成了《关于大力发展对外贸易增加外汇收入若干问题的规定》，其

1979年4月，中央工作会议形成《关于大力发展对外贸易增加外汇收入若干问题的规定》，决定在深圳、珠海、汕头、厦门等地试办出口特区。8月13日，国务院以国发[1979]202号文正式下发。

88

中有"试办出口特区"一节，决定在深圳、珠海、汕头、厦门试办出口特区。这次会议上，在讨论如何扩大对外贸易的过程中，到会的许多负责同志也认为，在广东省的深圳、珠海、汕头和福建省的厦门试办出口特区，发展出口商品生产，是一项可行的措施。这次中央工作会议还决定，对广东和福建两省要采取特殊政策和灵活的措施，让他们在开展对外贸易，增加外汇收入，加速发展地方经济方面有更广阔的活动余地。邓小平同志关于兴办特区的倡议，犹如一块巨石击入碧波，迅即引起了积极而强烈的反响。

1979年5月，谷牧（左三）率工作组到广东调查研究，并与广东省委共同起草了关于广东实行特殊政策、灵活措施的文件。谷牧后面为叶选平。

中央放权给政策 根据中央工作会议精神，1979年5月，谷牧同志受中央委托，带领国务院有关部委的十几位负责同志，前往广东、福建调查研究，用了约一个星期的时间与广东的同志讨论、修改广东省5月5日上报的《关于试办深圳、珠海、汕头出口特区的初步设想》，同两省领导和经济专家研究办特区的问题。经反复研究，大家理出了一个基本思路：闽粤两省要把潜在的经济优势发挥出来，必须对经济体制进行改革，改革过分集中的计划经济体制，调动地方的积极性。并据此于6月6日和9日，两省分别将中共广东省委《关于发挥广东优越条件、扩大对外贸易、加速经济发展的报告》和中共福建省委《关于利用侨资、外资，发展对外贸易，加速福建社会主义建设的请示报告》呈送中央。

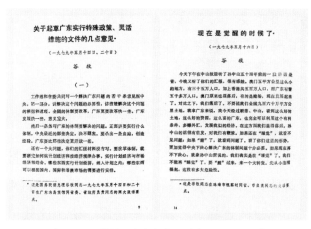

1979年5月，谷牧关于广东省实行对外开放的若干讲话影印件。

杀出一条血路，创办经济特区

1979年6月23日，华国锋同志在第五届全国人大二次会议广东代表团讨论会上讲话时说："中央、国务院下决心，想给广东搞点特殊政策，自主权大一些。同志们提出，中央也同意在深圳、珠海搞特区，搞成特区可能发展快一些。因为广东和别的省不一样，广东是祖国的南大门，面对港澳，实现四个现代化，广东能够发展得快一点。我派谷牧同志去那里，专门做了些调查研究，听取了省领导和各方面意见，回来后给中央写了个报告。"

党中央、国务院对广东、福建两省的报告十分重视，进行了认真研究，决定予以批转，确定对两省实行特殊政策和灵活措施。7月17日，姚依林同志将《中共中央、国务院批转广东省委、福建省委关于实行特殊政策和灵活措施的两个报告》的印刷清样批请胡耀邦同志批示。第二天，胡耀邦同志阅后在文件标题和文中多处加上"对外经济活动"，将文中一小标题"实行特殊的经济管理体制"中的"特殊"改为"新"，并给华国锋同志写了一封短信：

华主席：

口头上讲"特殊政策"是一种简化的说法，写在中央文件上，恐引起党内外误会，经与谷牧、依林同志商量，前面加了一个"对外经济活动"的限制词。

这个文件是否也可发其他省市委一份？这对他们也可起思想上的鼓舞和启发作用。请考虑。（谷牧同志要求快发）

胡耀邦

7.18

华国锋同志很快圈阅并批示：同意发各省一份。

7月20日，中共中央以中发[1979]50号文发出《中共中央、国务院批转广东省委、福建省委关于对外经济活动实行特殊政策和灵活措施的两个报告》。文件指出，广东、福建两省靠近港澳，华侨多，资源比较丰富，具有加快经济发展的许多有利条件。中央确定，对两省对外经济活动实行特殊政策和灵活措施，给地方以更多的自主权，使之发挥优越条件，抓住当前有利的国际形势，先走一步，把经济尽快搞上去。两省报告所建议的经济管理体制，即在中央统一领导下实行大包干的办法，中央和国务院原则同意试行。文件明确了对两省的计划、外贸、财政、金融、物资、商业、劳动工资、物价等实行新的管理体制。出口特区，可先在深圳、珠海两市试办，待取得经验后，再考虑在汕头、厦门设置。文件强调，对两省采取对外经济活动的特殊政策和灵活措施，是一项新的工作，各方面都缺乏经验，特别是对外经济活动方面，我们很多东西还不懂。省委和各级党委要加强领导，加强调查研究，善于学习，在思想和工作作风上都要有很大的转变。党中央和国务院对两省的发展，寄予很大的期望。关键在于两省的工作，地方同志的担子更重了。中央各部门也要善于在新体制的情况下工作，业务领导的责任不是轻了而是需要加强。

50号文件的印制还有一个小插曲。文件的落款日期是7月15日，但此时文件尚未签批完成。实际上，随后的几天，党中央、国务院领导同志在签批过程中，对文件的标题、内容、发送范围均做了重大修改，直到7月20日才正式发出。这个发出日期，也印在了文件的后面。

党中央、国务院批准广东、福建实行特殊政策和灵活措施后，出口特区的筹办工作开始进入实施阶段。1979年9月，谷牧同志再次前往广东，与省委领导习仲勋、杨尚昆、刘田夫、王全国、吴南生等人召开了座谈会。座谈会上，谷牧要求把出口特区搞成样板，通过实践，不断总结经验，不断充实完善。他说，特区怎么搞?一个搞立法，一个搞几个样板。合资经营也好，独资经营也好，这里能赚钱，有吸引力，对港澳能起稳定作用。一个港澳，加上一个广东，经济很繁荣，这有什么不好!搞来料加工、合资办厂、独资办厂，许多办法可以参考港澳的办法，你们可以大显身手。在回答习仲勋提到的小搞、中搞还是大搞的问题时，谷牧认为，我看不能有第二个方针，

1980年10月9日，邓小平在会见日本松下电器公司最高顾问松下幸之助时说，我们给广东、福建一些特殊条件，在广东靠近香港的地方设立一个经济特区。这对我们来说是一种试验。欢迎各国资本在那里投资设厂，参与那里的竞争。

只能下决心大搞快搞。中央就是要广东先行一步，要广东大搞，小脚女人小步走就起不了这个作用。广东非得快马加鞭不可，要抢时间走在全国的前面。你们的两个特区，全省对外经济活动实行特殊政策和灵活措施，要有点孙悟空的精神，受条条框框束缚不行，要改。要搞活。步子要更大一些。城市规划要抓紧。

我国对外开放先行先试的大幕由此拉开。

设立前沿"参谋部"

为了打开对外开放的局面，加强对外经济贸易工作的领导，1979年3月国务院决定成立进出口领导小组。余秋里同志任组长，王任重、王震、方毅、谷牧、康世恩、陈慕华同志任副组长，由谷牧同志全权负责日常领导工作。经过几个月的实践，发现对外开放是新事物，又是涉及国内外许多方面的系统工程，这样的机构还应进一步加强，才能承担推动我国对外开放如此重大战略部署的使命。在该年7月，党中央向全国人民代表大会

国务院文件

国发〔1979〕73号

国务院关于成立进出口领导小组的通知

各省、市、自治区革命委员会，国务院各部委、各直属机构：

党的十一届三中全会作出了把全党工作的着重点转移到社会主义现代化建设上来的战略决策。在自力更生的基础上，积极发展同世界各国平等互利的经济合作，努力采用世界先进技术和先进设备，是实现四个现代化的一项重大措施。实践证明，世界上不少落后国家，能够后来居上，利用国外先进技术是一条重要的经验。一九七八年以来，我们扩大了同世界各国的经济技术交流和合作，展开

—1—

1979年，国务院关于成立进出口领导小组的通知。

常务委员会提出建议，为加强对进出口、外汇平衡和引进技术工作的管理，成立中华人民共和国进出口管理委员会；为加强对外国投资的管理，成立中华人民共和国外国投资管理委员会，并提名谷牧副总理兼任两委主任。1979年7月30日，这个建议在第五届全国人大常务委员会第十次会议上得以审议通过。

1979年，关于筹组进出口委员会和外国投资管理委员会的请示报告。

1979年8月23日，中共中央、国务院下发《关于进出口管理委员会、外国投资管理委员会的任务和机构的通知》，明确是一个机构两个名称（不久国务院又正式下文明确进出口管理委员会简称"国家进出口委"），并规定了其任务、机构和当前的主要工作要求。

1980年，谷牧关于进出口工作的若干讲话。

国家进出口委和国家外资委的主要职责任务是：1.会同有关部门制订发展进出口贸易、技术引进、利用外资以及对外经济合作的方针、政策、条例、规章，研究总结经验，改革有关管理体制。2.会同国家计委，审议和制订我国进出口、技术引进、经济合作、外汇收支的长期规划和年度计划，协调有关方面的工作，检查督促计划的实施。3.组织有关部门和各省、市、自治区采取有力措施,扩大出口,增加外汇收入。4.根据中外合资经营企业法,组织制订实施条例和有关管理办法,组织有关部门审批合营企业的协议、合同和章程。5.统筹管理各部门、各地方引进先进技术、利用外国资金和进口设备的工作。督促检查有关方面掌握、消化和引进先进技术,以提高国内的制造能力。6.审议我国与外国政府间的长期经济合作或长期贸易协定、协议,报请国务院批准。1980年12月,国务院下达通知规定:"今后我国同西方国家的经济合作和有关混合委员会以及这些国家向我国提供援助的工作,统一由国家进出口委归口管理,组织协调。"

中央任命谷牧副总理兼两委主任,并先后任命汪道涵、周建南、马宾、江泽民、魏玉明、周宣城、卢绪章同志为专职副主任,顾明、郑拓彬、甘子玉、贾石、卜明、邱纯甫、谢北一为兼职副主任,季崇威、李灏同志为专职委员。江泽民同志兼秘书长,李灏、罗抱一、方晓同志为副秘书长。谷牧同志为两委党组书记,顾明、汪道涵、周建南同志先后任副书记,刘宁一同志为纪委书记,周建南、郑拓彬、马宾、甘子玉、贾石、卜明、江泽民、魏玉明、周宣城、邱纯甫、谢北一、卢绪章、刘宁一为党组成员。1981年9月,中央又任命陈慕华同志兼国家进出口委党组第一副书记、第一副主任。

由于对外开放是一项全新的工作,经各方推荐,两委先后聘请陈慕华副总理、荣毅仁(时任中信公司董事长、总经理)、雷任民(曾任外贸部第一副部长,时任中信公司副董事长、副总经理)、刘宁一为顾问;还聘请工商界的知名人士钱昌照、孙越崎、孙起孟、缪云台、古耕虞、刘念智、经叔平、李文杰、虞效忠、王兼士、李树农、艾德乐(美籍)、柯富兰(美籍)等为特邀顾问。由谷牧副总理签发聘任证书。此外还聘请一些国内外专家教授担任专题顾问。为了做好与顾问的联络和服务工作,成立顾问室,由谢爽秋同志任顾问室主任。他是1945年赴台湾采访和见证日本将台湾归还中国的

国家进出口委
国家外资委
(作者篆刻)

签字仪式的中国内地两记者之一，其实他本人就是一位见多识广的"顾问"。这个顾问室实际上是一个"智库"，在对外开放的开局方面发挥了重要作用。

党中央、国务院批准两委下设：办公厅(兼管干部工作和对外联络工作，厅领导：李发奎、李有章、费家骥、胡光宝)、综合局（局领导：罗抱一、宋一峰）、外资管理局（局领导：冯天顺、史裕民）、出口管理局（局领导：杨威）、技术引进管理局（局领导：陈扬、裴潮）、条法局（局领导：邢路）、调研室（室领导：石青野、马玫丽、赵静、周力）、顾问室（室领导：谢爽秋）。1980年7月，国务院指定由两委管理协调世界银行和外国政府提供的开发援助项目贷款工作，批准增设政府贷款项目建设办公室（室领导：张荃、李岚清）；设在国家计委主管来料加工装配和补偿贸易的加工贸易办公室转入国家进出口委（室领导：赵艺文、曹蕴章）；同时增设国际经济合作局（局领导：卜昭敏）。后来，还成立了国际经济管理学院筹备处（筹备处领导：马敬夫、韩元佐）。当时机构和人员编制非常精干，1979年8月成立时为两百人，随着职能和任务增加，到1982年3月，实有人数344人。

国家进出口委成立后不久，各省、市、自治区也很快建立了相应的机构，形成了从中央到地方较为完整的管理体系。这就有力地保证了有关方针、政策的切实贯彻落实。国家进出口委实际上是在党中央、国务院领导下推行对外开放战略部署的"参谋部"。

由于国家进出口委的工作关系到中央对外开放战略决策的开局和落实，因此在机构组建的同时就投入紧张而高效的工作。例如，会同国家计委落实当年和拟定后两年的引进项目计划；制订引进项目的申请报批程序及管理办法；根据中外合资经营企业法，组织草拟有关配套的法规条例和对外谈判的指导原则；研究广东、福建两省特殊政策、灵活措施的落实，起草试办经济特区的实施条例，解决蛇口工业区和特区建设中的困难和问题；研究外贸管理体制改革的试点实施方案；召开京、津、沪三市出口工作座谈会，研究扩大出口的规划和措施；推动各部（包括军工各部）的出口创汇工作；筹备召开全国进出口工作会议；组织实施利用日本等国的政府贷款和世界银行贷款工作；与联合国开发计划署合作建立国际经济管理学院，并采取各种措施加强培训对外开放人才等等。在两年多的时间里，国家进出口委在调查研究的基础上，组织起草了涉外政策、法规、条例、规定等一系列文件，多次召开解决重大问题的全国性、区域性的会议，对打开对外开放初期方方面面的局面，发挥了重大的作用。

"两委"的工作人员主要来自国家计委、经委、建委、外贸部、外经部和工业部门等。在选调人员时，特别重视质量，选拔使用政治素质高，有实践经验，擅长协调，懂技术，懂外经贸业务，懂外语的复合型人才。

当时我没有住房，经江泽民同志批准，住在机关顶层的办公室里。机关有位叫段为的同志是我的邻居。开始我只知道他学问大，知识面广，会几门外语。后来我才知道他的传奇身世。他抗战前在日本京都大学留学。日寇侵华，他作为一名热血青年，立即回国想投身抗战，经过艰难跋涉到了重庆，经我党地下工作同志介绍，进入当时的国民政府外交部工作，并经严格考核后，加入中国共产党。后因工作需要，他被调到设在香港的宋庆龄基金会工作，为解放区筹措资金、药品、急需用品等。抗日战争结束后，党为培养人才，先后将其送往英国剑桥大学、德国柏林大学和苏联莫斯科大学深造。1952年回国后，他被分配到对外贸易部从事法律方面的工作，享受"高干"待遇。在"反右"斗争

1979年，国务院批转进出口管理委员会关于京、津、沪三市出口工作座谈会纪要的报告。

中，他对当时的领导同志提了点意见，竟被划为右派，在东长安街扫大街。1965年印尼发生"九三〇事件"后，在印尼连续不断地发生了迫害华侨、冲击我使领馆的严重事件。当时印尼还决定关闭其驻华使馆，撤回全部人员，并要求中国也关闭驻印尼使领馆。印尼驻华大使被要求回国，由于过去与段相识，一次碰到段时便说："请段先生有机会到印尼来。"段只是敷衍地说："好。"却因此又招来大祸，被人告发而定为"阴谋叛国分子"，投入监狱后又送去劳改。老婆也离他而去，他沦为孤身一人，度过苦难的岁月。而这位印尼驻华大使当时并没有回印尼，他辞去了大使职务，留居北京，专任亚非新闻工作者协会总书记。改革开放后，段为被落实政策，调到国家进出口委工作，再次受到尊重，有了用武之地。他精通日、英、德、俄等多国语言，有丰富的国际法律、经济学知识。后来我发现星期天有歌唱家来找他学意大利语，才知道他会五种外语。在那段日子里，他以高度的热情投入工作，废寝忘食，翻译了大量当时工作急需的多种外文资料，还主动帮助年轻人学习外语，传授知识和经验，成为他们的良师益友。我曾开玩笑地对他说："您是'出土文物'，宝贝啊！"当时国家进出口委的确选拔集中了一批拥护改革开放的精兵强将。从这里也可以看出，以谷牧同志为"班长"的领导班子，在发现、爱惜、尊重和使用人才方面的领导风范。

我作为曾经在国家进出口委工作过的一员，深深感到，这个机构之所以能发挥这样重大的作用，首先是邓小平等中央领导同志的信任、支持和有以谷牧同志为"班长"的高水平的领导集体。

早在1978年，当我还在为重型汽车项目的成套技术引进和合资经营与国外几个主要汽车公司谈判时，国家进出口委尚未成立，负责国家重点建设项目的谷牧副总理，就很关心我们的对外谈判，还派汤红同志参加我们的谈判工作，了解谈判情况。我们在谈判中遇到具体难题，去找在外经部担任领导的汪道涵同志，找在国务院引进新技术领导小组办公室担任领导的顾明、周建南、甘子玉同志，找我们对外谈判的直接领导、在一机部负责外事工作的江泽民同志时，感到他们对邓小平同志开创的改革开放事业发自内心地拥护，那种强烈的使命感和责任心，以及亲切务实的工作作风，对我们的指导和帮助，使我们深受感动。例如，周建南同志为了及时了解第一线对外谈判情况，帮助我们解决需要请示的问题，专门派张荃同志作为联络员全程参加我们的对外谈判工作，1978年底我写的那份可否同外商谈合资经营的报告，就是通过张荃同志以"国务院引进新技术领导小组办公室"第一期简报的名义上报，获得邓小平、谷牧同志批准的，以后的两期简报也是如此。当时我们对合资经营一无所知，想找一些资料进行学习，有一次我去找汪道涵同志，向他汇报，他在给予热情指导的同时，请来了魏玉明同志帮助我们找资料，找来的一些东欧国家与西方搞合资经营的情况和相关法律、合同、章程等资料，对我们很有参考价值。后来我调入国家进出口委，在他们直接领导下工作，更深有所感。

国家进出口委虽然是一个新设机构，干部又是来自五湖四海，然而委领导十分注意以自己的模范带头作用抓作风建设。在他们的感染、引导和要求下，上上下下形成了良好的工作作风和学习习惯，不懂的就学，而且不能一知半解，要学懂弄通；深入实际，调查研究，决不允许高高在上，拍脑袋发号施令；大家团结协作，不扯皮，不踢皮球；创造性地开展工作，实实在在地解决问题，为第一线的同志们排忧解难；清正廉洁，艰苦奋斗，勤俭节约；坚持原则，秉公办事，不徇私情。当时党的组织生活很严格，委领导同志都被编到分管单位的党小组过组织生活，与大家交流思想，心平气和地开展批评与自我批评。当时生活条件都比较艰苦，领导同志与大家同甘共苦，同在一个大食堂排队吃饭，同大家边吃边聊，打成一片。江泽民同志还蹲点帮助改善食堂管理，使大家尽量能吃得好一点，特别是让工作忙不能按时到食堂就餐的同志，也能吃上热饭热菜。

1981年9月1日，中共中央、国务院作出《关于加强对外经济贸易工作统一领导和归口管理的决定》，指出："党的十一届三中全会以来，我国实行对外开放政策，进出口贸易有较大的增长，利用外资和多种形式的国际经济合作及技术交流逐步展开，形势很好。对外经济贸易工作面对情况复杂、竞争激烈的国际市场，政策性、时间性都很强，对内涉及的方面也很多，必须统筹安排。这两年我们在组织管理工作上作了一些改进，但仍然很不适应新形势的要求，存在着机构重叠、职责不清、办事环节过多、效率很低的问题。为了把对外经济贸易工作做得更好，在进一步改革管理体制，充分发挥各地方、各部门积极性的同时，需要切实加强国家进出口管理委员会及其党组的工作，实行对外经济贸易工作的归口管理；并进而对现有各对外经济贸易机构进行必要的调整、改组，以保证党的路线、方针、政策的贯彻执行，提高办事效率。为此，党中央、国务院特作以下决定：

国家进出口管理委员会（简称国家进出口委）是国务院归口管理全国对外经济贸易工作的综合部门。它的主要任务是：贯彻执行中共中央、国务院关于对外经济贸易工作的方针、政策和指示，组织推动和检查督促各有关单位认真做好各项对外经济贸易工作，配合我国外交政策的贯彻执行，更好地为调整和发展国民经济、加快实现四化服务。

国家进出口委及其党组，在中共中央和国务院领导下，负责管理外国投资管理委员会、外贸部、外经部、国家外汇管理总局、中国银行（与中国人民银行共同管理）、海关总署、商检总局、国际信托投资公司、国际贸易促进会的工作；归口管理和协调国务院其他部门和各省、市、自治区以及我驻外机构有关对外经济贸易方面的工作。

为了加强对外经济贸易战线的纪律检查工作，成立中共对外经济纪律检查委员会，受中央纪律检查委员会和国家进出口委党组的双重领导。

根据加强统一领导、政企分开和精简、节约、效能的原则，对现有对外经济贸易机构进行必要的调整、改组。责成国家进出口委党组经过周密调查和充分酝酿，提出调整、改组方案，报党中央、国务院审查批准后组织实施。"

党中央、国务院对国家进出口委这一扩权的决定，实际上是对这个机构的充分信任和肯定。半年后，由于国务院机构调整，国家进出口委、国家外资委与外贸部和外经部等四部委合并成立对外经济贸易部，其职能亦随之转入相关部门。汪道涵同志已于此前调任上海市委书记、副市长，后任市长，周建南同志调任机械工业部部长，江泽民同志调任电子工业部部长，魏玉明同志调任对外经济贸易部副部长，我本人也调任对外经济贸易部外国投资管理局局长。

国家进出口委在它存在的两年多的时间里，在谷牧同志具体指挥下，出色地完成了党中央、国务院交给的任务。概括起来说，当年"两委"抓对外开放，主要有四个方面：一是创办经济特区，二是发展对外贸易，三是利用外资，四是引进先进技术和管理经验，为开创对外开放新局面，做了大量开拓性的、卓有成效的工作，起到了前沿"参谋部"的作用。那段经历，对曾在那里工作过的同志来说，也留下了难忘的回忆。

从出口特区到经济特区

广东、福建两省实施特殊政策、灵活措施，试办出口特区的实践，很快取得了显著成绩，同时也使大家的认识逐渐深化。两省的同志们认为，出口特区作为改革开放的产物，理所当然要广泛利用外资，引进先进的生产技术，达到发展生产、振兴经济的目的。但仅限于这一点，还不足以承担我国对外开放先行先试的重任。在中国960万平方公里的土地上，特区所占的面积很小很小，即使特区经济发展了，每年能为国家赚十亿、几十亿外汇，对整个国家来说，也还是杯水车薪。再从解决就业问题来看，办出口特区，确实可以解决一部分人的劳动就业问题。可是，中国有10亿人口，特区就是能解决一二百万人口的就业，对整个国家来说，也还是无济于事。因此，他们设想，特区应该既是一个生产基地，又是一个 "窗口"、一个"试验场"。中国能够通过这个"窗口"观察世界的经济形势、科学技术、市场供求的发展变化，引进、学习和向内地转移别国的先进技术和经营管理经验，为全国提供可资借鉴的有益经验。特区还应该是一个培养和向内地输送人才的"大学校"。

1981年，国家进出口委关于经济特区名称的通知。

基于以上考虑，大家感到"出口特区"的提法不能全面反映特区的功能。1979年10月31日，在广东省召开的出口特区工作座谈会上，有同志提出把"出口特区"改为内涵更加丰富的"经济特区"。大家认为"经济特区"这个名称与中央举办特区的初衷最贴近。而且"经济特区"包含两层意思：一方面，它是中国在经济领域进行多方面改革试验的区域，在对外经济活动中可以实行特殊的经济政策、特殊的经济管理体制和灵活的经济措施，国家将利用经济特区这个"窗口"，加强与世界各地的经济合作与技术交流；另一方面，经济特区将有别于回归祖国后的香港、澳门，它的社会主义基本性质不能也不会改变。

1980年3月下旬，谷牧同志赴广州主持广东、福建两省工作会议，检查中

1980年，谷牧赴广州主持召开广东、福建两省工作会议前向中央提交的《汇报提纲》。

杀出一条血路， 创办经济特区

央指示的贯彻情况，进一步研究出口特区的建设问题。在这次会议上，谷牧同志采纳了广东省提出的建议，肯定了将"出口特区"改为"经济特区"的想法，并写入这次会议形成的《广东、福建两省工作会议纪要》。

5月16日，中共中央以中发[1980]41号文件批转了这一纪要。中央批示指出，一年来的实践证明，中央决定广东、福建两省在对外经济活动中，实行特殊政策和灵活措施是正确的。两省工作有很大进展，成绩是显著的。根据两省的有利条件，党中央和国务院批示：决定在广东省的深圳市、珠海市、汕头市和福建省的厦门市各划出一定范围试办经济特区。经济特区的管理，在坚持四项基本原则和不损害主权的条件下，可以采取

1980年，吴南生(左三)陪同谷牧（左二）考察深圳外资企业工地。

与内地不同的体制和政策。由于全国的经济体制还没有作大的改革，广东、福建两省在试行新体制的过程中，出现一些问题是难免的。这是前进中的矛盾。我们的任务就是要认真、及时地总结经验，研究新情况，解决新问题。中央认为，这次会议总结的经验和提出的措施是可行的，要认真贯彻落实。广东、福建两省进

1980年春，谷牧(右四)在广州主持召开广东、福建两省工作座谈会。

行经济体制改革，不但有利于加快两省经济的发展，而且有利于全国的经济体制改革。文件指出，必须采取既积极又稳妥的方针，抓好特区建设。将"出口特区"这个名称，改为具有更丰富内涵的"经济特区"。特区采取与内地不同的管理体制和政策，特区主要是实行市场调节，为了吸引侨商、外商投资，所得税、土地使用费、工资可以略低于港澳。这就明确了经济特区的建设以吸收利用外资为主，以市场调节为主。要求广东集中力量把深圳特区办好。

"特区条例"特例通过　举办经济特区，需要一个指导与规范人们行动的章程，一个法律性文件，一个由最高立法机构审议批准的法规。于是，国务院委托广东起草一个法规性文件。

《广东省经济特区条例》（以下简称《条例》）起草工作从几个方面入手：一是从理论上端正对特区的认识。"资为社用"这一命题从理论和实践的结合上是否站得住脚？起草人员查阅了大量马列经典著作，编写了一本《马克思、列宁论对外经济政策》，其中心内容是：在历史进程中，社会主义经济与资本主义经济并没有一条截然分开的界线，社会主义经济本来是在资本主义经济充分发展的基础上建立起来的，社会主义完全可以利用和借鉴资本主义所创造的物质财富和管理方法来建设和发展自己。二是学习和借鉴国外的有关经验。特区筹备组通过各种渠道搜集了海外自由贸易区、自由港、出口加工区的资料，以及有关促进经济发展的法令、法规和政策措施，并加以认真研究，从中吸取对中国有用的东西。在草拟中国第一部经济特区法律的过程中，涉及了诸多的实际问题，比如，要不要赋予特区充分的自主权，如果特区不能跳出国家现行的管理体制之外，就起不到"试验场"的作用，改革、开放就会流于空谈。又如，对海外投资者的优惠待遇要如何才能适度，如果在税收、劳务、地价等方面没有吸引力，外资引不进，改革开放也会流于空谈。当时，社会上对于搞经济特区、利用外资有一些不同的看法，有的甚至认为是搞"殖民地"、是"旧租界的复活"，是"资本主义的复活"，等等。因此在具体的措辞上也颇费思量，如"地租"的"租"字就与"租界"、"收租"等令人不愉快的回忆相联系，便考虑用"土地使用费"这个词来代替；外商投资办企业，录用职工需签订劳动合同，这样做会不会被指责为动摇了工人阶级国家主人翁的地位，等等。如果没有邓小平同志关于不争论、允许试、允许犯错误的指示，恐怕对外开放的步伐就很难迈开了。

《条例》的起草工作从1979年8月开始。经过一个多月夜以继日的工作，《条例》的初稿终于完成。除将初稿送交省委审定外，起草者还与一些香港知名人士开会座谈，听取意见。与会人士提出了许多尖锐的批评意见。大部分人认为，《条例》的起草者思想还不够解放，对投资者怀有太多的戒备心理，唯恐国门打开之后，外商来多了

20世纪80年代初，广东省委第一书记习仲勋（右二）、省委第二书记杨尚昆（右四）和香港工商界人士座谈。

改革开放之初，谷牧等向叶剑英汇报经济特区建设情况。左起：习仲勋、谷牧、叶剑英、刘田夫、杨尚昆。

管不住。因此《条例》中有很多这样的规定：不得这样，不得那样，应该怎样。有人说得不客气：这不是一个欢迎、鼓励外商投资的《条例》，而是一个怎样限制投资者的《条例》。这些中肯的批评意见，使《条例》起草者深受启发：对投资者，包括港澳台同胞、海外侨胞，正确的态度应该是：一要让他们赚钱，二才是爱国，不能要求人家第一是爱国，第二才是赚钱。只有他们赚到钱，才会大批地来，特

区也才能赚到钱，这是相辅相成的辩证关系。思路转过来后，又着手重新修改《条例》。在这一期间，党中央、国务院对《条例》的起草工作十分关注，谷牧同志多次亲自给予指导，中央的几位领导人也就特区的发展方向、经营方针、管理体制和经济立法等问题提出了指导性意见。1979年12月27日，广东省五届人大二次会议原则通过了《广东省经济特区条例（草案）》。之后，广东省特区筹备组根据谷牧副总理和国务院工作组的意见，再次对《条例》作认真修改。就这样，边征求意见边修改，前后草拟了13稿，并于1980年4月14日提请广东省人大常委会审议。

1980年，叶剑英（左二）、聂荣臻（左三）、习仲勋（左四）在广州珠岛宾馆。

　　本来，《广东省经济特区条例》作为一个地方性法规，广东省的人大获得通过，就算是已经立法了。《条例》草案原规定《条例》由广东省人民代表大会通过后，报国务院批准。但是，社会主义国家实行对外开放，举办经济特区是一件史无前例的事情，特别是"文革"十年浩劫刚刚结束不久，与外商打交道，实行一套对外商投资减税让利的政策，难免会遭到非议。广东省经过与国家外资委等部门研究，认为办特区是件大事，特区条例的立法程序要尽可能完善些，《广东省经济特区条例》如由全国人大立法通过，则具有更高的权威性，对开展工作更加有利。广东省领导将这一想法向正在广东视察工作的叶剑英委员长汇报，请求全国人大安排审议《广东省经济特区条例》，进行立法。叶剑英委员长将广东省的意见通知全国人大办公厅。不久，全国人大办公厅回复，认为《广东省经济特区条例》是一项广东省的地方法规，由全国人大来讨论通过一项地方法规似无先例。在得知这一情况后，广东省领导再次向叶剑英委员长陈述《条例》由全国人大常委会立法的必要性，认为经济特区是中国的

杀出一条血路，创办经济特区

经济特区，社会主义国家搞经济特区史无前例，如果《条例》没有经全国人大通过，我们不敢办经济特区。再次请示全国人大常委会安排审议《广东省经济特区条例》的问题，终获同意。

1980年8月，叶剑英委员长主持召开五届人大常务委员会第十五次会议，国家外资委副主任江泽民同志受国务院委托于8月21日在会上作关于广东、福建两省设置经济特区和关于《广东省经济特区条例》的说明。

1980年8月，五届人大常委会第十五次会议在北京举行。8月21日，江泽民在会上作关于广东、福建两省设置经济特区和关于《广东省经济特区条例》的说明。

江泽民同志在说明中指出，设置经济特区是国家发展经济的重要措施之一，"特区条例"是一项重要立法，现提请全国人民代表大会常务委员会审查。接着，他从设置经济特区依据及其性质、经济特区组织管理的基本原则、对经济特区企业的优惠政策、经济特区建设的实施步骤等四个方面作了具体说明。

1. 设置经济特区的依据和经济特区的性质。

根据第五届全国人民代表大会第二次会议通过的《政府工作报告》提出的"继续做好技术引进工作，积极利用国外资金，努力扩大出口"的任务，参照世界上一些发展中国家举办出口加工区、加快经济发展的经验，为发展对外经济合作和技术交流，扩大出口贸易，促进社会主义现代化建设，去年7月即着手筹备在广东省深圳、珠海、汕头和福建省厦门划出一定区域，设置经济特

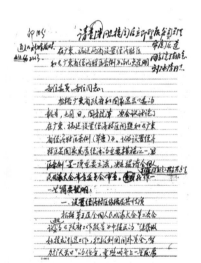

江泽民关于广东、福建两省设置经济特区和《广东省经济特区条例》的几点说明的文稿。

区。先开始在深圳筹建。

这种经济特区吸收了世界上一些出口加工区的有益经验和通用做法，又有我国自己的特点。这是在社会主义制度下，在特定地区内，鼓励和利用外国投资、加快经济发展的一种特殊方式。广东、福建两省毗邻香港、澳门和台湾，港澳台同胞和华侨很多，对外资、侨资具有特殊的吸引力，在两省的特定地区设置经济特区，有其独特的有利条件。

经济特区采取与内地不同的体制和更加开放的政策，充分利用国外的资金和技术，发展工业、农业、畜牧业、养殖业、旅游业、住宅建筑业、高技术研究制造业和其他行业。由于它比一般出口加工区的范围要广一些，是综合性经济事业，所以定名为经济特区，以资区别。

现在，世界上兴建的出口加工区已有70多处，大部分收到了较好的经济效益。深圳经济特区筹建以来进展良好，其中蛇口工业区进展较快，已显示出一些好的前景。

2.经济特区组织管理的基本原则。

经济特区管理必须维护我国主权。土地属中华人民共和国所有。经济特区的企业和个人的活动必须遵守我国法律、法令和有关规定。外商在经济特区内投资必须经过审查批准，服从我国政府管理。

两省设立经济特区管理委员会，在省人民政府直接领导下，行使政府职权，对经济特区实行统一管理。经济特区设双重海关，实行内紧外松的原则。

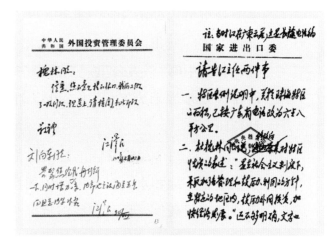

起草关于广东、福建两省设置经济特区和《广东省经济特区条例》的说明的相关文稿。

3.对经济特区企业的优惠政策。

在经济特区条例中作了一些比较优惠的规定：经过一定的批准手续，允许外资独自经营企业；允许国外银行和保险公司设立分支机构；免征货物进出口关税；享受比内地中外合资企业较低的税率，也略低于港澳的税率；简化出入境手续，方便往来；外汇管理适当放宽，客商的合法利润和外籍职工的工资收入在缴纳各种税款后，允许通过经济特区的银行汇出。对经济特区企业的场地使用费、使用年限等，都作了较内地中外合资企业更优惠的规定。

这些规定既考虑了我国的利益，又注意到外国投资者和港澳台同胞、华侨投资者的利益，总的目的是更有效地吸收外来资金、先进技术和管理经验为我所用，加快四化建设。

4.经济特区建设的实施步骤。

建设经济特区，在经济上、意识形态上存在着尖锐的斗争，而我们又缺乏经验；同时，目前国内的财力物力也有限。因此，要采取既积极又慎重的方针。准备首先集中力量把深圳经济特区建设好，其次是珠海、厦门、汕头经济特区。深圳市（即原宝安县）行政区划为2020平方公里，将其大、小梅沙到福田、蛇口这一狭长地段共327.5平方公里划为经济特区（其中229.5平方公里为山地，是很好的自然屏障，实际使用面积为98平方公里）。珠海市行政区划为654平方公里，将其中6.8平方公里规划为经济特区。厦门本岛120平方公里，经济特区初步规划为2.5平方公里。汕头经济特区，正在进行规划和可行性研究。

以上这四个经济特区的建设，都要先做好总体规划，分步实施。要把平整土地和水、电、道路、通讯等基础设施建设搞好，为吸引外资创造良好条件。要确定经济特区与内地的分界线，添置必要的隔离设施，严格管理。经济特区的投资项目建设，必须符合发展规划的要求。要充分利用现有基础，把那些投资少、周转快、收效大的项目搞起来，边生产边发展。

由于我们办经济特区缺少经验，一下子拿不出一个总的经济特区条例来，因此先搞一个《广东省经济特区条例》。该条例已经广东省第五届人民代表大会通过。在国务院讨论通过之前，国家进出口管理委员会曾邀请有关部门和广东省的同志对条例进行了多次研究，并作了必要的修改。请予审议决定。

8月26日，第五届全国人大常务委员会第十五次会议批准了该《条例》，并于当天公布实施，宣告在广东省的深圳、珠海、汕头3个市分别划出一定的区域，成立经济特区，至此，广东省3个经济特区终于完成了立法程序。这个仅2000多字的

1980年8月26日，第五届全国人大常委会第十五次会议在北京举行。

《条例》，从研究起草、征求海内外人士意见，到省人大审议、国务院讨论修改、全国人大常委会批准公布，前后近一年时间，可谓字斟句酌。

《条例》集中反映了经济特区在经济上对外开放的程度和发展经济的特殊办法，概括起来主要有：（1）在维护中国主权和利益的前提下，鼓励外商投资，坚持平等互利的原则，保障投资者的合法权益；（2）对投资者给予特殊的优惠；（3）实行一套适应特区性质和要求的管理体制。

特区范围的确定，曾经历了一个艰难的过程。特区成立之初，围绕如何划定特区范围展开了一场热烈的讨论。如何才能办好特区，范

1980年8月26日，第五届全国人大常委会第十五次会议批准的《广东省经济特区条例》。

围划多大为好，谁也没有经验。国外虽早已存在各类"出口加工区"、"自由贸易区"，但面积都很小。国家外资委会同广东省委和深圳市委着重对深圳经济特区的范围进行了反复研究。

参照国外出口加工区的模式，一部分人提出，深圳经济特区可在靠近香港新界的地方划出一小块无人居住区，用铁丝网或围墙围起来，建立工厂，进料加工。为了便于管理，加工区内不住人，工人一律凭证件上班，下班后离开，进出均不带东西。另一部分人认为，只划出一小块地方，工厂盖满了怎么办？特区不只搞两三年，难道填满了再划一块？再填满再划？他们提出，应根据深圳的地理特征，在东西走向的山脉上建立铁丝网或者围墙，这样可以有效地防止走私。这样划分，特区有足够大的发展空间——100平方公里左右的平原和丘陵地带。然而持不同意见的人又提出质疑，说全世界也找不出这么大的特区，如果按照这么划分法，深圳市2.4万居民都划进去，连同沙头角、南头、蛇口等地，整个特区内有近10万人口。特区政府要养活这么多人都成问题，哪还有多少精力去引进、发展呢？经过反复论证、争论，多数人认为，划大一点好；第一、第二、第三产业同时并举，政治、经济、文化全面进行改革，引进外资形成大的规模与声势，对影响全国和树立中国改革开放的形象有重大作用；同时有利于在城市整体规划、建设上进行通盘考虑和安排，避免走弯路。

广东省委领导习仲勋、刘田夫同志等经过反复考虑，赞成把深圳经济特区划得大一些，同时，他们又考虑到"大有大的难处"，如果领导不力、管理不善，难免造成经济秩序混乱。因此，广东省委建议把特区范围确定为"东起大鹏湾的背仔角，往西南延伸至蛇口、南头公社一甲村止的海岸边界线以北，北沿梧桐山、羊台山脉的大岭古、打鼓蟑、嶂顶、九尾顶、髻山、大洋山以及沙湾、独树村、白芒大队以南的狭长地带，总面积327.5平方公里"。整个特区呈不规则狭长形，东西长49公里，南北平均宽度约7公里。该方案得到了中央的同意。这是当时世界上最大的经济特区，也可以说是旷世无双的创举。

《广东省经济特区条例》通过后，消息一传到刚由一个边陲小镇变为一座城市的深圳，立刻响起噼噼啪啪的爆竹声。这阵喜庆声响也飘向深圳河的对岸，引起香港人的一片惊诧。至此，中国经济特区正式通过立法的程序，中国第一个经济特区——深圳经济特区诞生了。一年多前中央批准的是"出口特区"，而今正式通过立法程序的则是"经济特区"，两字之差，反映了人们的思想更加解放、改革开放的步伐明显加快的过程。

20世纪70年代末的深圳罗湖桥头

特区"特"在哪里

中共中央、国务院批准设立特区后，1980年4月23日广东省人大常委会议决定，由吴南生、丁励松、秦文俊等人组成广东省经济特区管理委员会，吴南生任主任。6月，吴南生任深圳市委第一书记。福建省也成立了以省委书记郭超为主任的福建省厦门经济特区管理委员会。两省开始着手制定建设规划、建立工作机构、对外推介和招商等筹建特区的工作。

20世纪80年代初的任仲夷（左）和梁灵光（右）

1980年冬，中央决定习仲勋、杨尚昆同志到中央工作，他们在广东的工作由原辽宁省委第一书记任仲夷和原轻工业部部长梁灵光接替。任仲夷在辽宁时因平反"文革"时期的张志新冤案、带头支持真理标准讨论而名重于世。一到广东，他就紧紧抓住了经济特区的筹建工作。他为了加强深圳的领导班子，马上就采取措施，将具有实干精神的一批干部调往深圳，同时抽调了一大批精兵强将，充实各特区的领导班子。1981年3月，广东省委决定梁湘任深圳市委第一书记。随后，广东省委又决定：深圳市人民政府由梁湘任市长。不久，经任仲夷提议，中央批准深圳与广州一样享受副省级待遇。从1979年1月建市，到1981年3月，在短短的两年多时间里，深圳由一个小小的县城一跃而成为副省级市，连升三级，足见它在改革开放中地位的重要，以及中央对它所寄予的厚望。

"不要资金要政策"，任仲夷领导下的广东省委在自己的职权范围内，尽量给予特区优惠的特殊政策；同时，凡参加中央的会议，他都为特区大声疾呼，争取更多的支持，"要政策"。

在没有其他切实可行办法的情况下，只有用出租土地来换资金。可这个想法，在当时却是"离经叛道"的基本原则问题。广东省和深圳市的领导对此态度审慎，他们让人翻阅马列主义经典，看这样做是否真的违反马列主义。他们在《列宁全集》中查出列宁引用恩格斯的一段话来："……住宅、工厂等等，至少是在过渡时期未必会毫无代价地交给个人或协作社使用。同样，消灭土地私有制并不要求消灭地租，而是要求把地租——虽然是用改变过的形式转交给社会。"这样他们便有根有据地将此举措付诸实施，巧妙地将"地租"改称"土地使用费"，规避了舆论和政策的禁区。

开发罗湖，积累资金的尝试　深圳特区的起步开发，是从0.8平方公里的罗湖小区开始的。

当时，中央赋予特区的只有特殊政策，特区建设所需的资金只能由特区自己想办法解决。那时的深圳，一片生荒地，谁也不会来投资。即使做到"四通一平"（通电、通水、通路、通电话，平整土地），每平方米也要90元。于是，广东省向国家提出申请一笔贷款作为深圳特区建设启动资金。在谷牧、江泽民等同志关心下，国家给了深圳3000万元贷款，作为开发深圳经济特区的起步启动资金。尽管只有3000万元，深圳却感到十分高兴。

于是，负责深圳特区开发建设的广东省经济特区管委会，利用3000万元贷款和深圳少量地方财政投入作为"种子基金"，打算从0.8平方公里的罗湖小区开始启动。

然而，只有3000万元贷款，先开发罗湖小区的决策是否正确？对此，各方面意见很不统一，甚至一度发展成为一场"罗湖风波"。有人提出先开发福田区靠近香港新界的几平方公里土地，同时在皇岗（落马洲）建一个口岸，有的港商也有意投资福田区的开发，但是当时的港英当局对开辟这个口岸一直没有表态。很显然，没有进出境口岸，先开发福田区就没有条件。于是，人们又把目光投向罗湖与文锦渡两个口岸之间的地方——罗湖小区。然而罗湖小区的海拔只有2米，一下大雨，这里便成了真正的"湖"，来深圳的香港同胞和海外侨胞这时就只能挽起裤脚蹚过积水进出火车站。对此，又有人提出，先开发上步区或解放路以北的地区更为有利，花同样多的钱可以办更多的事。但另一些人认为，罗湖区靠近口岸，接近铁路，从香港进入内地，人们第一眼看到的就是罗湖小区，它的面貌如何将给人留下深刻的印象。特区建设需要广大的港澳同胞、爱国侨胞、外国商人和企业家共同参与，这对开发罗湖小区具有战略意义。地势低洼，可以把火车站旁边的罗湖山推平，填平罗湖低洼地。这样做一举两得，既可以垫高罗湖小区的低地，为大规模开发建设打下基础，又可以把妨碍火车站和罗湖口岸进一步发展的罗湖山搬掉。这个意见得到了在深圳视察工作的谷牧、江泽民同志的赞同，广东省的主要领导同志也表示同意，至此关于深圳特区起步地区的争论告一段落。深圳特区的建设，首先开发罗湖小区。

于是，罗湖山爆破一声巨响，象征着深圳特区建设的开始。经过不到一年时间，建设者们就搬掉了罗湖山，用130万方土不仅把0.8平方公里的罗湖小区垫高了1.07米，实现了"五通一平"，而且还开发了从罗湖火车站到文锦渡之间的2.3平方公里的土地。据吴南生同志1981年5月在广东、福建两省和特区工作会议上的介绍，这0.8平方公里的罗湖小区，基础建设每平方米投资平均70元，总计5600万元，除道路、绿化和公共设施用地，可拿出40万平方米作为商业用地。这样，土地收入每平方米为5000港元左右，总计可收入20亿港元。由此看来，有了国家贷款作"酵母"，不断扩大资金的积累，特区的建设可以做到不用国家投资。

3000万元"酵母"来之不易　　说起深圳特区3000万元贷款启动资金，还有一段故事。

当时，特区处于起步的关键时期，资金问题严重困扰着建设者们，也受到我们这些从事对外开放工作同志的关注。1980年3月，谷牧同志在广州召开广东、福建两省会议，检查总结中发[1979]50号文件贯彻情况。江泽民同志等有关部门负责人和两省主要负责同志出席。会上，广东提出特区基础建设1980年和1981年共需贷款1亿元。会后形成的《广东、福建两省会议纪要》指出："两省外汇贷款配套和深圳特区基础建设所需的人民币贷款，由中国人民银行和建设银行负责安排。"该纪要5月16日以中发[1980]41号文件转发。

后来，国家批准给予广东5000万元贷款，由国家进出口委函请建设银行拨付。建设银行于1980年先行批拨了2000万元。1981年初，广东要求继续拨付剩余贷款。为此，经江泽民同志同意，国家进出口委于1981年2月4日致函建设银行，请其支持解决。但建设银行表示，当年贷款任务已安排，没有钱了。

1981年3月31日，梁湘同志向周建南同志写信，希望剩余3000万元贷款能够迅速落实。周建南同志在来信中批示："根据1980年中央41号文件，规定拨给广东特区基础建设5000万元贷款，除去年已拨2000万元外，其余应于今年陆续下拨。已与财政部丙乾、一农同志商定先拨1000万元。请财政部王、田部长，计委柴、甘主任核批。"计委甘子玉同志圈阅，柴树藩同志批示：同意。

1981年3月31日，梁湘给周建南的信。

但计委有关司局认为：中发[1980]41号文件规定"两省外汇贷款配套和深圳特区基础建设所需的人民币贷款，由中国人民银行和建设银行负责安排"，而且文中也没有规定1980年要贷给谁多少万元人民币。他们建议请广东省按中发[1980]41号文件规定，直接找中国人民银行和建设银行商办。计委相关领导核批了此建议。这样，贷款问题就被耽搁了下来。

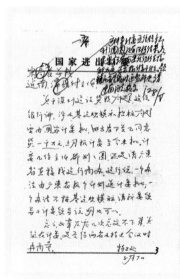

为解决深圳特区贷款问题，5月初，江泽民同志专门与周建南同志商议，认为仍应按国家计委领导在梁湘来信上的批示办，"因为不仅

1981年5月，江泽民对深圳贷款问题的两次批示。

划圈，而且已经写了同意"。

经过国家进出口委再三协调，建设银行于6月12日发文通知其广东省分行，增加广东省中央特种基建贷款指标1000万元，相应增加广东省1981年基建规模，用于深圳特区基础建设。这样，先后两次累计拨付3000万元贷款，开启了深圳特区的基础建设。

卖楼花筹集开发资金　1980年1月8日，在深圳市房地产管理局下属成立了房地产公司，专门负责开发、建设、经营涉外房地产业务。

公司成立的当月，香港妙丽集团董事长刘天就先生向深方提出合作意向。他派来的谈判代表建议由深圳出土地，港方出资金，合作在大头岭下兴建"东湖丽苑"高级住宅楼，楼宇由港方负责出售，利润双方分成，分成比例为港方得四成，深圳得六成。深方负责谈判的同志不同意，提出港方得两成，深圳得八成。港方代表当即打电话去香港请示刘天就。刘表示港方要一成半就行了。港方为何如此慷慨让利呢？公司的干部、职工一时都有些疑惑不解。很快，这个谜底就揭开了。1980年2月，深圳市政府批准"东湖丽苑"投资协议书。楼房的设计图纸刚出来，港商就在香港的一家报纸登出广告，出售266套高级公寓，平均售价每平方米2730港元，一套房十几万港元，与香港同期的楼价相比，便宜一半以上。消息一传出，便有5000人排队购房。人多房少，只好抽签定盘。港商通过此种卖楼花的办法收到了建造楼房的全部资金。深圳市房地产公司在这笔生意中没花一分钱，除去楼房成本，获利润数百万元。

这件事启发了房地产公司的员工。他们想，香港老板用我们的土地，只出少量的广告费就可以赚大钱，我们有土地，为什么不能通过卖楼花的方式盖楼呢？这个想法得到市领导的肯定。公司于是就决定在黄贝岭北边的一块土地上营建"怡景花园"高级住宅区。他们仅向银行贷款300多万元，进行住宅楼开发的前期工作，全权委托香港深联企业有限公司作为在港澳及海外售楼的总代理，深联公司按合同提取营业额的7%作为代理费。这样，房地产公司凭银行贷的300万元，建起了"怡景花园"高级住宅区，完成了1.5亿港元的建设投资，获利润1亿港元。

用卖楼花的办法来筹集特区开发建设资金，在当时深圳的特定条件下是成功之举。但无论什么事都应当实事求是，因地制宜。后来有的地方，不顾条件地盲目开发房地产，不但没有筹集到钱，反而形成大批烂尾楼，造成重大损失。这不能不说是个严重教训。

深圳特区开发者的上述创新，包括收取土地使用费和卖楼花，使他们筹集到了更多的先期开发资金，用于平整土地、修建公路，通电、通水、通讯，为滚动开发，吸引外来投资创造了条件。从1980年至1985年的五年里，深圳实际利用外资达12.8亿美元，相当于全国同期的20%，累计完成基本建设投资76.3亿元，建设了一大批新的能源、交通、通讯等基础设施工程，初步形成了9个工业区的框架，香港和外国商人纷纷来到特区投资设厂。

以后有人说，其实政策就是钱。但是他们不了解，当时国家最缺的就是钱，任何事情一提到钱就卡壳了，况且当时许多人还不知道怎样把政策变成钱。

厦门特区多渠道筹集开发资金　中央批准广东、福建实行特殊政策和灵活措施后，福建就开始筹划在厦门设立出口特区。厦门是我国开埠较早的通商口岸，1683年就设立了海关。分布在世界各地的福建籍侨胞有300多万，厦门历来是他们来往祖国的重要门户。1979年12月17日，福建省轮船总公司"鼓浪屿号"大型客轮从厦门出发首航香港成功，开辟了建国后福建第一条海上对外客运航线。台海局势乍现缓和气氛，台胞、侨胞回厦门更加便捷。福建加紧厦门特区的规划和筹备工作，他们请北京钢铁设计总院等单位帮助做了一个建设规划，在省里进行了多次讨论修改审定，拟在厦门西北部的湖里地区开辟2.5平方公里范围建设特区。

我记得1980年7月22日，福建省委书记郭超和厦门市委书记陆自奋同志专门前来国家进出口委介绍特区规划情况，当时，江泽民同志接待了他们。3个多月前，江泽民同志陪同谷牧同志在广东召开广东、福建两省座谈会时，就对厦门特区的规划情况进行了了解，要求先进行规划，做好准备，逐步实施。座谈会后，从4月1日至5日，根据谷牧副总理指示，江泽民同志带着一个小组到汕头、厦门、福州等地进行调查研究。他们考察了厦门的湖里区和福州的琅岐岛。因琅岐岛是个荒滩孤岛，基础条件太差，不宜开发，就选择了厦门的湖里区。国家进出口委对厦门的规划及时进行了研究，7月28日，

1980年7月，江泽民就厦门特区规划问题写给谷牧的信。

江泽民同志写信给谷牧同志，表示赞同厦门的规划，认为厦门办特区的基础设施条件及其他一些基本条件还是好的，拟同意他们先在1.1平方公里的范围内先搞起来。

谷牧同志很快就圈阅同意了江泽民同志的意见。1980年10月7日，国务院决定在厦门岛湖里划出2.5平方公里设立厦门经济特区，第一期建设1.1平方公里。

经江泽民同志协调，由中国人民银行为厦门特区解决了开发性低息贷款5000万元，福建自筹了3000万元建设资

1980年10月，国务院《对福建省关于建设厦门经济特区的批复》。

1981年1月，国家进出口委批复厦门特区贷款问题的函。

金和3000万元低息贷款，作为建设启动资金，1981年10月15日厦门特区建设破土动工。

厦门特区起步的方式是湖里工业区开发与全市配套工程同时进行。配套重点工程包括厦门国际机场、东渡港一期工程和万门程控电话总机。福建省委常务书记项南同志提出厦门搞特区建设要先集中力量打好基础，重点抓基础设施建设。他在厦门特区管委会第一次办公会上说："没有机场就没有特区。要下决心在厦门建飞机场，既然搞特区，又是对外开放，就一定要飞出去。"1981年，厦门机场建设使用科威特阿拉伯基金会优惠贷款。1982年1月动工，一年零八个月完工，1983年10月正式通航，创造了国内机场建设史上的高速度。通航3年，就达到设计能力。后来又成立厦门航空公司，为全国首家地方航空公司。东渡港一期工程是全国港口10个重点工程之一，设计能力为年货物吞吐量260万吨。1983年全部建成，厦门港运输能力提高了一倍多。万门程控电话总机项目1981年开始谈判，总投资2000万元引进日本富士公司的设备，1985年1月建成，同时还引进了960路微波通信，使厦门通讯条件达到了国际先进水平。

江泽民国外寻"特方" 这时，经济特区究竟应当怎样"特"，采取什么特殊政策和措施才能办好经济特区？只有办蛇口工业区和出口特区的经验就不够了，而需要了解国外这方面的情况和借鉴他们的经验，再结合我们的国情制定具体政策和实施方案。

1980年9月至11月，在联合国开发计划署的协助下，江泽民同志

国家进出口委文件

(80)进出口委综字第40号

关于出国考察出口加工特区事宜

广东省人民政府、福建省人民政府、财政部税务总局、人大常委法制委员会、外贸部：

为了吸取国外不同类型的出口加工特区的经验，已同联合国开发总署谈妥，我委将于九月下旬派一个九人考察组去新加坡、菲律宾、马来西亚、斯里兰卡、巴西、墨西哥等六国进行考察，由我委一名副主任带队，时间四十天。考察组的组成单位及人员要求如下：

一、广东省二人（包括深圳市一人。要求有一

1980年，国家进出口委组团出国考察出口加工特区的公文。

率领由国务院有关部门负责人和广东省经济特区管理委员会副主任秦文俊，深圳市委书记、副市长黄施民，厦门市人大常委会主任陆自奋等9人组成的经济特区考察组，考察了新加坡、斯里兰卡、马来西亚、菲律宾、墨西哥、爱尔兰6国的8个出口加工区和自由贸易区。

出发前还有一个小插曲。斯里兰卡一个在野党驻京人员知道考察组要去斯里兰卡考察时，就要求与我方进行对话。他认为斯里兰卡执政者搞的出口加工区是殖民地经济，工人受到残酷剥削，而且外国有治外法权，这是卖国政策。他建议考察组不要到斯里兰卡访问，否则将助长执政党的"嚣张气焰"。考察组向他说明我方是应联合国工发组织邀请出访的一个学习考察组，不是中国政府代表团，请他能够谅解。意见未能达成一致。直到考察组回来后，他还再次造访提出抗议。

考察组9月26日从北京出发。第一站是泰国，参观考察一天后，转赴斯里兰卡科伦坡。考察组被安排下榻"环球"宾馆，听说每个房间一天30美元，而联合国工发组织预算在斯里兰卡的费用每人每天为47美元，包括吃、住、行在内包干使用。江泽民同志觉得住房太贵，后来搬到一个叫"DURO"的旅馆，每个房间只有11美元。考察期间，他们考察了这些国家各类的出口加工区、自由贸易区，收集了大量的资料。

考察组还在回国途经日内瓦时，就经济特区问题同联合国有关专家进行了两天座谈。这次考察收获甚丰。考察组将国外的基本经验归纳为五条：立法比较健全，可操作性强；有开发总体规划，从小到大逐步建设；管理体制灵活，地方和企业有较大自主权；注重人才培训；有优惠的进出口和吸引投资政策等。同时在考察报告中提出了四

点建议：

　　首先，考察组认为，从出国前在国内接触到的情况看，要搞好两省经济特区的建设，最重要的是要统一认识。《广东省经济特区条例》虽经全国人大常委会批准公布了，但是对于为什么要设立特区，搞什么样的特区，它有什么好处，又有哪些弊病，等等，党内党外认识尚未一致。为此，考察报告建议党中央、国务院组织经济界和理论界的同志，对特区问题作一番研究，从理论上澄清一些问题，回答一些问题。一方面统一党内外的思想认识，同时为做实际工作的同志提供理论武器，以坚定他们的信心。

　　其次，要明确规定深圳、珠海、汕头、厦门四个经济特区的性质和具体方针政策。这个问题不明确，特区的建设就很难起步。根据4个特区的不同情况和所处的位置，考察团建议深圳特区参照菲律宾的巴丹区和墨西哥的边境自由区的经验，作为自由贸易区性质的经济特区

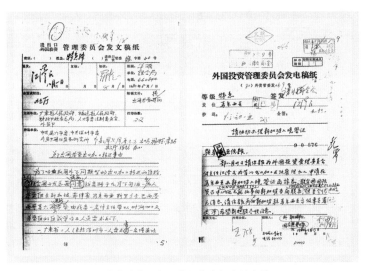

1980年，江泽民签发的出口加工特区考察组有关文件。

来建设；珠海、汕头、厦门三个特区以出口加工区为主，同时发展一些住宅、旅游等事业。深圳特区先开发罗湖区和上步工业区，原定的327平方公里作为远景规划，先小后大，逐步开发。但深圳海关、边防

考 察 提 纲

一、考察的国家：新加坡、马来西亚、菲律宾、斯里兰卡、墨西哥、巴西六个国家。

二、考察的主要内容：

1. 这些国家设立出口加工区或自由贸易区（以下简称特区）的现状，在特区建设中出现过什么问题？如何解决的？现在还存在什么问题？特别是在独立自主与吸收外资，维护主权与发挥外资作用方面采取什么主要措施？

2. 这些国家特区发展的规划及方向，采取了哪些优惠办法吸引外资和引进先进技术？

3. 怎样利用特区，使之达到收汇多或者出口创汇源的目的？这些办法，在其本国和国际惯例上都有哪些区别？实际效果如何？

4. 特区行政管理情况：

(1) 特区的行政机构的设置、职能、权限；

(2) 特区的法律、法令和有关规定；

(3) 特区的基础工程建设（INFRASTRUCTURE）资金由谁负责？如何规划管理？

(4) 特区的治安管理等。

5. 特区的经济管理情况：

(1) 特区的外资企业、合资经营、补偿贸易、来料加工、产品销售等政策规定和实施办法；

(2) 特区的土地出租使用权、所得税的征收、劳动工资法等政策的实施情况；

(3) 特区的金融、市场等管理办法；

(4) 特区的海关设置的有关税征收办法；

(5) 墨西哥与美国接壤地区建立加工特区的特点以及防止人员外流的情况和效果。

·3·　　·4·

1980年江泽民率领的出口加工特区考察团考察提纲

则应以建立自由贸易区性质的经济特区为目标，按前松后紧的方针，调整部署。其他三个特区仍按原定范围，着手规划建设。

第三，特区的领导关系和经济体制应进一步明确。深圳特区任务重，规模大，必须给予特区管理机构以必要的权力。对特区的经济体制，考察组建议如下：特区的财政可以单列户头。国家拨给特区的基建投资由特区掌握使用；银行的基建贷款由特区负责偿还，特区的收入开头几年可用于特区建设。特区可以不执行国家现行外汇管理办法。中国银行允许特区开设外汇户头，特区外汇存款应当计息并允许自由提取、使用。特区企业所需的职工，原则上就地招聘，管理和工程技术人员可在全省、全国招聘，国家劳动总局及有关部门给予支持。特区外资企业职工的工资，按企业规定的标准全部发给职工本人，同时取消粮食、副食品、医疗、住房和边防补贴，外资企业的职工可采取交纳个人所得税(税率另定)的办法。

出口加工区考察报告

由国家进出口委、人大法制委员会、财政部税务总局、外贸部国际贸易研究所和深圳、厦门两市组成的经济特区考察组，一行九人，于九月二十六日至十一月一日，对斯里兰卡、马来西亚、新加坡、菲律宾、墨西哥、爱尔兰等六国进行了考察。这次考察是根据我国政府与联合国开发计划总署的协议，由联合国国际贸易中心安排的。考察组回国途经日内瓦时，联合国贸发会议还邀请了十多位专家，就出口加工区的建立和发展问题，为考察组举行了两天学术讨论会。

（一）

考察组这次考察了六个国家的八个出口加工区（即：斯里兰卡的柯吐奈亚克投资促进区、马来西亚的雷兰葛自由贸易区、新加坡的裕廊工业区、菲律宾的巴丹出口加工区和马丹出口加工区、墨西哥的提华纳自由区和华雷斯边境区出口加工工业的"工业公园"、爱尔兰的香农自由区）。参观了它们的基础设施和建设规模。在墨西哥，我们实地观察了华雷斯与美

江泽民率领的出口加工区考察组考察报告

122

深圳特区可以按海关规定，征税、减税、免税从香港进口消费品，在特区范围内供应，由国营商业或特区经营，一般不允许外资介入，少数必须介入的，最好也采取与我合资经营的方式。经济特区的物价，实行市场调节为主。特区内的国家干部和职工，基本工资照发，另加特区津贴费，原有的住房、医疗补贴和劳保福利暂时不变。

第四，要抓紧经济立法。建议先请广东省经济特区管理委员会制定特区条例的实施细则，以及有关海关、外汇、出入境手续、土地使用费、劳动工资等管理条例的草案，报请国务院审批。

这次考察为特区的建设和制定系统的特区政策提供了重要的参考和依据，获得党中央、国务院的充分肯定，其主要建议被作为重要措施加以实施。

十条特殊政策　　1980年12月，谷牧同志和江泽民同志到广东考察，任仲夷在向他们汇报时，着重谈了特区在对外经济活动中应采取更加开放的政策的见解，他说建设特区"不单是为国家挣几个外汇，

1980年，谷牧（右三）和江泽民（左五）视察蛇口工业区。

杀出一条血路，创办经济特区

123

更重要的是取得先走一步建设特区的经验，取得体制改革，搞好经济工作，实行计划调节与市场调节相结合，以及党如何领导经济工作等一系列的经验。"他还提出："深圳、珠海要搞特区，没有比对广东、福建实行的'特殊政策和灵活措施'更特殊一些的政策是搞不起来的。"谷牧同意这个观点，他风趣地说："你们是'独立王国'、'半独立王国'，你就是'国王'。从世界各国的情况看，凡是搞特区的地方都是那里的总统、总理或国王亲自抓。我看，要动员各部门重视特区建设，定期研究，其中最重要的一条，就是你这个'国王'、'总统'要亲自抓。"对于当时社会上对特区的一些误解，特别是特区是姓"社"还是姓"资"的问题，任仲夷查阅了大量马克思主义经典著作，形成了自己的见解。任仲夷说："依我看，对一个企业，无论是合营企业或是外商独资经营的企业，可以用国家资本主义这个词；但就整个特区来说，则不能说这个特区是国家资本主义，因为特区是社会主义国家领导的，实行特殊政策、灵活措施，是社会主义的经济特区。"

1981年5月—6月，由谷牧同志主持，在北京召开了广东、福建两省和特区工作会议。参加会议的有广东、福建两省的主要领导人任仲夷、吴南生、项南，有中共中央、国务院的有关部门及特区的负责干部，还邀请了钱俊瑞、许涤新、薛暮桥、古念良等多位经济学家出席。为开好这次会议，国家进出口委副主任周建南同志专程到深圳、珠海等地进行了为期20天的调查研究，掌握了大量的第一手资料。两省的与会者反映，自从中央提出对广东、福建实行特殊政策和灵活措施以来，国务院某些部门总是忧心忡忡，一怕滑上资本主义道路，二怕乱了国民经济全局，三怕犯错误，四怕给经济特区更大的进出口权，会打乱传统的出口老客户、老渠道和造成进口的失控。因此在不少文件上都特意加上一句"广东、福建不例外"，生怕两省越了"轨"。两省的领导同志认为，其实中央还没有给他们真正特殊、真正灵活、真正先走一步的东西，有些人就怕成那样。相互在认识上有较大分歧。任仲夷和福建省委第一书记项南提出：能不能为两省定出几条杠杠：第一，不走资本主义道路；第二，坚持四项基本原则；第三，坚决完成中央规定的任务；第四，不做特殊党员；第五，执行统一对外政策。在这几个大原则下，中央就不要管死我们，放手让我们去闯。私下里，两省与会者同部委与会者开玩笑说：在这几条大杠杠下，你们把我们忘掉好了，不要老是"不例外"。两省的要求就一个："松绑放权"。这次会议开得很成功，初步统一了对经济特区的认识。根据会议结果报送中央的《广东、福建两省和经济特区工作会议纪要》，经党中央、国务院同意于1981年7月19日以中发[1981]27号文件进行批转。

松绑
(作者篆刻)

《会议纪要》指出：一年多来的实践证明，中央对两省实行特殊政策、灵活措施和设置经济特区的决策是正确的。进行这个试验的时间虽然还不长，但已经取得比较显著的成绩，积累了一些经验，使大家看到了希望，增强了信心。会议提出要解放思想，统一认识。会议认为，试办经济特区，是两省实行特殊政策的一项重要内容，是执行开放政策、吸收外资的一种特殊方式。特区是经济特区，不是政治特区。特区内全面行使我国主权，它的"特"在于实行国家规定的特殊经济政策和特殊经济管理体制，与帝国主义强加于旧中国的"租界"有本质的区别。特区是扩大出口贸易、利用外资引进技术、发展经济比较成功的好方式。对我国来说，特区是我们学习与外国资本竞争、学习按经济规律办事、学习现代化经济管理的学校，是为两省，甚至全国训练和造就人才的基地。《会议纪要》除了在计划、财政、金融、外贸等方面提出了两省继续推进经济体制改革的措施外，还系统地为特区建设提出了10条政策性意见：

1.特区的规划和建设要因地制宜，注重实效，各有侧重地发展。深圳、珠海的特区应建成兼营工、商、农、牧、住宅、旅游等多种行

杀出一条血路，创办经济特区

125

业的综合性特区。厦门、汕头的特区目前应建成以加工出口为主的、同时发展旅游等行业的特区。特区要抓紧拟订全面的社会经济发展规划，特区的建设首先要搞好基础设施，在划定的区域内由小到大，逐步发展，量力而行。

2.海关对特区进口的货物、物品，要给予特殊的关税优惠。

3.简化入出境手续，方便人员往来。各特区都有权通知签证机关办理特区的外国人和华侨入境签证，其中需经常出入的，可发给有效期不超过一年的多次入境签证。

4.劳动工资制度要进行改革。特区企业职工一律实行合同制，企业有权自行招聘、试用、解雇。逐步改变低工资、多补贴的办法。企业工资可以分为基本工资和浮动工资两部分，并由特区统筹建立职工年老退休和社会保险制度。

5.特区市场需要的国内出口商品，可由特区向有关外贸公司提出订货，以外汇结算。商业应以国营为主，允许特区与外商合办某些商业企业，并允许进口必需的商品。特区的对外贸易在国家统一政策指导下，由特区自主经营。特区可接受各省、市、自治区的委托，代理外贸部不统一经营并经各省、市、自治区批准的进出口业务。

6.特区的货币目前以人民币为主，外币限制在指定的范围内使用。允许我在港澳注册的银行到特区设立分支机构，并有步骤有选择地批准外资银行来特区设立分支机构。两省应结合特区的具体情况，制订特区外汇管理办法，国家外汇管理总局在特区设立国家外汇管理分局。

7.积极筹措特区建设资金。资金来源主要靠利用外资，尽量吸收侨资及港澳的资金。允许特区银行吸收的存款在几年内全部用作贷款，并放宽对贷款的限制。深圳、珠海两市的财政收入原定3年不上缴，现决定延长到1985年。4个特区的外汇收入（包括外币兑换券在当地回笼部分）单列，超过1978年基数的增收部分，用于特区建设，5年内不上缴。特区土地开发的收入，归特区发展公司使用。

8.特区的机场、海港、铁路、电讯等企、事业，应允许特区引进外资，由特区自营或与外资合营，自负盈亏。

9.为了加速发展特区的各项建设事业，必须制订特区的各项单行法规。建议全国人大常委会通过议案，授权广东、福建两省人大常委会制订所属特区的单行法规，并向全国人大常委会及国务院备案。

10.特区的管理机构，应按照精简、高效的原则设置，并赋予充分的权力，使之能独立自主地处理问题，协调各方面的关系。

《会议纪要》还要求，广东、福建两省要下决心，把组织机构搞得很精干，坚决革除组织臃肿、机构重叠、办事拖拉等官僚主义的弊病，尤其是在几个特区，从一开始就要抓紧做好。两省要开展坚持四项基本原则的思想政治教育，树立良好的社会风尚，加强社会治安，打击走私活动。在这个文件基础上，后来逐步完善形成了经济特区的更加具体的特殊政策和灵活措施。

任仲夷同志坚决拥护并积极推行中央改革开放的战略部署。广东省委于1981年10月5日召开了三级干部会议，会议结束时，任仲夷同志指出："实行特殊政策、灵活措施必须以敢于实验、敢于创新的精神，坚持'三放'：对外更加开放，对内更加放宽，对下更加放权。"1981年11月18日，任仲夷在省、市局以上干部会议上的讲话中又强调："我们的思想必须适应特殊政策和灵活措施的新情况，要求思想更加解放。特殊政策要真特殊，灵活措施要真灵活，先走一步要真先走，不然还是空话。"

1983年2月24日，在中共广东省第五次代表大会上，任仲夷代表省委做报告，总结了特殊政策、灵活措施5年的实践，再次把"三放"内容作了进一步概括：(1)对外更加开放。主要是放宽利用外资的审批权限、改革外贸体制，落实华侨政策，发挥华侨、港澳同胞在经济建设中的重要作用，打开对外开放的新局面。(2)对内更加放宽。主要是进行计划体制的改革，减少指令性计划，扩大指导性计划，进行物价改革、流通体制改革、财政税收金融体制改革、劳动制度改革和农业结构调整等。(3)对下更加放权。主要是在一定范围内对市(地)、县和企业下放计划权、基本建设审批权、对外经济贸易权、物价管理权、人财物权等。还有减少指令性计划，实行各种形式的经济责任制，责权利相结合等。

1983年9月，项南同志在福建省经济特区工作会议上提出办好特区首先要解决四个"特"的问题，即明确特殊任务，实行特殊政策，创建特殊环境，使用特殊方法。特殊任务，就是引进国外资金、技术，办好出口加工区，发展旅游。特殊政策，就是给侨乡、外商以更多的优惠。特殊环境，就是创造一个办事效率高、交通方便、社会治安稳定、生活舒适的优越环境。特殊方法，就是解决效率、活力和合力的问题，克服官僚主义，发扬开拓首创精神，改革各项不相适应的制度，通力合作，把各项工作搞上去。

赋予某些单行立法权　　1981年11月，国务院授权国家进出口委副主任江泽民同志代表国务院向全国人大常委会作了《关于授权广东省、福建省人民代表大会及其常务委员会制订各该省的经济特区单行经济法规决定》的说明。江泽民在说明中，简要汇报了经济特区成立以来的情况："自去年8月26日第五届全国人民代表大会常务委员会批准通过《中华人民共和国广东省经济特区条例》，并经广东、福建两省公布后，引起国外和港澳地区工商界人士的强烈反响和极大

1981年11月，江泽民受国务院委托向全国人大常委会所作《关于授权广东省、福建省人民代表大会及其常务委员会制订各该省的经济特区单行经济法规决定》的说明的文稿。

重视，纷纷前往各经济特区考察和洽商业务，使经济特区的对外经济活动更为活跃，并取得了一些可喜的成绩和经济效果。""截止1981年6月底止，深圳市已对外签订各种经济合同720项，有76%的项目已经动工和投入生产。720个项目中，外商独资经营的项目有17个，中外合资经营的项目有7个，合作经营的项目有73个，其他623个为加工装配和补偿贸易等项目，这些项目的总投资额达24.58亿港币，引进各种机械设备近6000台、套。到6月底已动用的外资有5亿港币，完成50多万平方米建筑面积，安排就业17500人，已收工缴费及利润分成累计1.61亿港币，并补偿了外商设备款1365万港币。由于兴办经济特区，实行了更加开放的经济政策，大大促进了当地工农业生产的发展，1980年深圳市工农业总产值1.86亿元，比1979年增长近20%，地方财政收入比1979年增长54%，深圳地区人民的生活也有了很大的提高，不仅外流的现象大为减少，还有200多外流的返了回来。"

江泽民还特别提到："由交通部招商局经营开发的蛇口工业区，在各特区的建设中一直处于领先地位。在不到两年的时间内，已使1平方公里范围的基础工程基本完成，兴办了14个企业，合计投资5亿多港币，年内将有5个企业先后投产。今年的地租、码头、出售别墅等项收入，预计可达2000万港币左右。他们的基本经验，一是招商局有较大的自主权，从工程勘测、规划、设计蓝图、银行信贷到对外谈判、签约都能自主，不像现在国内的管理体制那样，层层请示报告；二是按经济规律办事，工业区指挥部与施工单位都一律以招标方式，建立合同关系；工业区的企业对企业董事会负责，由企业决定自己的经营业务，招商局不得干涉。招商局在蛇口工业区的办事机构，按照政、企分开的原则，设置了独立核算、自负盈亏的各种企业专业公司，大大提高了办事效率和经济效果。蛇口的管理方式，为改革现行管理体制提供了有益的经验。"

关于其他三个特区的情况，江泽民说："福建省厦门湖里经济特区的总体规划也经福建省人民政府批准，厦门市人民政府和特区管理委员会正组织有关单位对扩大的初步设计进行会审，并着手征用土地，进行'六通一平'（即水、电、道路、机场、通讯、码头的六通和平整土地）及首期工程建设项目的施工准备工作。广东的珠海、汕头经济特区也正在抓紧进行总体规划和部署中。"他还指出："虽然取得了显著成绩，但由于已通过的《广东省经济特区条例》还只是个原则性的规定，有许多具体的政策和法令尚未公之于世，如特区企业的登记注册、劳动工资、土地租用及入境出境管理等等，还没有单行法规，致使不少外商仍抱观望的态度。同时，在特区工作的人员也因为没有具体的法规和实施细则，在对外活动和处理各项事务中，无章可循，致使放不开手脚和口径不一、处于被动的局面。因此，尽快地制定和颁布经济特区的各项单行经济法规，已成为当务之急。为使经营管理方式适应经济特区面向国际市场和利用外资的特点，必须通过一套经济特区单行经济法规进行管理。由于缺乏经验，现在制订全国统一的经济特区各项单行经济法规，困难较多，宜于授权广东省、福建省自行制订，这样既便于结合经济特区的实际情况，又便于以后补充和修改，并为制定全国经济特区各项单行经济法规积累经验。"为此，他根据《中共中央、国务院批转〈广东、福建两省和经济特区工作会议纪要〉的通知》（中发[1981]27号），建议全国人大常委会通过"关于授权广东、福建两省人大常委会制订所属经济特区的单行经济法规的议案"。他解释说："议案中提出'依据我国宪法的原则'，因为我国设置的是经济特区，所以在制订各项单行经

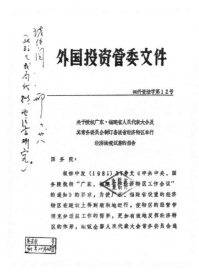

1981年，国家外资委上报关于授权广东、福建省人民代表大会及其常务委员会制订各该省经济特区单行经济法规议案的报告。

济法规时，必须依据我国宪法的原则，做到'四个坚持'，符合我们国家的性质，坚持社会主义方向。议案中提出参照《中华人民共和国各级人民代表大会和地方各级人民政府组织法》第六条：'省、自治区、直辖市的人民代表大会根据各行政区域的具体情况和实际需要，在和国家宪法法律、政策、法令、政令不抵触的前提下，可以制订和颁布地方性法规，并报全国人民代表大会常务委员会和国务院备案'的精神，是为了使两省制订经济特区各项单行经济法规时，参照国家已公布的法律、政策、法令、政令，制订出适合经济特区特点的经济法规。广东、福建两省在制定经济特区各项单行经济法规时，要注意听取国务院主管部门的意见。"这一决定获得了全国人大常委会的批准，它不仅使广东、福建两省在制定经济特区各项单行经济法规时获得授权，使经济特区工作可以顺利开展，无疑也是经济特区重要的"特殊之处"。从以上江泽民同志受国务院委托所作的说明中，我们也可以看出对经济特区工作的充分肯定。

15%优惠所得税率　在特区创办之初，由于思想上条条框框多和缺乏经验，广东省最初拟定的特区相关文件中，限制多，管卡牵制多，但如何按国际惯例办事，给外商让利和优惠，营造良好投资环境，却提得很少。当时，广东省在研究特区政策时，准备将特区企业所得税率定为30%，这几乎比香港高一倍。征求意见时，大家认为这一税率太高，没有吸引力。特别是港澳同胞提出，香港税率才17%，特区税率比香港还高，会严重影响外商投资积极性，包括庄世平这样的爱国爱港人士都不赞成。

庄世平是著名侨领、金融家，曾任全国归侨联合会副主席、中华海外联谊会副会长，多届全国人大代表和全国政协常委。1949年12月，他靠借来的1万美元，在香港创办南洋商业银行，开业那天，他挂起了香港岛上第一面五星红旗。新中国成立后，他受叶剑英的委托，将广东收兑的5亿港元和一批美元秘密运到香港"生息"，为新中国建设发挥了特殊作用。他创办了香港第一家中资银行和内地第一家外资银行，获得香港特区最高荣誉奖章大紫荆勋章。

早在1979年2月，吴南生在汕头萌生创办出口加工区的想法时，就曾打电话给庄世平听取意见，得到了庄世平的鼎力支持。很快，庄世平就将台湾地区和菲律宾、新加坡等国创办出口加工区的各类资料交给广东。这些资料，为广东描绘第一份对外开放的蓝图提供了重要参考。

1979年8月，广东省开始起草《广东省经济特区条例(草案)》。在起草过程中，一个很难把握的问题就是特殊政策特在哪里，特到什么程度，最突出的就是特区企业所得税率定多少合适。当时，降低税率由于受到相关职能部门反对，条例最初稿中税率定为30%。庄世平在讨论时坦诚直言：我们办特区的现有优势，仅在于廉价的劳动力和低廉的厂房租金，这是远远不够的，一定要在法规的规定上，特别是税收上，显得比其他国家和地区更加宽松和优惠，让外商感到有吸引力，有利可图。否则，我们将难以在竞争中取胜。如果不按经济规律、不按国际惯例办事，这样的《特区条例》定它何益？如果这样的条例拿到全国人大付诸表决，我和港澳的代表将投弃权票！

这些意见得到了广东的重视。经过反复讨论、交换意见和参考相关资料，广东认为按照中央赋予的特殊政策和灵活措施的精神，特区要给投资者比亚洲其他国家和地区所设立的出口加工区更优惠的条件，为投资办厂提供尽可能多的方便。企业所得税率开始定低一些有好处，可以引导投资者早投资，办大厂，加快建设步伐。经过反复研究、权衡，1979年12月27日，广东省五届人大二次会议原则通过了《广东省经济特区条例(草案)》，将特区企业所得税率规定为12%。

1980年3月，谷牧同志在广州主持召开广东、福建两省会议，研究试办特区的重要政策。在这次会议上，与会相关部门和两省的领导同志进行了热烈讨论，争论较大的主要是两个问题：一是税率问题，二是特区自主权问题。不少部门不同意广东省提出的12%的税率，认为国家的税率应当统一，不宜给特区过于优惠，双方争议很大。经过谷牧同志和与会的江泽民同志耐心地做说服工作，会议最后将特区的优惠税率定为15%，比香港低两个百分点，并正式写入会议纪要："经济特区的管理，在坚持四项基本原则和不损害主权的条件下，可以采取与内地不同的体制和政策。为了吸引侨商、外商投资，所得税、土地使用费和工资可略低于港澳。所得税初定为15%。"

1980年7月7日，江泽民同志为准备向全国人大常委会作关于广东、福建两省设置经济特区和关于《广东省经济特区条例（草案）》的说明，在北京召集有关部门和两省的同志座谈讨论，会上讨论的焦点又集中到了税率问题，有关部门坚持认为要统一税率，15%税率低了。江泽民同志说：政策，一要统一，二要有区别、有重点，特区就是重点，要给予优惠。经江泽民同志再次协调、说服，大家接受了15%的税率。而后经国务院批准，《广东省经济特区条例（草案）》提交全国人大常委会审议，并授权江泽民同志作说明，获得通过。

1984年4月18日，谷牧同志在北京为老干部举办的报告会上介绍我国对外开放政策和特区建设方针时将特区"特"的主要内容概括为四条：

一、特区的经济发展，主要靠吸收和利用外资，产品主要供出口。特区经济是在社会主义经济领导下，以中外合资和合作经营企业、外资独资经营企业为主，多种经济并存的综合体。这不同于内地以社会主义国营经济为主。

二、特区内的经济活动，以市场调节为主。这不同于内地以计划指导为主。

三、对于来特区投资的外商，在税收、出入境等方面给以特殊的优惠和方便。

四、经济特区内实行不同于内地的管理体制，有更大的自主权。用当时的话说，叫做"跳出现行体制之外"。

1984年10月30日，谷牧同志在中宣部举办的形势报告会上又阐述了这一看法。1985年1月7日，他在第六届全国人大常委会第九次会议上作《关于经济特区建设和沿海十四个城市进一步开放工作进展情况的报告》时，讲特区主要有"四特"：以利用外资为主、以市场调节为主、对投资客商给予特殊的政策优惠和出入境方便、比省级某些权限还要大的经济活动自主权。1985年2月，谷牧在深圳特区座谈会上明确提出，要在三年内把深圳建成一个以工业为主、以出口创汇为主的外向型的综合性经济特区。

"摸着石头过河"，特区风雨前行

经济特区的建立，从一开始就有许多不同意见。在邓小平同志的倡议和以他为核心的第二代中央领导集体的竭力坚持和大力推动下，中国终于打开了国门，一举创办了深圳、珠海、汕头、厦门四个经济特区。

特区建立之初，没有现成的经验可以套用，基本上是"摸着石头过河"，各方面的政策法规刚刚着手制定，出现这样那样的一些问题应在情理之中。然而特区的成就，不但使我们内地人感到自豪，就连毗邻特区的港澳同胞甚至发达国家的人士都感到吃惊，不少人认为不可思议。

特区创办之前，深圳等地曾经是偷渡到香港的人员聚集之地，1978年，仅文锦渡一个口岸，平均每天被港英当局遣送回来的偷渡者，就有四大卡车。暑假期间，当地的小学校都被征用来安置被遣返的偷渡人员，课桌板凳都成了床铺。特区成立后，喧嚣一时的偷渡潮几乎绝迹了。

然而，特区是一个新生事物，脱胎于闭关自守和极左思潮影响下的中国特定时期，因此一开始就受到社会方方面面的关注，也包括很多的疑虑和非议。特区的艰难起步，除了体制上的种种障碍，最大的干扰，一是极左思潮，二是走私活动。

特区姓"社"不姓"资"　　特区创办之初，一些本来就不赞成对外开放、不赞成兴办特区的人，大加指责："特区是国际资产阶级的'飞地'"、"特区是搞香港化，搞资本主义"，甚至说特区是"殖民地"、"特区变了颜色，成了租界"等等，各种说法竞相而出。还有一些人因为封闭太久，到了特区，对新生事物和思维方式都看不惯，提出了特区是姓"资"还是姓"社"的质疑。也有的因为权力的下放，动摇了长期权力集中的垄断体制而产生不满等等。一时间，对经济特区的责难很多。个别到深圳特区参观的老同志甚至手捧五星红旗老泪纵横："这里只剩下这面红旗还是红色的了！"也有人从理论上提出质疑说：早在1952年国家就基本上处理了外资企业，为什么现在却要为外资提供地盘呢？1956年我们已经完成了对资本主义工商业的改造，为什么现在却要引进外国资本代替民族资本在中国活动呢？总之，责难者有之，痛心者有之，困惑者亦有之。这一切给特区的建设者们增加了一种无形而沉重的压力。

在1981年五六月间国务院召开的广东、福建两省和经济特区工作会议上，针对由于长期受僵化思想的影响，不少人对试办经济特区存在这样那样的疑虑，甚至有些同志质疑特区会不会变成租界，是不是殖民地等问题，会议专门强调了要解放思想，统一认识。会议认为，这些疑问是没有根据的。我国特区是经济特区，不是政治特区。特区内全面行使我国家主权，这和由不平等条约产生的租界、殖民地在性质上根本不同。两省在对外经济活动中实行特殊政策、灵活措施和试办经济特区，是一项重大的改革，必然会遇到大量复杂的新情况。必须具有敢于试验、敢于创新的革命精神，凡是符合党的路线、方针、政策，对两省和全国的经济调整和发展有利的事，就要大胆放手去干。会议还要求国家进出口委要做好组织协调工作，并设立精干的办事机构。

两手抓
（作者篆刻）

在党中央、国务院的坚强领导下，特区的建设者们果敢地顶住了压力。对于这一场争论，后来邓小平同志坚决地说："对办特区，从一开始就有不同意见，担心是不是搞资本主义。深圳的建设成就，明确回答了那些有这样那样担心的人。特区姓'社'不姓'资'。"

必须两手抓　由于是国门初开，当时我们没有经验，法规和管理没有跟上，再加上那时国内外某些商品价格差距甚大，在暴利驱使下，的确出现了一些走私贩私活动，一度还比较猖獗。这不仅成为特区领导头疼的问题，也是中央领导同志和主管部门面临的难题。

走私活动是逃避海关监管、偷漏关税的非法行为，国际国内早已有之。造成走私活动的原因是多方面的，如国内外商品价格差异过大、进出口商品管制、国内商品短缺、进口关税过高、海关监管不严等，主观原因主要是非法牟取暴利的思想。因此，认为对外开放必然导致走私的说法是站不住脚的。

沿海地区历来就是走私的重点部位，人们形象地将走私活动称为走水，走私者称为水客，走私货称为水货。广东、福建实行特殊政策、灵活措施和试办经济特区不久，就出现了严重的走私贩私问题，一些干部甚至领导干部不同程度存在走私贩私、贪污受贿等严重的违法犯罪行为，严重干扰了经济秩序，败坏了党风。

1982年1月11日，根据邓小平、陈云同志的建议，中央决定严厉打击经济领域违法犯罪活动，并下发了《紧急通知》，要求雷厉风行地加以打击，并派习仲勋、余秋里、彭冲、王鹤寿同志立即去广东、福建、浙江、云南等走私贩私最为严重的省，传达中央指示，采取紧急措施，还要求各省、市、自治区高度重视这方面问题，采取相应措施。这一通知显然不只是针对广东、福建和经济特区的。

但是，一些受极左思潮影响较深和习惯于僵化垄断体制的人，把走私等问题产生的原因归结于对外开放，对广东、福建和深圳经济特区扣上种种帽子，说什么"资本主义又一次向我们的猖狂进攻"，

"是水货之源"，甚至声称"广东这样搞下去，不出三个月就得垮台"，并提出收回已经下放的这样那样权力，规定这样那样限制措施，甚至要求中央取消"特殊政策、灵活措施"、停办特区。那时，两省和特区的压力之大可想而知。

1982年2月11日至13日，中央书记处召开广东、福建两省座谈会，讨论加深理解和贯彻执行中央《紧急通知》，有效地打击走私贩私、贪污受贿问题。会上，许多领导同志谈到反走私斗争同两省实行特殊政策、灵活措施和试办经济特区的关系问题。3月1日，中央以中发[1982]17号文件将座谈会纪要印发各地，要求必须充分认识经济领域中违法犯罪活动的严重性、危害性和危险性；必须加强党的领导，把这场斗争进行到底；必须认真总结经验，端正对外经济活动的指导思想，促进对外经济活动健康发展，继续试办好经济特区。这时，中央及时指出走私等问题，并采取严厉打击的措施，是必要的，有利于更好地对外开放。

在这紧要的时刻，邓小平同志在1982年4月3日同胡乔木、邓力群同志谈话时指出："我们必须有两手，不能只有一手。一手是坚持对外开放、对内搞活经济的政策。这一政策的正确性已经得到实践的证明，我们不能有丝毫的动摇。实践证明需要改进的一定要认真改进。另外一手要头脑清醒，提高警惕，长期地、坚持不懈地抓好打击经济领域犯罪活动的斗争。如果没有这一手，就会偏离社会主义方向，现代化建设也不能搞好。"这一时期，邓小平在不同的场合，从与国内领导同志谈话到会见外宾，从中央政治局会议到中央工作会议，多次谈到要有两手的观点，强调"坚持对外开放政策，这个不能变。要变，只能是越变越开放"。

1982年4月13日，中央下发了《中共中央、国务院关于打击经济领域中严重犯罪活动的决定》，指出："坚持党的对外实行开放和对内搞活经济的政策，同坚决打击经济领域中的严重犯罪活动是并行不悖的。对外实行开放，对内搞活经济，是我们党根据社会主义现代化建设需要所采取的从实际出发的坚定不移的政策，这一政策决不会由于打击严重破坏经济的罪犯而发生改变和动摇。"

1982年3月27日至4月3日，谷牧同志到广东和特区检查工作，在听取深圳负责同志汇报后说："两年多时间，国家、省没有给多少钱，就是靠中央给的方针政策，平地起家，搞成这个局面，很不容易，我认为成绩是很大的。""实践证明：中央试办经济特区的决策是正确的。"他认为，特区"到现在为止，还没有发现什么丧权辱国，或吃大亏、上大当的事情，没有发生什么办不下去的问题。因此，不能对我们走的这条路子发生怀疑。怀疑特区搞不下去，这是不合实际的"。同时，他也提出总结经验问题，"总结是为了继续前进，没有别的什么意思。"谷牧同志还受命组织打击走私，他提出建议报请党中央、国务院批准，采取措施充实国家和有关省打击走私的领导机构，形成统一组织，指导海关、公安、边防、工商等部门完善查私缉私的工作系统，加强缉私专业队伍的组织、装备建设，强化沿海渔政管理，整顿走私状况严重的地方党组织，依法从重惩处了一批走私首要分子，终于在半年多的时间里，使一度猖獗的走私犯罪活动大为减少。

中央和邓小平等领导同志的态度，强调了现代化建设和对外开放必须坚持两手抓，正确把握了这场斗争的方向，既打击了经济领域的犯罪活动，又使对外开放得以继续进行下去，不仅没有走回头路，而且促使两省和特区走上健康发展的道路，并取得了更好更快的发展。原广东省省长梁灵光在回忆这段历程时说："有人把经济犯罪和对外开放联系起来，这是不公道的。当然，对外开放以后，对管理要求更高一些。"这是由衷的感慨。

同时，开放初期的经济调整，也给试办阶段带来不少困难。从1979年开始，国内一度出现经济过热和通货膨胀等问题，不得不实行调整的方针，提出基本建设要退够，一些企业要关、停、并、转或减少生产，行政费用包括国防开支和一切企事业单位的行政管理费要紧缩。由于当时国内经济的困难，加上特区建设和工作中出现的一些问题，尽管有些问题是前进中的问题，但对特区的指责仍继续升温。恰好1982年初，谷牧同志领导的国家进出口委和国家外资委这一负责特区工作的重要部门，因政府机构合并而被撤销。这一系列的变动，使特区工作更加重了压力。正如谷牧同志1998年在一次聊天时回忆所说的："特别是1982年上半年，很有些'秋风萧瑟'的味道。"

谷牧并未动摇。当时他对身边工作的同志说："实行对外开放是中央确立的实现现代化的基本战略决策，办特区是小平同志倡议、中央决定、全国人大常委会立法、国务院明令组织实施的大事。这些都没有变，更没有哪位中央主要领导说事情办错了。近代以来中国饱受帝国主义的侵略，人们对于同资本主义打交道存有戒心；我们党长期受'左'的影响，一些人对特区和开放有疑虑和非议，这是可以理解的，在工作中也确实应该防止和克服可能产生的副作用。"他回顾当时的心境时说："我个人不算什么，别人怎么议论都行。但我必须坚持执行中央委托的任务，把特区工作推向前进。"一次，叶剑英同志在中山市关切地问谷牧同志："现在对办特区有不同的意见，你顶得住顶不住？"谷牧坚定地说："一定能顶住。"

特区要坚决办下去　邓小平和中央其他领导同志一直关注着特区这株改革开放幼苗的成长和发展。即使国家处于国民经济调整的困难时期，邓小平同志在1980年12月召开的中央工作会议上也及时、坚定地指出："在广东、福建两省设置几个经济特区的决定，要继续实行下去。……要继续在独立自主、自力更生的前提下，执行一系列已定的对外开放的经济政策，并总结经验，加以改进。"会议期间，他语重心长地对广东省领导说："经济特区要坚持原定方针，步子可以放慢些。""放慢些是出于对国家经济暂时困难的考虑。但是，原定的方针不能变，特区要坚定不移地干下去，这是最根本的。"1982年年初，中共中央在讨论解决广东、福建沿海走私活动猖獗的问题时，邓小平同志明确指出：不能因为开展反走私、反腐蚀的斗争而动摇对外开放政策的贯彻执行，强调要正确实行对外开放和对内搞活经济的政策，进一步办好特区。1982年12月20日和31日，原中央纪委副书记、中共中央顾问委员会委员章蕴同志两次致信胡耀邦、邓小平，对广东和特区的工作基本肯定，提出要继续清除"左"的影响，对行之有效的政策要保持稳定性；1982年以来，广东的上缴任务一再加码，"条条"限制日益增多，特殊、灵活政策措施的余地越来越小。邓小平于12月22日和1983年1月3日两次作出批示："可印发政治局、书记处各同志。""这个情况应该引起重视，请国务院、财经小组一议。"这体现了他对广东、福建两省实行特殊政策和灵活措施的高度重视。在这一年春节期间，邓小平同志在听取任仲夷同志关于深圳特区建设情况汇报时指出："要继续办下去。"当他听说蛇口工业区拟聘请外籍人士当企业经理，遭到一些人的责难时，立即指出："可以聘请外国人当经理，这不是卖国。"1983年6月，邓小平同志又一次指出："特区要坚决办下去，不能动摇。"

20世纪80年代，建设中的深圳。

中共中央总书记胡耀邦同志在1983年2月视察深圳时，对特区工作给予肯定和支持，并为深圳题了词："特事特办，新事新办，立场不变，方法全新。"

1982年10月30日，陈云同志在广东省委、省政府上报党

1984年5月23日—24日，胡耀邦（右三）再赴深圳特区视察。右一为梁灵光。

中央、国务院的《关于试办经济特区的初步总结》上批示："看了广东10月22日试办特区初步总结，很好。""特区要办，必须不断总结经验，力求使特区办好。"

1983年3月，王震同志到广州考察，当他听说有人认为建特区是发展了资本主义时，气愤地说："这些人比那些办洋务的还落后，还不如那时的郑观应。说什么走私增多了，资产阶级思想腐蚀了，不开放就没有走私啦？照样有。关键是看你怎么管。一定要开放，闭关自守只能造成落后。"

1981年10月，薄一波同志考察深圳时指出：要充分认识办特区的意义，要有高度的自觉性；合资经营、合作经营、独资经营，我看都可以搞，不要怕；你们搞了旅游业、房地产业还不够，还要搞一些规模大的工业，真正形成经济特区，没有工业不行；中央对经济特区的政策不会变，你们要有信心，一定要搞成。

邓小平同志和其他中央领导同志的支持，极大地鼓舞着经济特区的建设者，进一步坚定了同志们办经济特区的信心和决心。

当时，大多数经济理论工作者的理论倾向是支持对外开放，赞成兴办特区的。在特区的性质问题上，多数人的看法是：在经济特区中，国有、集体和个体经济同时存在，占比重较大的是来料加工、补偿贸易、合作经营、合资经营等形式，即使是外来的独资经营企业，也是受到社会主义的法律、法规和政府的限制和监督的，因此不能将特区同过去的殖民地或租界相提并论。有些拥护试办特区的同志还从马列著作中寻找出理论根据，为特区"正名"。

1982年11月15日，在谷牧同志支持下，形成了一份《广东、福建实行特殊政策、灵活措施和试办经济特区的情况——中央书记处会议汇报提纲》。这个提纲分两部分：一是特区，二是两省。

关于特区，《汇报提纲》概述了试办特区的由来、三年试办过程中的主要工作成绩和出现的缺点和问题。指出：我们试办的经济特

广东、福建实行特殊政策、灵活措施和试办经济特区的情况
——中央书记处会议汇报提纲

（一九八二年十一月十五日）

广东、福建两省自一九七九年下半年实行特殊政策、灵活措施和试办经济特区以来，各项工作进展较快，对外经济活动初步打开了局面，生产建设取得显著成绩，同时也有缺点和问题。今年一月，陈云同志作了"特区第一位的任务是认真总结经验"的指示，二月，中央书记处召开了两省座谈会，中央发出了十七号文件。两省和特区的领导同志、广大干部，通过认真学习贯彻，提高了认识，初步总结了经验，前一段出现的问题已基本得到纠正，各方面的工作正在继续前进。

为便于说明情况，汇报分两部分来讲，一是特区，一是两省。

关于试办经济特区

一、试办经济特区的由来

一九七九年七月，中央五十号文件确定试办深圳、珠海、汕头、厦门四个经济特区。随后，国务院先后批准了它们的位置和区划。中央八〇年四十一号文件、八一年二十七号文件又规定了

1982年11月15日，中央书记处会议汇报提纲。

区，是我国人民民主政权管辖下的行政区域，在政治、思想、文化上坚持社会主义方向，在经济上坚持以社会主义经济为领导，允许多种经济成分存在，在对外经济活动中采取更加开放的方针，吸引外资、引进技术、发展生产、扩大出口，改善人民生活，稳定边境地区秩序。四个特区三年中做了大量工作，吸收外资上初步打开了局面，引进了一些先进的技术和设备，较快地发展了工农业生产，基础设施建设、精神文明建设取得了进展。过去长时期大批人员偷渡外流的状况已经改善。特区人民衷心拥护中央试办特区的决策。特区实际工作中也出现了一些缺点和问题，有些引进合同有毛病、不够完善，深圳特区摊子铺得大了一些，以前曾到内地抬价收购农副产品、又曾进口某些高档消费品转销内地，现在已经刹住。之后，提出了继续办好特区当前需要解决的几个问题：

第一，特区的领导管理体制应逐步跳出我国现行经济管理体制之外。为了有利于特区试办工作的进行，有关方针政策问题应由国务院直接掌管，重要问题需及时报请总理决断。两省要进一步加强对特区的具体领导，及时解决应由省内解决的问题。

第二，特区应有较多的自主权。国家对特区的领导，主要是抓方针政策，管理应由中央统一管理的业务（外交、公安、边防、海关、税收等），审批总体发展规划和重大建设项目，除此之外，应让特区根据实际情况机动行事。中央有关部门在制订涉及到特区的一些规定时，一定要考虑特区的特殊情况，不能搞一刀切。

第三，特区建设所需物资，特别是国家投资项目、国内贷款项目、基础设施建设、与外资项目配套工程所需的建设材料，国家尽量支持，

一刀切
（作者篆刻）

142

在两省计划中单列户头，专项下达。

同时，还提出了加速完善特区立法、帮助特区解决所需的干部和专门人才等问题。

关于两省，《汇报提纲》说，前一段出现的问题已经基本上得到纠正，两省要继续实行特殊政策和灵活措施，争取走在四化建设的前头，并就财政包干、计划管理、利用外资和引进技术、外贸经营权、市场物资等提出了建议，要求中央有关部门积极支持。

也是在11月15日这一天，根据国务院有关部门和广东、福建两省负责同志讨论的意见，形成了一份《当前试办经济特区工作中若干问题的纪要》，《纪要》中的许多内容与上述《中央书记处会议汇报提纲》中的特区部分是一致的。1982年12月3日，中共中央、国务院以中发[1982]50号文将《纪要》批转各地，指出："试办经济特区，是我国在新的历史时期贯彻实行对外开放政策的一项重要措施"。同时再次明确："中央书记处和国务院分工由谷牧同志具体负责。"

1982年3月，我担任对外经济贸易部外资管理局局长时，具体分管中外合资、政府贷款、特区等方面工作，所做的第一件事就是针对外界所说的"深圳除一面五星红旗外，都资本主义化了"等议论，专门到深圳考察特区建设和外资企业情况。1979年我曾去过深圳、珠海，那时给我留下的印象，深圳只不过是有不少外贸仓库的小城镇，珠海则是个一般的农村，时隔两三年，变化之大，令我吃惊，蛇口已经像发达国家的小城市，深圳则是一片繁忙的建设景象，一个现代化城市的雏形已经开始形成，工业和服务业的设施在当时都是非常先进的。人还是那些人，但工作态度和服务态度都发生了很大变化。港商来办的来料加工、来样加工、来件装配、补偿贸易，合资企业、合作企业等不少已开始生产运营，不少设备和产品都是国内未曾见过的。珠海虽然还没有什么工业项目，但也漂亮多了，特别是拱北地区，一些新建的旅游服务设施也是现代化的，服务态度比内地城市也要好得多。

最后，我在深圳的光明华侨农场开了一个座谈会，请特区的部分建设者和外商投资企业的中方领导介绍经验，谈体会，谈困难，谈问题，谈要求。光明华侨农场当时开展中外合作经营比较成功，影响较大，广东省总结推广它的经验，得到了省委书记任仲夷同志的肯定，中外合作经营在省内发展很快。但广东的这一做法，有的部门却不予认可。在光明农场，广东省对外经济工作委员会主任魏南金同志向我介绍了广东和光明华侨农场的对外合作经营情况，我当即肯定这是一个好办法。这次座谈会开了一整天，在发言中，大家敞开胸怀，喜怒哀乐，实话实说，非常热烈。谈经验时，大家在介绍具体经验的同时都一致认为，中央办特区和利用外资的决策是完全正确的，很兴奋；在谈体会时，壮志凌云，表现出信心和决心；谈困难时，列出许多事例，倒出了满腹苦水，诉说了到有关部门请示联系工作，就好像一个"孤儿"、体制外的"怪物"，受歧视，遭冷遇，办事难的种种苦处；谈问题时，主要是中央的有关政策措施落实起来比较困难；谈要求，主要是希望中央的政策不能变，"特事特办"，给他们"放权"、"松绑"。那天会虽开得很晚，但外界的批评与我所见所闻的特区现实差距如此之大，使我难以入眠，连夜把在特区看到听到的情况，如实向中央写了一个情况反映。后来听说中央领导同志很重视，还批给中央办公厅派人去深圳做进一步考察。

为了推动进一步利用外资，1983年1月，我在广东又召开了南方8省利用外资座谈会，广东省曾定石副省长出席会议并讲话，会议还安排魏南金同志和深圳华侨农场管理局局长介绍经验，产生了较好的影响。

之后，又再次去特区调研。在调研过程中，我的亲耳所闻和亲目所见，使我更加坚信对外开放和兴办经济特区的决策是完全正确的。

招标剃掉"胡子工程" 由于当时缺乏竞争的吃"大锅饭"的体制，建设项目常常被拖延成"胡子工程"，已成难以治疗的老大难顽症。当我看到深圳的建设速度如此之快，在吃惊和钦佩的同时，也在探索其中的奥秘。当我见到一栋即将竣工的20层大楼，听说工期只用了18个月时，便饶有兴趣地了解情况。这是一栋由深圳房地产公司与香港中发大同地产公司合作建设的项目——国际商业大厦。1980年9月签订了协议书，由深圳提供1.2万平方米土地，港商提供6027万港元，面积为5.2万平方米。

合作协议书签订了，市基建管理部门沿用传统的做法，指定这个工程由广东省某建筑公司负责。这个公司提出每平方米建筑造价为590元人民币，工期需要两年。对这个报价和工期，港方无法接受。因此施工合同迟迟签不下来。这时，房地产公司的领导赴港考察回来，香港先进的企业管理手段使他们开阔了眼界。他们深感用行政手段指派施工队伍的做法，由于没有竞争和制约，往往工程造价高、质量低、工期长，严重地影响了基建的效益，成为特区建设的阻力，基建管理体制已到了非改不可的时候了。经过反复研究，房地产公司参照海外工程承包的普遍做法，制定了《房地产公司工程招标试行方法》。这项改革措施得到了市委、市政府的支持。1981年8月，市建设部门成立了招标领导小组，对国商大厦进行招标投标。一共有8个建设单位参加了投标。原建筑公司坚持原报价、原工期；而第一冶金建筑公司以每平方米报价398元（折合港币1096元），工期18个月等条件夺标。由于许多原则性问题都已在招标时解决，所以拖了近一年的施工协议，只用两天半就签订了。协议规定：实行包工、包料、包工期、包质量、包造价的大包干，工期每超过一个月罚款30万元，每提前一个月，奖励30万元。

这是国内实行工程招标的首创。然而，这项重大改革措施的出台，并非一帆风顺，也曾受到一些人的责难。原负责承建的建筑公司四处告状，社会上也议论纷纷，有人说这是"自相残杀政策"，也有人说这是破坏国家计划，为资本家服务；省里有的部门领导认为工程应照顾本省的企业。为此，市委在新苑宾馆召开了一个会议，国家建委、省建委、深圳市委、市政府主要领导都出席了，会上辩论激烈，市委极力主张实行招标投标，引进竞争机制，不能再保护落后。国家建委领导认真听取了讨论，并明确赞同在基建领域内采取改革措施。第一冶金建筑公司承包工程后，发挥自己的优势，加强企业管理，合理运用工程资金，仅预付工程费就获银行利息近百万港元，工程进度不断加快，后来达到了地面主体工程七天盖一层楼的速度。1983年4月，国商大厦竣工，比预定工期提前两个月，比行政安排施工的公司的工期快8个月，工程质量被评为优良，节省投资946万元人民币，施工企业也获得总造价5%的利润和80万港元的奖金。

"三天一层"的"深圳速度"   随着对外开放政策的实行，进出口贸易业务的增长，经济特区的设立，使深圳成为中国的重要窗口。1980年，全国许多省、市、区和中央部委纷纷要求在深圳设立办事机构，作为他们对外开放的窗口，希望深圳拨给地皮，兴建办公用房。深圳经济特区从整体规划考虑，决定用集资的办法统一兴建一座大楼来满足这种需要，得到许多部门和地区的赞同。筹划中的大楼就是20世纪80年代中国内地的第一高楼——53层的国际贸易大厦。

1982年5月，国贸大厦开始楼桩基础施工，10月，桩基工程结束。1983年8月，国贸大厦标准层施工开始。对于用什么办法来建设高的大楼，我们完全没有经验，经工程技术人员反复研究，决定采用滑模新工艺。在用这种技术施工中，开始时7天滑升一层主体结构，后来速度提高到5天、4天一层，从第30层开始，持续以3天一层的速度滑升到顶，最快时2天一层。当时美国檀香山的一座32层公寓楼、香港的合和大厦、华润大厦都曾创造过4天滑一层楼的纪录，而这个纪录被中国建筑工人打破了。采用滑模工艺与传统的"支模现场浇铸"方法相比，缩短工期113天，节约木材1200立方米，钢管250吨，节省施工费用30余万元。公司也获得了较好经济效益，除还清贷款100万元，还增加了固定资产397万元。

1984年3月15日，新华社报道了深圳国际贸易大厦施工单位创造了三天建造一层楼的新纪录。从此，"三天一层楼"成为享誉中外的"深圳速度"，而设计搞评比、施工用招标、工程要承包，是"深圳速度"的三大要诀，后来为全国所采用。

"山重水复疑无路，柳暗花明又一村"。年轻的经济特区度过了一次又一次的波折，开始走上快速发展的轨道。

1984年，在北京参加庆祝中华人民共和国成立35周年游行的深圳大鹏车。

建立经济特区的政策是正确的

经历了几年的建设，现在特区究竟是什么样子呢？社会上的一些传言和种种指责、怀疑到底是对还是不对？我国实行的一系列改革开放政策是对了还是错了？特区还要不要继续办下去？在这关系改革开放大局的关键时刻，邓小平同志决定亲自看一看特区的现状，听一听特区建设者的声音。他要到改革开放最前线的现场找到以上问题的答案。1984年1月22日—2月16日，邓小平同志在中央政治局委员王震和杨尚昆等同志陪同下，视察了广州、深圳、珠海、厦门和上海。

1月24日，邓小平同志乘坐的列车到达广州站。在站台上的广东省省长梁灵光等人迈上列车。车上的邓小平同志见到他，没有更多的寒暄，而是神色严肃地说："办经济特区是我倡议的，中央定的，是不是能够成功，我要来看一看。"

四个特区中，深圳的名气最大，邓小平此行的第一站自然就是深圳。在广州没作停留，中午，列车驶进了深圳站，邓小平走下火车，同站台上的深圳市领导人一一握手。下午，邓小平在他下榻的迎宾馆稍事休息后，便听取深圳市委书记、市长梁湘的工作汇报。梁湘谈到，办特区几年来工农业产值、财政收入增长幅度很快，特别是工业产值，1982年达到3.6亿元，1983年跃上7.2亿元。这时候邓小平说，那就是1979年4月5日的中央工作

1984年1月，邓小平南下广东视察。图为邓小平（左一）、杨尚昆（左二）、王震（左三）在南下广东的专列上听取广东改革开放情况的汇报。

会议上他关于办特区的倡议时说的："一年翻了一番？"梁湘回答："是翻了一番，比建特区前的1978年增长了10倍多，财政收入也增长了10倍。"40分钟的汇报，邓小平聚精会神地

1984年1月，邓小平（前排右二）听取深圳市委汇报特区5年来的建设成就。

听着，不时插话询问。汇报结束时，梁湘说："请小平同志给我们作指示。"邓小平说：你们谈的这些我都装在脑袋里，我暂不发表意见。我们到外面看看去。

邓小平同志每到一地，总喜欢登高望远，总览全貌。他来到深圳罗湖商业区的国际商业大厦，看到高楼林立，到处是一片欣欣向荣景

1984年1月，邓小平（左四）和深圳特区领导干部交谈。

1984年1月，邓小平（右二）参观兴建中的深圳国贸大厦。

象。邓小平兴致勃勃地倾听着梁湘介绍罗湖新区的规模、设计、施工等情况。梁湘指着对面正在兴建的一座大厦说，这座楼要建53层，是国内最高的建筑物，那里的建设者们曾创下三天盖一层楼的"深圳速度"；罗湖区计划兴建100多幢高楼，是目前全国高楼群最集中的地方。听着梁湘的介绍，邓小平脸上露出了欣慰的笑容。现在或许有人要说，建一些高楼和建设的速度快，就值得欣慰吗？可是他们哪里知道，当与深圳毗邻的香港早已高楼林立时，我国上海一座24层高的国际饭店仍独领中国第一高楼的风骚竟长达半个世纪啊！他们哪里知道就在特区以外的许多地方，由于"干多干少一个样"的吃"大锅饭"体制，还到处都是"胡子工程"，建设部门正为"合理工期"难以推行而发愁呢！如果知道这些，就能理解邓小平同志为什么会欣慰了。

第二天上午，邓小平一行首先来到上步工业区中国航空技术进出

1984年，在上海观看小学生操作计算机时，邓小平（前排中）说：计算机的普及要从娃娃做起。

口公司深圳工贸中心。这家公司刚创建一年零五个月，是深圳市首家从事电脑引进开发、推广服务的公司。邓小平一行参观了车间设备，详细听取了电脑技术和软件开发的情况介绍，还饶有兴致地观看了人和电子计算机下象棋的表演。邓小平说：有一位美籍华人学者告诉我，美国搞电脑软件编程的都是一批娃娃、学生，他还建议我们要积极培训青少年哩！邓小平望望大家，充满信心地指出：全中国有这么多娃娃、学生，搞软件是完全有条件的。后来，2月16日，邓小平同志在上海视察时指出"计算机的普及要从娃娃做起"。

接着，邓小平来到深圳河畔当时富甲全省农村的渔民村。这里有32幢同是180平方米、二层楼高、六室二厅的小楼，构成了一片环境优美、经济实用的住宅新区。他参观了村党支部书记吴伯森家的别墅式住宅。吴伯森汇报说："去年全村纯收入47万元，人均收入5970元，平均每月439元。"邓小平说："比我的工资还高呢！"接着，邓小平动情地说："经过长期奋斗，全国广大农村都可以达到这样的生活水平，要100年。"梁湘说："不要那么长时间吧?"邓小平说："至少也要70年，到本世纪末，再加上50年，因为我国人口多。"

1984年1月，邓小平（右二）视察深圳，参观渔民新居。

1984年1月，邓小平（右二）在渔民吴伯森（右一）家做客。

26日上午，邓小平一行乘车离开宾馆朝蛇口方向驶去。在经过即将兴建的深圳大学路段时，梁湘指着深圳湾的一片荒草地向邓小平介绍说，这里将兴建深圳第一所大学——深圳大学，学生将于今年9月正式进入新校。大家举目望去，工地还一片荒芜。邓小平问："能行吗？"梁湘肯定地答道："能行。"邓小平点了点头……当年9月，深圳大学学生果然如期进入新校。

1984年1月，邓小平（前排右二）和深圳青年干部交谈。前排左一为杨尚昆。

然后，邓小平一行来到濒临深圳湾海滨的招商局蛇口工业区办公楼七层会议室，工业区董事长袁庚向邓小平汇报蛇口工业区的建设情况。听完汇报后，邓小平走到窗前，指着一片繁忙景象的蛇口港码头，问袁庚：码头是什么时候建成的？能停多少吨位的船？袁庚一一做了回答。邓小平称赞道："你们搞了个港口，很好。"

1984年1月26日，邓小平在蛇口工业区视察。前排右起：王震、杨尚昆、邓小平、袁庚、梁灵光。

1984年1月，邓小平（左二）、杨尚昆（右三）、王震（右二）等和珠海市负责同志在一起。

接着，袁庚请邓小平等到"海上世界"参观。即将在春节期间开业的"海上世界"，是一艘法国制造、戴高乐曾乘坐过的、后来由中国远洋总公司购进的退役客轮——明华轮改装的海上游乐中心。邓小平一行登上9层高的明华轮，来到顶层甲板上。他眺望蛇口工业区的建设气象和深圳湾景色，心里特别高兴，午饭时连饮3杯茅台酒。

邓小平题词肯定特区 1月26日下午，邓小平结束深圳的视察，乘坐海军炮艇朝着珠海经济特区驶去。在珠海视察了香洲毛纺厂、狮山电子工厂、九洲港、石景山旅游中心。28日上午，邓小平同志登上温泉宾馆北面的罗三妹山，下山时警卫人员建议原路返回，他斩钉截铁地说："我从来不走回头路。"就在这天晚上，邓小平会

1984年1月，邓小平（右四）、杨尚昆（左二）、王震（左四）在珠海和霍英东（右二）、马万祺（左三）夫妇合影。右三为梁灵光。

1984年1月29日，邓小平视察珠海经济特区时题词"珠海经济特区好"。

见港澳知名人士霍英东、马万祺时说："办特区是我倡议的，看来路子走对了。"29日中午，他为珠海经济特区题词：珠海经济特区好。下午，经顺德前往广州。

建立经济特区的政策是正确的（作者篆刻）

当深圳的同志得知邓小平为珠海特区题了词后，决定派人立即赶往广州，请邓小平同志题词。邓小平同志题写了："深圳的发展和经验证明，我们建立经济特区的政策是正确的。　邓小平　一九八四年一月廿六日"。题词这天本是2月1日，而邓小平则将日期写成他在离开深圳的1月26日。他到达深圳那天就曾说过"我暂不发表意见"。

1984年2月1日，邓小平为深圳经济特区题词。

杀出一条血路，创办经济特区

1984年2月，邓小平视察厦门时，在"鹭江"号船上同福建省委第一书记项南研究厦门经济特区规划。

显然，他在深圳经过两天全面而深入的调查后，再经过几天的深思熟虑，得出了结论："我们建立经济特区的政策是正确的"。

2月7日，邓小平抵达厦门。第二天，经王震同志安排，项南同志向邓小平同志汇报了厦门经济特区建设的想法。汇报内容主要有这么几点：一是厦门经济特区只有2.5平方公里，实在太小了，即使全部建成，实际意义也不大，建议把厦门经济特区扩大到全岛131平方公里；二是希望中央给经济特区更大一些权力；三是单有厦门经济特区的发展，还解决不了福建由穷变富的问题，请求中央扩大开放区域，把厦、漳、泉闽南三角地区都列为对外开放地区。邓小

把经济特区办得更快些更好些。

邓小平 一九八四年二月九日

1984年2月，邓小平视察厦门经济特区并题词。

平听了之后，频频点头，表示赞同。在厦门期间，邓小平视察了东渡港码头、高崎机场、湖里工业区、厦门大学等单位，还冒雨参加了植树活动。2月9日，邓小平为厦门特区题词："把经济特区办得更快些更好些。"邓小平对这三个特区的题词，再次表明了他对举办经济特区决策和实践的肯定，也对特区提出了进一步发展的要求和期待。

2月14日，邓小平在上海视察时同上海市的同志谈到："我这次看了几个经济特区，看了几个饭店。中山温泉宾馆是霍英东独资经营的，每年赚两千万元，几年后产权归我们。像这样的事，你们也可以搞嘛！现在看，开放政策不是收的问题，而是开放得还不够。""现在我们的建筑体制，特别是住宅的建设，住房商品化，一下子还改不过来。我们的建筑施工速度慢得很，像蜗牛爬。深圳蛇口因为采取责任制，建筑速度快，几天一层楼。建筑队伍还是那些人，只是办法改了一下。我们的一些制度要改，吃大锅饭不行。"

这次陪同邓小平考察的王震同志深有感触。他在2月27日给中央提交的《关于陪同邓小平同志视察广东、福建、上海的情况报告》中写道："1979年12月份，我任国务院副总理时，曾带领国务院几个部长到蛇口考察，以确定如何支持和帮助交通部招商局开发蛇口工业区的方案。那时，蛇口是一片海滩和荒山，路面坑坑洼洼，连厕所和洗脸水也没有。这次陪同小平同志视察，深圳和蛇口的面貌就大不一样了，高层建筑林立，道路四通八达，万吨级码头、直升飞机机场已开通使用，电讯、供水、供电、防洪、供气和处理污水等初具规模，一个现代化的工业新城在我国南海前沿崛起。看到这些，心情十分兴奋。不禁想起一句古语：'士别三日，当刮目相看。'"

1984年2月24日，邓小平同志就特区建设问题找胡耀邦等几位中央主要领导同志谈话。他说："最近，我专门到广东、福建，跑了三个经济特区，还到上海，看了看宝钢，有了点感性认识。今天找你们来谈谈办好经济特区和增加对外开放城市的问题，请大家讨论一下。我们建立经济特区，实行开放政策，有个指导思想要明确，就是不是收，而是放。这次我到深圳一看，给我的印象是一片兴旺发达。深圳的建设速度相当快，盖房子几天就是一层，一幢大楼没有多少天就盖起来了。那里的施工队伍还是内地去的，效率高的一个原因是搞了承包制，赏罚分明。深圳的蛇口工业区更快，原因是给了他们一点权力，500万美元以下的开支可以自己作主。他们的口号是'时间就是金钱，效率就是生命'。特区是个窗口，是技术的窗口，管理的窗口，知识的窗口，也是对外政策的窗口。从特区可以引进技术，获得知识，学到管理，管理也是知识。特区成为开放的基地，不仅在经济方面、培养人才方面使我们得到好处，而且会扩大我国的对外影响。听说深圳治安比过去好了，跑到香港去的人开始回来，原因之一是就业多，收入增加了，物质条件也好多了，可见精神文明说到底是从物质文明来的嘛！"在谈话中，他还提到："厦门特区地方划得太小，要把整个厦门岛搞成特区。这样就能吸收大批华侨资金、港台资金，许多外国人也会来投资，而且可以把周围地区带动起来，使整个福建省的经济活跃起来。厦门特区不叫自由港，但可以实行自由港的某些政策，这在国际上是有先例的。只要资金可以自由出入，外商就会来投资。我看这不会失败，肯定益处很大。除现在的特区之外，可以考虑再开放几个港口城市，如大连、青岛。这些地方不叫特区，但可以实行特区的某些政策。我们还要开发海南岛，如果能把海南岛的经济迅速发展起来，那就是很大的胜利。"与会的领导同志一致同意邓小平同志的意见。

　　这不仅是中央又一次对特区工作的肯定和阶段性的总结，也是进一步扩大对外开放新的里程碑。这次重要谈话，由中央办公厅以白头文件的方式，发至党中央、国务院各部门和地方领导同志，对统一全党思想，坚定对外开放的信心，起了历史性的作用。1984年中国的春天，成为一个对外开放的绚丽而灿烂的春天而载入史册。

　　针对1985年出现的一些困难和国内外对特区的非议，邓小平同志又一次公开表态。1985年8月1日，邓小平在会见日本公明党第十三次访华代表团时说："前不久我对一位外国客人说，深圳是个试验，外面就有人议论，说什么中国的政策是不是又要改变，是不是我否定了原来关于经济特区的判断。所以，现在我要肯定两句话：第一句话是，建立经济特区的政策是正确的；第二句话是，经济特区还是一个试验。这两句话不矛盾。我们的整个开放政策也是一个试验，从世界的角度来讲，也是一个大试验。总之，中国的对外开放政策是坚定不移的，但在开放过程中要小心谨慎。我们取得了一些成绩，但一定要保持谦逊态度。"

1987年6月，邓小平同志在会见外宾时指出：现在我可以放胆地说，我们建立经济特区的决定不仅是正确的，而且是成功的。所有的怀疑都可以消除了。这是邓小平同志按照"实践是检验真理的唯一标准"，对我国特区所做的历史评价和结论。

后来，江泽民同志也指出：当年抓创办经济特区，现在看来对整个改革开放起了重要作用。创办经济特区是我国社会主义建设的新生事物，是我国改革开放的伟大创举，是破天荒的事。一些人充满希望，一些人有些忧虑。但是，在邓小平同志指导下，经过努力，我们对经济特区建设的指导思想，对经济特区的性质、功能、地位、作用以及如何管理等重大问题，逐步

同特区一起成长的青年

都搞清楚了。近30年来，经济特区作为改革开放的"窗口"和"排头兵"，在对外开放、体制创新、产业升级等方面发挥了重要的辐射和带动作用。实践充分证明，创办经济特区的决策是完全正确的。

构建沿海开放格局

根据邓小平同志关于再开放几个港口城市，可以实行特区的某些政策的指示，中央书记处、国务院经过研究，决定召集有关省、自治区、直辖市负责同志开会，进行部署，并责成谷牧同志研究贯彻实施。为了筹备这次会议，谷牧同志1984年3月先后到天津和大连这两个准备开放的较大的沿海港口城市做调查研究。在这两市的调查中，他对新的沿海城市的开放提出了如下一些指导思想：1.沿海港口

城市的开放，必须与老企业的技术改造紧密结合起来，把开放的成果落到提高产品质量、技术水平和企业素质上来。2.这些老的经济中心城市，基础设施和城市建设欠账太多，创造一个较好的投资环境短期内难以做到，有条件的城市可以考虑先办个小区，集中力量建设水、电、路、通信等硬件环境，搞好管理服务，形成吸收外商投资的"小气候"。这就是后来批准举办的经济技术开发区。3.拟开放的各沿海港口城市情况不同，不能一刀切，要分类指导，一个一个审批开放方案。4.首先要训练干部，提高认识，更新观念。这些设想得到了中央领导同志的赞同。

1984年3月26日，中央书记处、国务院召开沿海部分城市座谈会，由谷牧和胡启立同志主持。到会的有上海、天津、山东、江苏、浙江、辽宁、福建、广东、广西等省、区、市和有关省辖市及经济特区的负责同志，还有党中央、国务院、中央军委40多个部门的负责同志。会议开头，由谷牧同志发言。他首先传达了邓小平同志在1984年2月24日关于特区工作和扩大对外开放一批沿海城市，如上海、天津、大连、青岛、烟台、宁波、温州、北海等的重要谈话。他要求与会同志要认真学习领会邓小平同志谈话的精神。接着他在回顾了实行对外开放政策以来的情况后，着重强调要坚决贯彻邓小平同志的重要指示，进一步迈开对外开放、利用外资、引进技术的步伐，要进一步解放思想，进

1984年3月26日—4月6日，中共中央书记处、国务院联合召开沿海部分城市座谈会，建议进一步开放大连、天津等14个沿海港口城市。图为4月6日邓小平在中南海接见参加座谈会的全体同志。第二排左二为作者。

行改革，放宽政策，以调动地方和企业利用外资，引进技术，改造老企业，更新传统产品，开发新产品的积极性。同时，他又强调，党中央、国务院初步决定开放一些沿海港口城市，是涉及面很宽，政策性很强，有国际影响的大事，既要有很大的决心和干劲，又要有周密的部署，积极扎实的步骤，过细地去做工作。针对准备这次会议过程中各地区已经提出的问题，谷牧同志讲了几点意见。一是暂不办新的经济特区；二是资金要多方筹措，不能指望国家开多大口子；三是要根据条件，逐步地开，逐步地上，不能齐头并进；四是经济特区要按照邓小平同志的要求，自加压力，走在前面；五是重视人才培训；六是同步抓紧抓好思想政治工作和精神文明建设。听了谷牧同志的讲话之后，与会一些同志原来担心开的口子太大、铺的面过宽的顾虑打消了。

这次会议开了12天，到会的省、区、市负责同志对邓小平同志的指示和谷牧同志的发言进行了热烈讨论，情绪高涨，反应热烈。大家在发言中，讲学习邓小平同志谈话的体会，讲本地区的打算，也向中央提出了一些意见和建议。在中南海怀仁堂开会，中央许多领导同志都到会听取发言，同大家一起讨论，畅所欲言。例如，关于开发区的名称问题，开始准备叫"经济开发区"，讨论中我们提出，开发区不仅是创造一个吸收外资、加速经济发展的"小环境"，而且要强调引进先进技术，建议叫"经济技术开发区"，后来这个建议被采纳了。

对于开放哪几个沿海港口城市，虽然在2月24日邓小平同志与中央几位领导同志谈话时，已商定初步意见，然而在会议进行

1984年4月6日，在接见沿海部分城市座谈会全体代表后，邓小平同李先念等看当天关于经济特区的报道。

中，江苏省省长顾秀莲同志闻讯赶来北京，经她提议并报请国务院领导同意，又增列了江苏的南通和连云港。广东、福建的同志提出，为何没有我们两省的沿海城市？当然，对此并不是忽略，而是因为这两省已实行特殊政策、灵活措施，实际上已经开放。经过讨论研究，也吸收了他们的意见，列入了广州、湛江和福州三个城市。后来又有同志建议增加秦皇岛，中央领导同志研究后也同意了这一意见。这样一共开放了沿海14个港口城市。

会议结束时，邓小平、李先念等中央领导同志同大家合影留念。邓小平同志说："搞好对外开放关键是要用明白人，要下功夫训练干部"。迄今为止，这是规格最高的一次对外开放工作会议。

用明白人
（作者篆刻）

4月23日，谷牧同志向陈云同志汇报了讨论开放沿海城市的情况和地方与部门同志的反映。陈云完全赞同开放沿海港口城市，强调在实施中要不断总结经验。随后，中央政治局正式讨论通过了《沿海部分城市座谈会纪要》，于5月4日以中发[1984]13号文件批转全国。中央在批语中指出："我国在新的历史时期实行对外开放政策，有一个逐步发展的过程。沿海港口城市由于其地理位置、经济基础、经营管理和技术水平等条件较好，势必要先走一步。这些沿海城市在利用国外资金、技术和市场时，应当首先抓好老企业的技术改造，上一批投资少、周转快、收益好的中小型项目。这样做可以更多更快地积蓄力量，既在财力、物力、人才方面支援全国，又在内外交流过程中总结经验向内地推广。"批语还指出，"进一步开放沿海港口城市和办好经济特区，不能指望中央拿很多钱，主要是

1984年4月，谷牧（左蹲者）在宁波指导开发区选址。

给政策，一是给前来投资和提供先进技术的外商以优惠待遇，税收低一些，内销市场让一些，使其有利可图；二是扩大沿海港口城市的自主权，让他们有充分的活力去开展对外经济活动。这样做，实际上是对我们现行经济管理体制，进行若干重要的改革。中央和国务院各有关部门，各有关省、自治区、直辖市，都要按照邓小平同志的谈话和这次会议《纪要》的精神，制订一系列具体规定，加强领导班子配备和干部队伍的建设，加强指导检查，保证中央这项重要政策的贯彻落实。""中央和国务院决定，委托谷牧同志监督、检查执行情况，并协调、仲裁执行中可能出现的矛盾。"

《纪要》还提出了"加快利用外资、引进先进技术的步伐"、"把经济特区办得更快些更好些"、"厦门特区扩大到全岛"、"搞好海南岛的开发建设"等方面的重要政策。《纪要》特别提出，要进一步开放沿海港口城市，通过放宽某些政策，改革现行的某些管理制度，增强这些城市及其企业开展对外经济活动的活力，把积极利用国外资源（包括资金、物资、技术、知识、人才）、扩展国际市场，同市内工业结构改组、企业技术改造、管理体制改革紧密结合起来，必将大大加速经济的发展，使整个地区、企业和人民群众更快地富起来。这些港口城市和四个经济特区，在沿海从北到南联成我国对外开放的前沿地带，又必将在发展科学技术，推广管理经验，繁荣国内市场，扩大对外贸易，传递经济信息，培养输送人才等方面，支援和带动各自的腹地，有力地促进全国的经济建设。会议建议：进一步开放天津、上海、大连、秦皇岛、烟台、青岛、连云港、南通、宁波、温州、福州、广州、湛江和北海14个沿海港口城市。

《纪要》提出了对14个沿海港口城市实施十个方面的具体政策和措施，主要包括：放宽利用外资建设项目的审批权限；增加外汇使用额度和外汇贷款；积极支持利用外资、引进先进技术改造老企业；对中外合资、合作经营企业及外商独资企业，给以若干优惠待遇；逐步兴办经济技术开发区；大力发展进料加工出口；调整几个城市的开放类别；加强基础设施建设；加强对利用外资的计划指导；在改革方面应当走在前头。

关于兴办经济技术开发区，《纪要》指出，这几个城市，有些可以划定一个有明确地域界限的区域，兴办新的经济技术开发区。经济技术开发区要大力引进我国急需的先进技术，集中地举办中外合资、合作、外商独资企业和中外合作的科研机构，发展合作生产、合作研究设计，开发新技术，研制高档产品，增加出口收汇，向内地提供新型材料和关键零部件，传播新工艺、新技术和科学的管理经验。有的经济技术开发区，还要发展为国际转口贸易的基地。经济技术开发区内，利用外资项目的审批权限，可以进一步放宽，大体上比照经济特区的规定执行。

李瑞环市长和我代表天津参加了这次座谈会，当时我们对中央的决定都感到非常振奋，回去向市委汇报后立即召开干部大会传达贯彻，天津的广大市民和干部知道后，就像过节一样高兴。天津的领导班子都是衷心拥护邓小平同志对外开放战略的，大家认真贯彻党中央、国务院兴办经济技术开发区的有关政策和规定，经过紧锣密鼓的研究规划，决定在塘沽海滨废弃的盐田和一片盐碱地上，开始筹建天津经济技术开发区。

天津港——压港压出新体制　　当时沿海城市对外开放遇到的一个普遍的困难，是基础设施落后，特别是港口吞吐能力严重不足。20世纪80年代初，尽管当时外贸进出口量还很小，但压船压港的现象已很严重，成为国务院领导最操心的问题之一。以1981年3月为例，全国沿海港口每天在港的外贸船舶多达340艘，比1980年同期增加近200艘。其中开工作业仅90多艘，等待装卸的240多艘，另有待运物资250多万吨。为此，国务院每年都要发出通知，要求各地方政府和有关部门要加强领导，组织力量抢卸进口物资，做好出口物资的发运，努力减少港口的积压。到1984年，港口疏运仍是各口岸面临的一个大难题。这个问题不解决，势必成为对外开放的瓶颈。天津港当时就是我国压船压港最严重的港口之一。

1983年3月，天津新一届市政府班子组成，李瑞环市长正在主持第一次市政府新的领导班子会议，研究分工问题，指定我分管对外工作，包括联系中央直属的港口、海关、银行等有关工作。正在这时，秘书来请李瑞环同志去接电话，说是国务院万里副总理有急事找他。李瑞环同志接完电话后，回到会议室对我们说，万里同志在电话里问我们在干什么？我说，我们在研究市政府领导班子的分工。万里同志一听就急了，说现在有100多条货船停在天津海域的锚地进不了港，压在那儿等待进港卸货，你们还有心思坐在办公室里开会！？当李瑞环同志向他解释港口是交通部管的，不属天津市管时，万里同志说，港口在你们天津，我就得找你们！李瑞环同志接着对我说，你负责联系港口工作，但你刚来，咱们俩一起去港口吧。接着李瑞环同志立即中止了会议，我们一起赶往港口。经过一段时间调查研究，对港口存在的问题大体上已心中有了数，主要是：

一、港口吞吐能力严重不足。天津港作为我国重要的国际贸易港口已有近200年的历史。它是首都北京的海上门户，天津市经济发展的重要依托，我国"三北"（东北、华北、西北）地区物资集散和出口贸易的重要海上通道。天津港解放前原来是海河内河港，现在的天津港是后来在渤海湾新建的海港，故一度称之为"新港"，后来因内河港口逐步消失，就不再称"新港"而改为"天津港"。1952年重新开港时，天津港年吞吐量仅为74万吨，经过9年的扩建，1960年吞吐量达到522万吨。发展到了80年代初，虽有1000多万吨，但与改革开放后迅速发展的海运需求相比，仍相差甚大，大量压船、压港的事经常发生。记得最多的一天，竟有190多条船在锚地等待靠岸卸货，不算其他损失，仅滞港费一项，一天就得赔偿8000美元。

二、港口管理体制不顺。港务、公路、铁路、海关、商检、动植物检、卫检、港务监督、船务代理、货运代理等等，一环扣一环，其中任何一个环节脱节，都可能影响装卸工作的进行。但这些环节又分属不同部门主管。显然，这种多头领导，相互制约，又缺乏有效协调的机制，也是严重影响港口效率发挥的重要原因。

三、港口本身的经营机制存在较大的问题。主要是缺乏有效的激励机制和制约机制，吃"大锅饭"，干多干少一个样，干好干坏一个样，既缺乏压力，又缺乏动力。港口的收入全额上缴，扩建港口的投资由交通部批拨，由于投资少，港口的建设进展缓慢。

针对以上问题，天津市向国务院提出了港口管理体制改革的建议。概括地说，就是对港口实行"双重领导，以地方为主，以港养港，以收抵支"的管理体制。主要内容为：一是将天津港授权天津市为主管理，并成立天津口岸管理领导小组和办公室，由市领导统一管理和协调港口的事务，提高港口作业的协调配合和工作效率。二是改革港口的财务体制，港口的收入不再上缴，交通部也不再投资港口建设，以港养港，在国家统一规划指导下，以港口自己的资金积累来自主建设发展港口。由于历年交通部下拨的投资，均略大于港口上缴的数额，看起来似乎改革使港口吃了亏。但我们认为，花钱"买"来了一个好的体制，也是值得的。三是进行港口内部管理体制改革，将港口的吃"大锅饭"的管理体制，改为在港务局下面成立若干港埠公司，作为独立核算单位，效益与收入挂钩。四是改变过去港口与港口地区建设各自为政、相互脱节的状况，将天津塘沽区的城市建设与港口统一规划，协调发展，依靠港口发展城市，发

1983年11月2日，李鹏（右二）由李瑞环（右三）陪同，在天津港东明一号航船上。

展城市来提高为港口服务的功能，更好地发挥港口的作用。1983年11月，分管交通工作的李鹏副总理来津考察时，市委、市政府向他汇报了港口体制改革的方案，取得了他的支持。

经过一年左右的方案论证、研究和部分试行取得成效后，中共中央、国务院于1984年5月7日正式批准了天津港的改革方案，并决定先试行5年，率先开始了我国港口管理体制改革创新的重大突破。到1986年底的两年多时间里，改革已取得了原来预想不到的成效。例如：

1. 由于港口作业协调的加强和港口广大职工积极性的提高，港口的效率和效益都有显著提高。1981年至1983年3年间，国家对港口建设投入共2.7亿多元，而改革后的1984年至1986年3年间，港口自筹投入的建设资金已达6.6亿多元，翻了一番多。与此同时，按照李瑞环同志"先救命，后治病"的要求，用港口自有资金先后投入2亿多元，购买了当时最先进的装卸机械设备，进行了港口的技术改造，大大提高了港口装卸效率。

2. 港口地区的城市建设有了突破性的发展，并开始走向繁荣。从世界各国城市发展的历史看，许多大城市都是依托港口发展起来的，包括天津当年也是依靠海河内河码头发展起来的。但由于体制上的障碍，1952年天津新港开港以来，有相当长一段时间，港口既未促进塘沽地区城市建设的发展，港口的建设发展也未得到塘沽地区应有的支撑，而是各搞各的，使双方的发展都受到很大的制约。港口自己办"社会"，但又因市政配套条件的限制，港口生活区的建设也非常简陋，一望无际的是破旧小平房。而塘沽区就在天津港，也因同样的原因，长期得不到发展，城市建设十分落后。在管理体制改革后，才得以使城区和港口统一规划，逐步形成相互配合和支撑的城市服务体系，逐步形成一个新型现代港口城市。

3. 1984年，天津首先按党中央、国务院的决定，在塘沽区废弃的不毛之地的盐田、荒滩上，建设了属于中国第一批的经济技术开发区，中国第一批集装箱码头也在天津港开始兴建，港区和塘沽区的面貌开始发生突破性的变化，一个现代化的港口小城市已展现在人们面前。

1985年9月2日，万里（左一）视察天津港。

体制改革创新的成果得到了各方面的认可。万里同志于1985年9月视察天津港时给予了充分肯定，并决定向中央建议改革后的体制再延续5年。由于改革的效果显著，实际上不久交通部就在上海港等全国各个港口逐步推广了天津港改革创新的经验，使我国的港口管理体制，较早地成为适应改革开放要求的全新体制。后来的实践也证明，凡是推行改革的港口，都发展很快；凡是没有改革的，都发展缓慢。

天津港由于有了一个符合改革开放要求的管理体制，在天津市委、市政府的领导下，在国务院各部门的支持下，不断深化改革，以后又在港口实行了政企分开，建立现代企业制度，调整企业结构，进入资本市场，储运公司上市筹资，建立港口第一家中外合资海运企业等一系列改革措施。又经过10多年的努力，天津港已成为具有世界先进水平的国际大港，港区不但有数字化的集装箱装卸等专业泊位，有完善的保税区和出口加工区，而且昔日比较萧条的塘沽区也焕然一新，成为一个繁荣的现代化新城，并带动了整个天津滨海地区的发展。

天津港从1952年吞吐量

1985年9月2日，万里在天津港新建的集装箱码头视察。

74万吨提高到1974年的1000万吨，用了整整22年。港口体制改革后，经过改革和加快建设，1988年天津港吞吐量突破2000万吨，只用了14年。进入20世纪90年代，由于我国经济迅速发展，进出口贸易不断扩大，再加体制的进一步改革创新，到1993年，只用了5年的时间就突破3000万吨。自1993年以来，港口吞吐量每年以1000万吨的速度递增，创造了全国沿海港口发展史上的罕见业绩。2001年天津港成为中国北方第一个超过亿吨的大港；2007年，天津港的货物吞吐量已达到3.09亿吨，在全国列第四位，居世界港口第六位，集装箱吞吐量达710万标准箱，居世界集装箱港口前20位。

2007年，天津港货物吞吐量达3.09亿吨。

14个沿海城市的开放和第一批经济技术开发区的建设，标志着我国已开始建立全方位对外开放的格局。正如邓小平同志在1984年11月1日召开的中央军委座谈会上所指出的："一个对外经济开放，一个对内经济搞活。改革就是搞活，对内搞活也就是对内开放，实际上都叫开放政策。而对外开放，我们还有一些人没有弄清楚，以为只是对西方开放，其实我们是三个方面的开放。一个是对西方发达国家的开放，我们吸收外资、引进技术等等主要从那里来。一个是对苏联和东欧国家的开放，这也是一个方面。国家关系即使不能够正常化，但是可以交往，如做生意呀，搞技术合作呀，甚至于合资经营呀，技术改造呀，156个项目的技术改造，他们可以出力嘛。还有一个是对第三世界发展中国家的开放，这些国家都有自己的特点和长处，这里有很多文章可以做。所以，对外开放是三个方面，不是一个方面。"

邓小平同志"对内搞活也就是对内开放"和"三个方面开放"的思想，构成邓小平理论的一个有机组成部分，对我国的改革开放工作具有重要的指导意义。我们在具体工作中深深体会到，我们内部的许多改革措施是被对外开放促出来甚至是逼出来、榨出来的，也有许多是在对外开放中学到的。同时改革又为对外开放创造了条件，促进了对外开放。实践证明，正是在邓小平的这一思想指导下，我国才有了此后的一系列更加适应经济全球化发展形势和中国国情的改革开放政策和措施，逐渐形成了由沿海向内地发展的全方位开放格局。

开发区大有希望　　邓小平同志非常关心沿海城市的对外开放情况。1985年1月4日，邓小平同志约见谷牧同志，他首先说，今天找你来主要想说说宁波的事情。你先讲一讲有关情况，然后我们研究一下宁波的问题。谷牧同志向邓小平简要汇报了14个沿海港口城市实行进一步开放以来8个多月的主要进展情况。邓小平听了很满意，说"看起来大有希望"。

1986年，邓小平同志再次到天津视察指导工作。8月19日晚，他在迎宾馆对李瑞环同志说："我这次来天津，要看看你们的开发区，看看市容，还要到港口看一看。"21日上午，邓小平一行来到天津港视察。港口负责同志汇报说，港口实行交通部与天津市双重领导、以地方领导为主的管理体制和"以收抵支，以港养港"等一系列改革以来，中央和地方的两个积极性得以充分发挥，显著地促进了港口的发展。当邓小平听到港口下放两年多来经济效益提高60%，吞吐量增长22%，解决了长期存在的压船问题，外商反映良好时，十分高兴，感慨地说："人还是这些人，地还是这块

1986年8月，邓小平（左二）视察天津港集装箱码头。左一为李瑞环，后中为作者。

地，一改革，效益就上来了。无非是给了他们权，其中最重要的是用人权。"这是邓小平同志在这次视察中第二次讲到改革。在视察天津中环线时，他就说过："中环线搞得这么快，是不是搞了承包？就是要搞改革，搞承包，分段、分级承包，实行责任制。"

"人还是这些人，地还是这块地，一改革，效益就上来了。"这一富含哲理的话语，引起我们的强烈共鸣。就在天津，早几年就发生过这样一件事。由塘沽港口至天津有一段60公里的公路，这是一条港口的疏散公路。为建这条路交通部门设了一个公路局，前后建了好几年。最后还剩14公里，建了很长时间就是完不了工。当时港口压港现象如此严重，大家心中很是着急，但面对"大锅饭"的体制，公路局建完这条路，如没有新的"大锅饭"，就没饭吃了，所以只能拖着。当万里同志来天津视察时，我们反映了这一情况，由他下了3个月内必须建成的"死命令"才得以解决。改革开放以后，这种事几乎已难以想象了。

当天上午，邓小平同志还兴致勃勃地视察了天津经济技术开发区，详细听取了开发区管委会的汇报，并接见了合资企业中外方经理。天津经济技术开发区是1984年12月6日经国务院批准兴办的，规划面积33平方公里。天津开发区建设虽然还不足两年，然而，在建设者们的艰苦努力下，这里已经发生了巨大变化。草木难生的盐碱荒滩上已改变了昔日的荒凉，在先期开发的4.2平方公里起步区内（其中工业区3平方公里，生活区1.2平方公里），道路水电有序铺开，工业厂房拔地而起，施工现场呈现出一片兴旺繁忙景象。1986年初，天津经济技术开发区提出"为投资者提供方便，让投资者赢得利润"理念，年中又提出"建设仿真国际投资环境"理念，各项建设都在快速推进之中。开发区管委会负责同志首先向邓小平汇报说，我们按照您的指示，艰苦创业，只靠国家3.7亿元贷款，本着"规划一片、开发一片、收益一片"的建设方针，一面建设，一面招商引资，走上了滚动开发的自我发展之路。现在已经和外商签订了35项合同，有11个国家和地区到这里投资，年底将有20个企业投产。邓小平得知在这么短时间内取得这么大的成绩后，十分欣慰，高兴地说："天津开发区很好嘛，已经创出了牌子，投资环境有所改善，外国人到这里投资就比较放心了。"

1986年8月20日，邓小平（前左）在李瑞环（前右）的陪同下视察新修的天津中环线。

1986年8月21日，邓小平在天津经济技术开发区题词 开发区大有希望。

接着他又对在场的中外人士说："对外开放还是要放，不放就不活，不存在收的问题。"邓小平同志还欣然命笔题词："开发区大有希望。"他放下笔幽默地说："就这个容易，别的都不容易哟。" 邓小平同志的这一英明论断，既是对对外开放政策和开发区建设的充分肯定，也是对建设者们提出的殷切希望。在邓小平同志的关怀鼓励下，天津经济技术开发区没有辜负他的希望，多年来一直保持领先的地位。

蓬勃发展的天津港

实施大政策，
引进先进技术和设备

引进国外先进技术，是我国对外开放的最早尝试。我国吸收外资迈出的第一步，就是从引进技术开始的。"文革"结束时，我国科学技术同世界先进水平相比，在多数领域相差约15年到20年，有些领域相差更多一些。大家认识到，科技落后是我国经济落后的一个重要原因。因此，要想把经济搞上去，首先要老老实实地学习世界先进技术。如果闭目塞听，不了解国际上科学技术发展的动向、趋势和水平，赶超世界先进水平就无从谈起。

海纳百川 有容乃大
(作者篆刻)

当时，全国上下要求把经济搞上去，早日实现"四个现代化"的呼声很高。为了加快改变经济科技落后的面貌，中央领导层逐步形成了一个基本共识，这就是调动一切积极因素，包括学习、引进国外先进的技术和设备，加快经济发展。而早在1975年，邓小平同志在主持中央和国务院日常工作期间，就主张有重点地引进国外新技术和新设备，明确提出了引进国外先进技术是一个大政策。

不断学习，才能不断进步

一个伟大的民族，是一个善于向其他民族学习一切先进文化和科技的民族。科学技术进步永无止境，不进则退，外国学习我国的"四大发明"，又超越我们就是一例。150多年前，当西方列强的坚船利炮用我们祖先发明的火药轰击我们国门的时候，魏源就提出了"师夷之长技以制夷"的主张，开启了中国学习和引进国外先进技术的思想先河。

20世纪，世界科学技术迅猛发展。有资料表明，20世纪初技术进步对经济增长的贡献率为5%—20%，20世纪中叶上升到50%左右，80年代上升到60%—80%。二次世界大战后，美国从世界各地网罗人才，引进技术，占据了世界先进技术的制高点。苏联仅1932年从世界各地招聘的经济专家和技术人员就达2万人。当时西方评论说，苏联在3年之内就获得了外国人30年发展起来的技术。日本在1950年—1979年的30年中，用101亿美元引进33800多项外国先进技术，实现了经济起飞。据测算，这些技术若自己研究开发，到工业应用要花费2000亿美元，需要100多年时间。

以毛泽东同志为代表的中国共产党人，明确主张学习和引进国外先进技术。在新中国成立之初，尽管遭到西方敌对势力的封锁，我国仍从苏联、东欧引进了400多个项目，主要是从苏联引进的156个大项目。在引进的基础上，我国顺利完成了第一个五年计划。在此期间，我国恢复和建设了鞍钢、武钢、包钢三大钢铁基地，建设了吉林、兰州、太原三个化工基地，建成了一批骨干机械工业企业，包括第一汽车厂、哈尔滨量具刃具厂、沈阳第一机床厂、洛阳拖拉机厂等。不到10年时间，我国与世界先进技术水平的差距大大缩短了，从而奠定了工业化的初步基础。

1960年中苏关系恶化后，我国技术引进的重点逐步转向西方发达国家。1962年从日本引进第一套维尼纶设备，打开了技术引进的新路子。后又从英、美、联邦

156个大项目之一——洛阳拖拉机厂1964年8月26日出厂的大批东方红54匹马力拖拉机正在装车。

德国、奥地利、瑞典、意、荷等国家进口少量成套设备，填补了当时的一些技术空白。

1971年我国恢复在联合国的合法席位后，中美、中日等关系的坚冰被打破，国际环境好转。毛泽东、周恩来等老一辈领导人果断抓住时机，从西方国家引进化纤、化肥等大型设备，解决人民群众穿衣吃饭的迫切问题。

1972年1月，根据周总理的指示，国家计委主任余秋里同志召集国家计委及轻工部、外贸部等部委负责人做了专门研究，并向李先念同志汇报，决定抓住西方资本主义国家在经济危机中急于寻找出口市场、商品价格较低的有利时机，针对国内需要，进口成套化纤、化肥技术设备。1月22日，李先念、华国锋和余秋里同志联名向周恩来总理报送国家计委《关于进口成套化纤、化肥技术设备的报告》，提出化纤方面拟从法国、日本进口4套装置，约需2.7亿美元，放在四川、辽宁、上海、天津，建成后，可生产合成纤维24万吨，从数量上折算，约等于500万担棉花，可织布40亿尺；化肥方面进口2套30万吨大型合成氨厂设备，建在四川和大庆。周恩来总理于2月5日批示同意，并转呈毛泽东主席批示。毛泽东主席作了圈阅。两天后，即2月7日，李先念同志就把报告退余秋里、钱之光、白相国同志办。这样，第一批引进4套化纤和2套化肥的成套设备项目就正式决定下来。随后冶金、机械、电讯、民航、铁道等部门都跟了上来，提出引进一些先进的技术和设备，包括进口1.7米连续式轧板机和成套化工设备。

20世纪70年代，武汉钢铁公司从联邦德国引进的1.7米轧机连铸机设备。

实施大政策，引进先进技术和设备

在引进一系列项目顺利进行的基础上，1973年1月2日，根据周总理的指示，国家计委向李先念、纪登奎、华国锋并周总理报送了《关于增加设备进口、扩大经济交流的请示报告》，提出在三五年内，集中进口一批成套设备、单机设备和新技术，支援农业，加强基础工业和轻工业，确定引进26个大型项目，其中包括：13套化肥、4套化纤、3套石油化工、10个烷基苯工厂、43套综合采煤机组、3个大电站等项目，用汇约43亿美元，故称"四三方案"。

邓小平同志对这批引进项目非常关心。1973年6月，他第二次复出工作不久，就到上海石油化工总厂视察。两年以后的1975年夏天，邓小平陪同外宾到上海参观。他把外宾送走以后，又赶往金山，冒雨巡视了工地。他对进口的9套大型装置，一个一个地了解，是什么样的装置，是从哪些国家引进的，需要多少外汇？从国外引进的超大、超重设备有三四层楼高，怎么运到施工现场呢？当时没有大的运载车，工地负责同志介绍说：是上海交运局扎竹排的师傅，设计出极为巧妙的装运方案，从黄浦江转入张泾河，通过河流把各种又大又长又粗的塔罐顺利地运到了工地。邓小平听了以后，连称老工人了不起。回到北京后，他请谷牧在金山主持召开一个现场会，国务院各部委、"四三方案"所有引进项目的负责同志都参加了，对引进项目的实施起了很大推动作用。

通过早期的引进工作，新中国在十分艰难的国际环境下，取得了对外部世界了解和学习的机会，为建立工业和经济体系打下了基础，为后来的对外开放发挥了先导作用。

排除干扰，洋为中用

引进先进技术在具体实施过程中，包括"四三方案"的落实，受到了"四人帮"及其各地党羽的严重干扰和破坏。一个具体的体现，就是邓小平同志所说的，他们片面地强调、片面地理解毛泽东主席的思想和方针，对毛泽东主席的思想各取所需，加以割裂，从而造成了严重的危害。二汽建设之初就遇到这种情况，在中央领导的支持下，建设者们排除干扰，将自力更生与引进相结合，加快了二汽的发展。

二汽的"聚宝"和引进　　二汽是毛主席、党中央确定的一个重大的战略性项目，专门研究、开发和生产军民两用汽车，首先是搞军车。毛泽东主席十分关心二汽建设，那时叫"备战、备荒、为人民"，进行"三线建设"。二汽建设正值"文革"期间，1969年正式动工，1975年建成投产，正好是与"四人帮"斗争最激烈的时期。

湖北十堰青山环抱中的中国第二汽车制造厂

当时，为建设二汽，党中央确定了一个"聚宝"的方针，就是主要依靠自力更生，动用全国的力量支持二汽建设，把全国一些最好的东西，包括最好的设备、最好的技术都集中到二汽来。

这一方针是正确的。但是，受"四人帮"的干扰，贯彻中被绝对化了。首先，就是必须百分之一百地用国内力量来建设，否则便是"崇洋媚外"、"洋奴哲学"、"卖国主义"。这样造成的后果是，尽管百分之九十以上的技术和设备都是可以的，但剩下的百分之几，却搞得二汽不能正常生产。其中有些设备试制出来后，还未来得及完善，未经调试就被要求带病进山，拿到了二汽。比如，发动机是汽车的心脏，在设计尚未完善时，就逼着要投产。投产后，我们成天被设备问题、质量问题搞得晕头转向。当时我是二汽发动机厂主要负责人，成天为解决这些问题着急，弄得昏天黑地，真是没办法！

第二，不按科学规律办事。在总体设计不完备的情况下，采取边设计、边安装、边施工、边投产的"四边建厂"方针，设计、安装、施工大幅度地交叉。当初，二汽的厂房还没建，我们就在芦席棚里研究、试制新产品。产品尚在试制中，上面下了指示，要出"政治车"，敲敲打打送到武汉去检阅。这是政治任务，全部工作都要围绕出"政治车"开展，我们的正常工作就不能进行下去。这样不但延误了建厂进度，还留下许多后遗症。

"干打垒"住房

第三，具体工作中的制约和干扰。厂房建设不准用砖头，只能用 "干打垒" 土墙。厂房承重的屋架也被说成钢材太厚，不适当地用轻钢材料代替了。借口拉近和农民的阶级感情，要求工厂的厕所只能用农村那种干厕，不能搞水厕。每天都有农民到车间、宿舍掏粪。当时，厕所问题甚至被提到了路线的高度，建干厕就是马克思主义路线，建水厕则是资产阶级反动路线。还有，厂区不准建围墙，认为建围墙是与周围农民没阶级感情。结果，周边农民喂养的牛啊、驴啊，到车间里随便蹓跶。工厂的器材也经常丢失。还有电话，当时我国使用的电话，是供电式（慈禧太后时代的摇把式）和步进制、纵横制三制并存，通讯

两种老式电话

十分落后。那时，国际上电话已进入编码制时代了。正好陕西有一个电话设备厂在试制编码制，别的地方都还没用，就"聚宝"到了二汽试用。结果，一打电话经常串码，给张三打电话，常会打到李四那儿去。这些哪像一个现代化的工厂啊！

打电话不如面谈
（作者篆刻）

由于这些干扰，当时二汽的建设步履维艰，难以为继。许多反对这样不讲科学的领导、工程技术人员和职工受到批判处理。

1973年7月，我们实在没有办法了，只好直接向中央反映：如果继续这样搞，二汽搞不下去，将来也没法向人民交待。7月19日，李先念同志在北京主持听取二汽建设问题的汇报，那次汇报我也参加了。我们如实把上述情况汇报了，李先念同志非常支持二汽建设。他在汇报会上充分肯定了二汽艰苦创业、拼搏奋斗的精神，指出"聚宝"是对的，但绝对化是不对的，搞过了就走到了事物的反面，这是辩证法。在讲到厕所问题时，他说：我参加革命这么多年，还没有听说过马克思主义里面有一个"厕所路线"。讲到电话时，他既严肃又风趣地说：这怎么得了，要是我用这种电话给毛主席打电话，结果打到蒋介石那里去了怎么办？！他当即把邮电部领导找来，限定三个月解决。

就这样，二汽的电话最后又回到了纵横制。他要求我们把质量整顿好，凡是错误的东西都必须纠正，不过关的设备要组织攻关，实在不能用的要更换，不能用的厂房要改建。李先念同志还明确指出：设备问题，实在不行就引进；产品问题，实在不行就请

1978年，李先念（左二）、谷牧（左三）视察二汽时，听取作者（时任二汽发动机厂负责人，左一）介绍情况。左四为饶斌。

一些外国技术人员帮助改进。李先念同志那种大无畏的精神使我们很感动。

由此，二汽才开始引进外国的先进技术。

这次汇报会解决了大问题，是二汽建设史上带有转折性的一次极为

重要的会议。中央领导这么关心，二汽人都非常受鼓舞，高兴得不得了。汇报结束时，大家给我出了个"难题"，由于我和国务院值班室主任王书明同志熟悉，便要我去请示可否请李先念同志批准我们在中南海看场电影。我开始有些犹豫，在大家一再推动下便去说：我们二汽的同志有一个愿望，想请首长让我们在中南海看场电影。李先念同志说：好啊，大家全都去看电影，饭也在这吃吧！吃完饭再看电影。

以后，中央几次派谷牧同志到二汽去落实和推动工作。1975年，邓小平主持党中央和国务院日常工作后，开始进行全面整顿，形势有了明显好转，二汽按照邓小平同志倡导的正确方针，坚持科学的、实事求是的态度搞建设。经过我们努力，把那些追随"四人帮"干扰闹事的人的气焰压下去了，非常见效，之后二汽的建设非常顺利。从几个具体的事例就可看出。

一是恢复汽车取力箱。军车是越野车，其中一个重要部件叫"取力箱"，可以选择前后四轮驱动，也可选择分开驱动，即前轮不驱动、两个后轮驱动。一般路况下，分动就可以。只有在崎岖路面、沙漠地带等路况很不好时，才必须用四轮驱动。当初生产的军车没有取力箱，这怎么行呢？当时搞设计改造，把这个部件和车间取消了。就是这个取力箱，拖了整个二汽的后腿。后来，二汽专门建设了取力箱车间。我们通过发挥群众的积极性，用科学的态度，实现了历史上空前的速度，仅用56天，就建成了一个质量最好的取力箱车间。直到现在，这个车间仍在使用。

二是解决发动机设计缺陷。当时，国内还没有成熟的产品，只好用一汽正在设计试制的发动机顶上。但二汽在生产装车后发现了很多重大质量问题，如汽缸体隔层断裂，挺杆磨损，活塞拉缸，曲轴抱死，烧缸垫等。经过攻关虽有好转，但仍不能满足要求。这个问题是怎么解决的呢？当时我们了解到，英国有一个叫里卡多（RICARDO）的研究所专门研究发动机，于是提出向里卡多进行咨询的建议。经国家批准并多次洽谈协商，于1977年11月由中国技术进口总公司同里卡多公司达成协议。我们把几个发动机样机拿去，请他们诊断，看看有什么问题。他们经过检测和研究，提出几十个问题。于是，双方签订了改进合同。我们强调要保证发动机的可靠性和耐久性，要能通过1200小时耐久性台架试验，里卡多的负责人说2000小时也没有问题。后来真的达到了。

通过这个合作项目，我们还派去了大量设计人员学习，与他们一起工作，一起研究、试验、改进。结果，不仅改好了发动机，还培养了中国自己独立设计发动机的一批重要骨干。

去里卡多学习技术的同志回来对我说，有几件事令他们很有感触：1.里卡多设计零部件及总成都要通过电脑精确计算，他们测算我们发去的缸体图纸时便发现缸体隔层太弱，这与国内生产的发动机缸体隔层断裂是一致的。2.他们设计试制新产品，是先设计一个单缸的，反复改进成熟后再用到多缸机上。3.英国汽车制造厂的售后服务很好，顾客急需的零配件国内24小时内即可送达，世界各地一周内即可送达。我们的同志还发现，英国新设计的汽车要经过有经验的财会人员测算投放市场后是否有较好利润，否则便不能投产。

三是在设备上，我们引进了一部分先进的国外设备，再加上绝大部分国产设备也是好的，这样，自力更生、引进技术一结合，我们自己独立设计、成功生产了合格的汽车。尽管引进的设备是少数，但少一台也不行啊！有一台不合格设备就不能生产出合格的汽车。经过中央批准，拨给我们5000万美元外汇从国外引进了一批先进设备，对工厂能正常生产起了重要作用。

所以，当时我们这些在基层第一线工作的同志，从内心特别钦佩邓小平同志，拥护整顿。没有当年的全面整顿，不知还要走多少弯路，甚至就没有今天的二汽。即便是现在，仍然还有人受绝对化思想的影响，把自力更生和引进技术对立起来，追求100%的自制率，一说引进就接受不了、坚决反对。这样的想法和做法还在干扰、影响我们。其实，邓小平同志1975年就曾指出："外国都很重视引进国外的新技术、新设备。把他们的产品拆开一看，好多零部件也是别的国家制造的。"本来自己有99%，引进1%就行。但非要强调100%，结果为了这1%，导致整个产品不过关。教训是深刻的。

那时，以"四三方案"为主的一批重大引进项目，签约日期基本上是在1973年。但到1974年初，"四人帮"一伙召开"批林批孔"大会，在全国发起"批林批孔"运动，以"批现代周儒"、"党内的大儒"，批"周公"、批"宰相"，影射攻击周恩来总理。江青还一手炮制"蜗牛事件"和"风庆轮事件"，以及对大庆化肥厂引进化肥装置横加指责，严重影响和打乱了引进成套技术设备工作的部署。

蜗牛事件　这是由引进外国彩色显像管引发的一个事件。当时中国正在研制彩色电视机，但在技术上过不了关。为早日解决彩色电视机的技术问题，1973年底，四机部组织陕西咸阳等地企业的同志组成中国彩色显像管考察团到美国调研，准备进口一套彩色显像管生产线。考察结束后，美国生产玻壳的康宁公司送给考察团每人一个该公司自己生产的水晶蜗牛。江青知道这件事情后，借机发难，特地到四机部讲话，说美国人送我们水晶蜗牛是"骂我们，侮辱我们，说我们爬行"，说引进彩色显像管是"屈服于帝国主义的压力"，是"崇洋媚外"，大骂国务院搞 "卖国主义"、"洋奴哲学"，并要四机部把 "蜗牛"退到美国驻华联络处，提出 "抗议"。她还说： "美国这条生产线，我们不要了。"周恩来总理指示中国驻美国联络处查清事实真相和美国的风俗习惯。调查的结果说明，水晶蜗牛在美国是作为礼品和陈设的工艺品的，象征幸福、吉祥，康宁公司并无恶意。查明事实真相以后，中央政治局讨论决定收回江青在四机部的讲话。但是，在 "蜗牛事件"影响下，引进彩色显像管生产线的工作被迫推迟了几年，其他引进项目的工作也受到很大冲击。

风庆轮事件 为了尽快发展中国的远洋运输业，1964年，周恩来总理作出造船和买船并举的决定，得到毛泽东主席同意。1970年，周恩来总理又指示，力争在几年内基本结束主要依靠租用外国轮船的局面，把立足点放在国内造船上，在国内造船一时不能满足需要时，适当买一些船，把远洋运输的主动权掌握在自己手中。风庆轮是当时中国自

风庆轮

行研制的9艘万吨级货轮中的1艘，是上海江南造船厂为交通部上海远洋运输分公司建造的。

1973年底，风庆轮建成，经轻载试验，柴油机主机一号汽缸磨损8丝，接船单位交通部远洋局认为同设计要求有差距，为安全起见，提出先跑近洋运输。为此，上海市革委会工交组在姚文元、马天水支持下，污蔑中国远洋公司上海分公司是"崇洋公司"，并于1974年3月22日召开批判"崇洋媚外"大会。在"四人帮"煽动下，一些江南造船厂工人和风庆轮海员贴出大字报，提出"我们要革命，风庆轮要远航"。5月4日，风庆轮开始由上海远航罗马尼亚。为保证安全，交通部派李国堂和顾文广两同志到风庆轮协助工作。9月30日风庆轮返回上海。《文汇报》、《解放日报》借此接连发表文章，批判"崇洋媚外"思想。李国堂和顾文广两同志还被扣留在上海，遭到批斗，并被威胁要揪其后台。

江青借此批"交通部确有少数崇洋媚外、买办资产阶级思想的人专了我们的政"，指责国务院、交通部在造船问题上的"洋奴哲学"、"崇洋卖国"，矛头直接针对周恩来总理和邓小平同志。10月17日，在中央政治局会议上，江青等人又逼邓小平同志就风庆轮问题表态，遭到邓小平同志的拒绝。后来，他们又背着周恩来总理和中央政治局，派王洪文到长沙向毛泽东主席诬告周恩来、邓小平等同志。王洪文说，为风庆轮的事，江青和邓小平在会上吵得很厉害，看来邓小平还是过去

"造船不如买船，买船不如租船"那一套。又说，北京现在大有庐山会议的味道，等等。毛泽东主席听后，当即批评王洪文，告诉他有意见当面谈，这么搞不好，并叫他不要跟江青搞在一起。周恩来总理在医院里得知这件事情后，找纪登奎、华国锋、李先念、邓小平等同志谈话，了解了中央政治局会议情况及"风庆轮事件"经过。然后他委托有关同志向毛泽东主席报告，说经他向参加会议的同志了解，邓小平同志并非像江青宣传的那样扬长而去，而是李先念同志把他劝走的。邓小平同志走后，张春桥说，他早就知道邓小平要跳出来。江青也说她是有意问邓小平对这个问题的意见。实际上他们是事先准备好要整邓小平同志。后来，由于毛泽东主席表示支持邓小平同志，这才解决了"风庆轮事件"问题。

在当时的历史条件下，尽管邓小平同志历数引进技术设备和开展补偿贸易的好处，但仍然遭到"四人帮"的攻击。1976年2月，张春桥在中央召集的各省、市、自治区和一些大军区负责人打招呼会议期间同当时的上海市委书记、革委会副主任马天水等人谈话，攻击进口成套乙烯装置、出口原油的做法，污蔑邓小平同志是"买办资产阶级"，"对内搞修正主义，对外搞投降主义"。3月2日，江青在擅自召集的12省、自治区会议上，把向资本主义国家出售原油、煤炭、棉花骂为"汉奸行为"，并再次大谈"风庆轮事件"，污蔑邓小平是"国际资本家的代理人"。姚文元在4月25日和5月24日两次谈话中，则把出口原油、煤炭，进口成套技术设备，说成是"转嫁资本主义石油危机"，是"投降帝国主义"，"把中国变成殖民地的政策"，"完全是卖国主义"。"四人帮"一伙还大闹政治局，围攻邓小平同志。3月16日、6月25日，国家计委向政治局汇报工业生产和国民经济计划执行情况时，江青一伙又把出口原油，进口化肥、化纤等成套设备说成了"洋奴、卖国、汉奸"，攻击"外贸部有一批卖国主义者"，"政治局内部有资产阶级、买办资产阶级"，竟骂"你们崇洋媚外，买那么多破烂，不知洛克希德公司给了多少钱"，并指责建立煤炭出口基地是"租让给外国"。1976年7月，在全国计划会议期间，王洪文四次到京西宾馆，策动上海的一些人向国务院发难，说"洋奴哲学、崇洋媚外要狠批，假洋鬼子要狠整"。

即使在"文革"那样困难的时期，由于各级领导与人民群众同"四人帮"作坚决的斗争，仍实施了"四三方案"等一些重大引进项目。特别是在周恩来、邓小平主持国务院工作期间，技术引进工作取得了较快的进展。从1973—1977年间引进了250多项技术和成套设备，合同金额约40亿美元。但由于"四人帮"的阻挠破坏，一些重大引进无法实施，使我国在引进先进技术方面失去了更早发展的机会。15年后，邓小平同志在回忆这段历史时深有感触地说："闭关自守不行。'文化大革命'时有个'风庆轮事件'，我跟'四人帮'吵过架，才一万吨的船，吹什么牛！""现在我们开放了，十万、二十万吨的船也可以造出来了。如果不是开放，我们生产汽车还会像过去一样用锤子敲敲打打，现在大不相同了，这是质的变化。"

引进技术是一个大政策

邓小平同志1973年第二次复出后，先是辅助周恩来总理工作，1975年主持党中央和国务院日常工作。1975年初，他根据毛泽东主席指示，进行军队整顿。以此为开端，他在总结历史和现实的基础上，提出全国存在各方面要整顿的问题，开始进行全面整顿，着力纠正各项工作中"左"的错误。1975年3月8日，他在同叶飞同志谈话时表示：目前我首先要抓铁路、钢铁、煤炭、军工，还有教育。但是交通战线的整顿，你们不要等，不要误了时机，整顿的方针已经明确，你们放手去做。不久他又提出：工业要整顿，农业要整顿，商业也要整顿，文化教育也要整顿，科学技术队伍也要整顿。

1975年8月18日，邓小平同志提出了引进国外先进技术是一个大政策的思想。这是他在国务院讨论《关于加快工业发展的若干问题》时提出的。他当时提出了七点指导性意见，其中第二条是："引进新技术、新设备，扩大进出口。可以考虑同外国签订长期合同，引进他们的技术装备开采煤矿，用煤炭偿付。这是一个大政策。总之，要争取多出口一点东西，换点高、精、尖的技术和设备回来，加速工业技术改造，提高劳动生产率。"从这段话可以看出，邓小平同志在提出大政策的同时，还首次提出了用"补偿贸易"的方式引进国外先进技术设备的新观点。但是，由于"四人帮"的阻挠破坏，这一大政策当时未能得到贯彻。

大政策
（作者篆刻）

1977年7月邓小平同志第三次复出后，就从思想认识和政策上大力推动技术引进工作。9月14日，他在会见日本客人时指出："国际间的相互交流是很自然的，是需要的。毛泽东主席提出的自力更生的指示被'四人帮'歪曲了，他们把引进世界上一些先进成果都谴责为'洋奴哲学'，这是最蠢的。一切先进成果都是全人类共同努力的结果，就是资产阶级也懂得这个起码的常识，世界上先进的东西它都引进。你们日本就是这样。自力更生，要先靠自己的努力，靠自己的资源，但决不能排除世界上一切先进的成果。"

9月29日，他和邓颖超同志会见英籍华人作家韩素音时又指出："中国人是聪明的，再加上不搞关门主义，不搞闭关自守，把世界上

1977年9月29日，邓小平（前排左五）会见英籍华人作家韩素音（左四），提出要把世界上最先进的科研成果作为我们的起点。

最先进的科研成果作为我们的起点，洋为中用，吸收外国好的东西，先学会它们，再在这个基础上创新，那末，我们就是有希望的。如果不拿现在世界最新的科研成果作为我们的起点，创造条件，努力奋斗，恐怕就没有希望。我们还要吸收世界先进的工业管理方法，要搞科研，搞自动化。"

同一天，他在会见参加建国28周年庆祝活动的华侨、华人、港澳台同胞旅行团部分成员时再次强调：承认落后就有希望，道理很简单，起码有个好的愿望，就是要干，想出好方针、政策和办法来干。世界上最先进的成果都要学习，引进来作为基础，不管那些"洋奴哲学"的帽子。我们实行"拿来主义"。

1978年3月18日，邓小平同志在全国科学大会开幕式上发表讲话，再次阐述了引进技术的重要性。他指出："四个现代化，关键是科学技术的现代化。没有现代科学技术，就不可能建设现代农业、现代工业、现代国防。没有科学技术的高速度发展，也就不可能有国民经济的高速度发展。""认识落后，才能去改变落后。学习先进，才有可能赶超先进。提高我国的科学技术水平，当然必须依靠我们自己努力，必须发展我们自己的创造，必须坚持独立自主、自力更生的方针。但是，独立自主不是闭关自守，自力更生不是盲目排外。科学技术是人类共同创造的财富。任何一个民族、一个国家，都需要学习别的民族、别的国家的长处，学习人家的先进科学技术。我们不仅因为今天科学技术落后，需要努力向外国学习，即使我们的科学技术赶上了世界先进水平，也还要学习人家的长处。"邓小平同志的这次讲话引起了很大的反响，使全国上下对学习和引进先进技术有了进一步的认识。

1978年7月—9月间，国务院召开务虚会。这次会议总结了我国经济建设的经验教训、研究外国经济上的成功经验，重点讨论了引进问题，特别是如何加强技术引进、扩大外贸出口、采取灵活方式利用国外资金等问题。李先念同志在总结报告中强调了搞好技术引进、努力扩大出口的问题。会议虽未作出决议，但思想基本一致，整个调子是要在不放弃自力更生的前提下，引进技术和设备，扩大开放，要以更大的规模、更快的速度进行现代化建设。在接下来召开的全国计划会议上，确定了经济战线的三个转变，其中之一就是要求"从那种不同资本主义国家进行经济技术交流的闭关自守或半闭关自守状态，转到积极地引进国外先进技术，利用国外资金，大胆地进入国际市场"。

1978年11月3日，《人民日报》还专门发表了《学习和利用国外先进经验》的社论，指出：

实现社会主义四个现代化，是一场关系我们国家的前途和命运的伟大革命。为了在较短的时间内完成这一历史使命，必须学习和利用国外先进经验，善于吸收外国的一切好东西，为我所用，把学习外国和自己的独创结合起来。

世界上一切民族和国家，都有自己的长处和短处，只有互相学习，取长补短，才能不断进步。这是已被现代许多国家的实践证明了的道理。林彪、"四人帮"这伙反革命两面派，以极左的面貌出现，竭力反对向外国学习。他们把学习外国的先进经验，引进外国的先进技术和先进设备，诬蔑为"洋奴哲学"、"卖国主义"。这纯粹是胡说八道。

谁都知道，世界各国人民从来就相互进行科学技术的引进和交流活动。西方国家通过阿拉伯人引进了中国古代的"四大发明"；美洲大陆的开发，日本的明治维新，主要是引进了欧洲的技术；今天许多国家种植的玉米、马铃薯、西红柿，都是美洲最早的居民印第安人培育出来的。按照林彪、"四人帮"的逻辑，岂不是人人都要戴上"洋奴哲学"、"卖国主义"的帽子吗？按照林彪、"四人帮"的逻辑，岂不是只有外国人坐火车，中国人偏要骑毛驴，外国人使用电子计算机，中国人偏要打算盘，才算是"爱国"的吗？"四人帮"别有用心，把向外国学习诬蔑为"洋奴哲学"，完全是为他们篡党夺权制造反革命舆论。科学技术是人类在长期生产斗争和科学实验活动中创造的共同财富，它没有阶级性，也没有国家和民族的界限。资产阶级、资本主义国家可以利用，工人阶级、社会主义国家也可以利用。我们根据自己的需要，在平等互利的基础上，有选择地从外国引进先进技术和先进设备，用以壮大我们的经济力量，增强无产阶级专政的物质基础，这是很好的事情，何罪之有？我们决不能上林彪、"四人帮"的当，干那种作茧自缚的蠢事。

我国工农业不发达，科学技术水平低，又遭到林彪、"四人帮"的严重干扰破坏，按劳动生产率和每人平均收入计算，我国至今仍然是很落后的。但是，中国人民是有志气的，我们不甘落后。为了迎头赶上世界先进水平，我们敢于承认落后，敢于提出向一切国家的长处学习的口号。这正说明我们具有坚强的信心，说明我们坚信社会主义制度的优越性，是真正的爱国主义者。林彪、"四人帮"推行闭关自守、锁国愚民的反动政策，只能导致国家民族的倒退，把人民重新推向半封建、半殖民地的深渊。

为了给党的十一届三中全会作准备，1978年11月10日召开了中央工作会议。这次会议一直开到12月15日，在邓小平、陈云等老一辈无

1978年11月10日，中共中央工作会议在北京召开。图为中央工作会议会场。

产阶级革命家的引导下，开始纠正长期以来指导思想上"左"的错误。会议期间，不少同志对对外开放、引进技术和设备等问题，展开了热烈的讨论。有的同志说，中央决定扩大引进国外的先进技术和设备，利用国外的资金，这个决心下得好，是一个重大的决策。国家计委在两年经济计划安排中提到的从闭关自守或半闭关自守状态转为积极引进国外先进技术，利用国外资金，大胆地进入国际市场方面来，也讲得好。这样做比我们关起门来，样样自己从头摸索地爬行，不知要快多少倍。这对加速四个现代化的进程，大有好处，应该利用当前的大好时机，放大胆子地搞，加快步伐地搞。

在讨论中，经邓颖超同志建议，李先念等同志同意，大会向与会者印发了《苏联在二三十年代是怎样利用外国资金和技术发展经济的》、《战后日本、西德、法国经济是怎样迅速发展起来的》、《香港、新加坡、南朝鲜、台湾的经济是怎样迅速发展起来的》等材料，引起大家极大的兴趣。这些经验给当时的讨论提供了有益的借鉴。有的同志说，苏联在二三十年代采取的对外开放措施，如租让制、兴办合营公司、吸收国外贷款、与外国公司签订技术援助协定、招聘外国专家和技工、进口先进机器设备等，我们都可以参考采用。有的同志说，日本从60年代起，只用了13年时间，就发展为资本主义世界第二经济大国，主要有三条经验：一是大量引进外资，解决国内资金不足；二是引进外国的先进技术和设备；三是大力培养人才。他们劝我们也用这个办法。日本朋友说："你们讲的主权要领我们不懂，外国帮助你们办工厂，遵守你们的法律，你们富强起来就没有主权了吗？我们到美国办工厂，侵犯美国主权了吗？"他认为，日本朋友说的话反映了一种情况，就是多年来我们对外不作调查研究，主观地搞了些框框，把自己束缚住了。现在中央下决心了，国际上商业通用的办法我们都可以用，打破了老框框，这就很好。邓小平同志对这次工作会议给予了高度评价和肯定。

1978年12月22日，党的十一届三中全会闭幕，采用世界先进技术和设备是一项长期政策被写进了会议公报："现在，我们实现了安定团结的政治局面，恢复和坚持了长时期行之有效的各项经济政策，又根据新的历史条件和实践经验，采取一系列新的重大的经济措施，对经济管理体制和经营管理方法着手认真的改革，在自力更生的基础上积极发展同世界各国平等互利的经济合作，努力采用世界先进技术和先进设备"。

1978年12月23日，宁夏回族自治区银川市市民在街头争阅载有十一届三中全会公报的报纸。

广开门路，拓宽引进渠道

十一届三中全会前后，引进技术工作有了一个大发展。

当时，国际上也正面临一个重要机遇。20世纪70年代上半期，资本主义各国已度过了第二次世界大战之后大发展的"黄金时代"，先后遭遇战后最为严重的经济危机。在1974年和1975年两年中，美国、日本、联邦德国、英国、法国、意大利的国内生产总值都出现了负增长。70年代下半期，西方经济处于"滞胀"状态，回升乏力。在这种情况下，发达国家的企业为寻找出路，看到了中国市场的潜力，愿意同中国开展经济技术合作。在国内，也有越来越多的同志认识到，要充分利用有利条件，尽可能地大量引进国外先进技术设备，吸收外国资金，学习其先进的管理经验，加快我国现代化建设速度。

那时我国对技术引进没有经验，对国外哪些技术先进、怎样形成规模生产、如何才能引进等都了解得不深入。为了学习外国的做法，各部门、各行业都组团到国外学习考察，寻求先进技术，探讨合作机会。通过逐步探索总结，走出了一条引进、消化、吸收、创新的路子。

为了统一领导技术引进工作，1978年5月17日，国务院成立了引进新技术领导小组，余秋里同志为组长、顾明同志为副组长。主要任务有四项：（1）根据发展国民经济10年规划纲要和在20世纪内实现四个现代化的宏伟目标，在调查国内外情况的基础上，研究3年、8年或更长时间的引进新技术的方向、重点，搞好综合平衡，统筹提出新技术和成套设备的引进计划。（2）研究向党中央、国务院提出有关引进新技术和成套设备的方针、政策和建议，包括工艺技术路线，引进方式的政策，国别政策等。（3）组织引进计划的实施，进行督促检查，总结交流这方面的经验。（4）组织有关方面研究、消化和发展引进的新技术等。

1978年是我国引进先进技术突飞猛进的一年。我国当年同日本、联邦德国、英国、美国等十几个国家和地区共签订了1230多个项目，成交额达78亿美元。合同数量和金额比建国以来的总和还要多。其中22个重点工程项目占了成交额的90%以上，主要有上海宝钢一期，4套30万吨乙烯及其配套项目，3套以石油为原料的30万吨合成氨和52万吨尿素项目，一套以煤为原料的30万吨合成氨项目，北京燕山的苯酚丙酮和间甲酚项目，上海金山的芳烃、精对苯二甲酸和聚酯项目，吉林化学工业公司的乙烯和乙醛项目，北京东方化工厂的丙烯酸酯项目，江苏仪征的聚酯项目，山西化肥厂的硝酸磷肥项目，平顶山的帘子线厂，山东烟台的合成革项目，云南昆明的洗衣粉原料（五钠）项目，江西德兴的铜冶炼项目，贵州的电解铝项目，陕西咸阳的彩色显像管厂和100套综合采煤机组等。这批项目建成后，新增的生产能力为：铁300万吨，钢300万吨，无缝钢管50万吨，粗铜9万吨，铝8万吨，合成氨120万吨，尿素156万吨，硝酸磷肥90万吨，乙烯120万吨，塑料128万吨，有机化工原料177万吨，化纤73万吨，原煤4000万吨，洗煤400万吨，发电装机70.3万千瓦，彩色显像管96万只。

1978年引进的22个重点项目之一　陕西咸阳的彩色显像管厂。图为彩色显像管总厂偏转线圈车间一角。

　　这个时候，各行各业引进技术和设备、加快发展经济的热情极高，在工作中有些急于求成，规模过大、过猛，超出了当时国家财力的承受能力。如引进22个重点工程项目，加上国内配套需投资600多亿元，大部分是现汇交付合同，当时我国外汇储备不多，被迫到国际金融市场上去借利息较高的现汇资金，年息15%，半年结息一次，5年本利就翻一番。其中与日本等签订的30多个合同，金额达26亿美元，不得不暂缓生效，或撤销合同，信誉受到损害。

　　为了突破资金不足的制约，这个时期我国一些地方在以现汇从国外引进技术的同时，还采取对外加工、装配和补偿贸易等"三来一补"的方式，提高技术水平、促进生产和增加外汇收入。

三来一补　功不可没
（作者篆刻）

　　1978年9月20日，邓小平同志在天津视察时就强调："搞来料加工，引进新技术，要大批组织。""从上海、天津、广东搞起，几百个成千个搞起来，搞富搞活。为什么大家等着，等着就搞死了。"

　　这是当时利用特殊政策创造的一种特殊贸易方式，也是一种特殊的引进技术方式。早期的"三来一补"，是指由外商利用现有工厂，由他们提供产品样式、原料和设备，生产出来的产品由外商负责出口，设备经过一定时间出口补偿便归中方所有，工厂和政府收取一定的加工费和管理费。1978年，"三来一补"企业首先在珠三角地区开始兴起，广东顺德的大进制衣厂，东莞的太平手袋厂，珠海的香洲毛纺厂等就是最早的一批"三来一补"企业。

"三来一补"这一新生事物刚刚出现，国务院就给予高度重视和充分肯定，认为我们国家有大量的劳动力，有一定的工业基础，实行来料加工和装配业务，是利用国外的原料、资金、技术和设备，发展工业生产，提高技术水平，扩大内外交流，增加外汇收入的一种有效形式，要放手地搞，要认真搞好。然而，当时无论在认识上还是在经济体制方面，都遇到了很多困难。这些问题若不解决，"三来一补"势必难以实行。国务院很快责成国家计委、国家经委、外贸部等部门，找部分省、市、自治区和基层单位的部分同志开了一个会议，在听取意见的基础上，拟订了一个《开展对外加工装配业务试行办法》，1978年7月15日以国务院文件（国发〔1978〕139号）下发，规定了22条规范和促进来料加工装配的可操作性意见。国务院要求各地区、各有关部门，特别是领导机关的同志，在工作中要加强团结，相互支持，照顾政治影响，讲究工作效率，并且重视经济工作不能违反客观规律的原则。要通力合作，顾全大局，千方百计把对外加工装配业务迅速开展起来，抓紧抓好，抓出成效。

为了鼓励"三来一补"的产品能方便出口创汇，1979年3月26日，国务院又下发了《以进养出试行办法》，解决"三来一补"、"以进养出"

1978年7月15日，国务院关于颁发《开展对外加工装配业务试行办法》的通知。

1979年3月26日，国务院关于转发《以进养出试行办法》的通知。

与当时实行的垄断的外贸体制之间的矛盾，在某种意义上说，这也是对传统外贸体制改革的初步尝试。国家进出口委成立后，针对"三来一补"试行一年来取得的成绩、经验和存在的问题，会同国家计委、国家经委在进一步调查研究和召开部分省、市座谈会的基础上，对1978年国务院下达的"试行办法"进行了补充修订，经国务院批准后，于1979年9月3日以国务院文件下发执行。在此文件中，国务院再次肯定了"三来一补"取得的成绩，指出："大力开展加工装配和中小型补偿贸易，增加外汇收入，支援社会主义现代化建设，具有重要意义。做好这项工作，要坚持挖潜、革新、改造的方针，充分发挥现有企业的作用，多搞劳动集约产品，不要片面追求自动化。要坚持产销见面，以销定产，产销结合的原则。要注意调查研究，掌握情况，对外洽谈业务要做到心中有数，知己知彼。工业、交通、铁道、外贸、财政、物资、银行等有关部门和地方、企业要通力协作，大家齐心协力把这项工作搞好。"

1979年9月3日，国务院关于颁发开展对外加工装配和中小型补偿贸易办法的通知。

补偿贸易——煤炭换设备　为了推动"三来一补"的实施，国家进出口委领导还亲自处理一些重要的项目。安徽省利用补偿贸易扩大煤矿生产能力就是一例。安徽有煤炭资源，是华东地区的主要煤炭基地，1980年承担的华东地区统配供应任务为2206万吨，但由于设备落后难以扩大生产，当时国家投资也有困难。为解决这一困难，安徽省有关部门与日本日绵实业株式会社就煤炭补偿贸易进行了接触，日方同意先提供价值约1500万美元的矿用材料、仪器设备和其他原料，我方用30万吨无烟煤在两年内予以补偿。换回物资专项用于煤矿扩建工程。这本来是对双方有利的"补偿贸易"项目，但由于煤炭是国家统管物资，安徽与有关部门多次请示也得不到解决，1980年4月安徽省和煤炭工业部联合向国家进出口委和谷牧同志反映这一情况。万里同志也表示支持。江泽民同志要出口局做了专门研究，5月28日给谷牧同志写信建议同意安徽省和煤炭部的意见。当天，谷牧同志作出批示：同意照此办理。经过协调，这件事情很快得到了落实，终于在重大项目的"补偿贸易"上取得了突破。

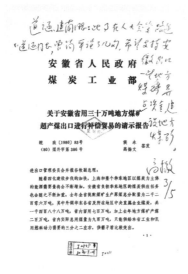

安徽省、煤炭部关于用超产煤出口进行补偿贸易的请示报告

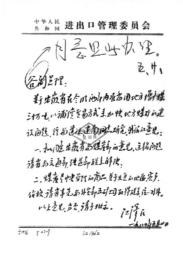

江泽民就安徽煤炭补偿贸易给谷牧的信

一个图章办事　由于"三来一补"这种方式，可以不需要任何投资，很快就能增产增收，解决就业问题，因此很快在珠江三角洲发展起来。例如，广东东莞县政府专门设立了对外加工装配办公室，"一个窗口对外，一个图章办事"。港商在这里签一个合同，顶多个把小时，这在当时的中国几乎是不可想象的事情。这种机构大概延续了1年左右，东莞的工厂数目年年猛增，从1978年到1991年，东莞引进外来资金多达17亿美元。

1982年初，我一担任对外经济贸易部外国投资管理局局长，就到珠江三角洲地区考察工作。当地同志就向我介绍了这些情况，当时我不但没有批评他们这种"不合程序"的做法，相反还肯定他们的"非法"行为，甚至还同当地的基层领导开玩笑说："原来你们的高效率，就是把公章挂在裤腰带上啊！"也许有人要质疑我，你这样做是否妥当？何况我还是专门学管理的，难道不知道制度的重要吗？从今天的观点来说，看起来也许有欠妥之处。但在当时不这样做，那就什么也改变不了，也无法突围，只能继续造成大量的人员偷渡出境，何况当时对新事物也没有什么明确规定，原来的那些"条条框框"，有的已完全脱离实际，也有不少不正是需要我们改革的东西吗？这也是在对外开放初期，沿海省市和基层领导强烈呼吁要求"松绑放权"的背景。

"三来一补"企业对沿海地区早期的经济发展有其特殊的作用。可以说，没有20世纪80年代的大量"三来一补"企业，就没有90年代的占比重越来越大的"三资"企业，就没有后来的高新技术产业，即使到了90年代，在沿海地区，"三来一补"企业仍然占有相当大的比重。实践证明，"三来一补"企业是与当时的生产力发展水平相适应的，是引进技术和设备，引进资金，实现创汇、扩大就业的重要途径，并且在实践中得到了发展提高。

以深圳为例，1982年以后，"三资"企业在深圳有较大的发展，其中多数就是由"三来一补"企业转型发展起来的。如康佳公司、中华自行车、嘉年印刷厂、家乐家俬、华强三洋等较大型的"三资"企业都是从"三来一补"企业转型发展过来的。深圳外向型经济格局的形成，首先是大力兴办"三来一补"企业，由此进行资金的积累和劳动力的培训，为经济的进一步发展打下良好基础。"三来一补"企业的大量兴办促进了就业，使人民得到了实惠。来深办厂的香港老板大多数都赚了钱，对我国的改革开放政策由疑虑、观望到相信，于是兴

"三来一补"企业——广东省惠来县磁电化厂，主要生产各式空白录像带、磁碟迷你型像带产品。图为工厂车间一角。

建或租借厂房，完善工业设施，实现了"路通厂立"的局面，改变了当初"捞一把就走"的游击思想。在此基础上，积极发展"三资"企业，形成以"三资"企业为主体，"三资"企业与"三来一补"企业共同发展的格局。

现在回顾起来，"三来一补"对我国对外开放的开局，对工业技术水平、产品质量的提高和品种的增加，对解决出口商品因缺乏技术、设备、资金而不能扩大生产的难题，对国际市场的开拓和对外贸易的发展，对扩大就业和人民生活的改善等等，都发挥了重大作用。

不能满足于追赶，要立足于创新超越

1979年起，国家对引进技术工作开始进行调整。1980年，国家进出口委草拟了《技术引进和设备进口工作暂行条例》。国家进出口委在向国务院呈送这个《条例》的报告中提出：引进外国适用而先进的技术和设备的目的，是为了增强我国自力更生的能力。但是，在实际工作中，我们大量的外汇还是用于进口成套设备，甚至同一种成套设备重复进口许多套，忽视了引进设备制造技术和扶植国内的制造能力。这种状况必须改变。特别是引进了技术和进口了设备，国内的科研设计和其他技术工作必须跟上，以利消化、掌握与发展。

1981年1月21日，国务院将这一《条例》和国家进出口委的报告下发，明确了引进技术和进口设备的目的，是为了增强我国自力更生的能力，提高我国科学技术的水平，加速实现四个现代化。因此，必须严格控制进口成套设备，着重引进设计、工艺和制造等方面的技术，以逐步提高我国自己的技术水平和制造能力，特别要注意提高我国机械、电器、电子、仪表制造工业的技术水平和生产水平。凡是国内能够提供的设备，国内能够承担的勘探、设计工作，以及采取与外国厂商合作方式能够解决的问题，都必须在国内安排解决，使有限的外汇资金真正用到最关键的地方。还第一次在我国的政府法规中提出了"技术引进"的定义：技术引进和设备进口是指通过贸易途径，以各种不同的合同方式，从外国获得发展我国国民经济和提高技术水平所需要的技术和装备。从而将"技术引进"与"设备进口"作了区别。

1981年1月21日，国务院关于颁发《技术引进和设备进口工作暂行条例》的通知。

《条例》还确定了技术引进的基本原则：重点引进"软件"技术，以增强我国研制、设计和创新的能力，技术引进和设备进口工作必须讲究经济效果，按经济规律办事，认真做好可行性研究。要充分利用现有工厂挖潜、革新、改造，少建新厂，以节省投资和人力、物力。技术引进和设备进口，要力求避免重复，引进项目以单项技术为主。

据不完全统计， 1980年至1984年间，全国技术引进和设备进口共1.6万项，用汇120多亿美元。其中包括彩电生产线113条，电冰箱生产线70条，复印机生产线15条，铝型材加工生产线35条，集成电路生产线22条，矽钢片剪切线7条，浮法玻璃生产线6条，还有大量食品、轻工等生产装配线。在很多领域填补了国内空白，对促进企业技术改造和经济发展起了大作用，并通过引进、消化、吸收、创新，在汉字激光照排系统、彩电、数控电话、集装箱检验系统等方面，赶超了世界先进水平。

实施大政策，引进先进技术和设备

中文激光照排——在引进中超越　　1980年初，发生了一件重要事情，就是关于中文激光照排系统的引进、消化、吸收和自主创新。当时，我国的印刷技术十分落后，印刷厂使用的是人工铸造铅字，手工排版，即通常说的"铅与火"的时代；机关、企业、学校等单位则是用笨重的打字机一个字、一个字地打在蜡纸上，用手工油墨印刷机印刷。就连国家进出口委这样重要的国家机关，所有文件都是如此印制出来的。我国的科学家王选等早在1976年就进行中文激光照排系统的研究，并取得一定成果。但是几年来，在研制及发展设想等方面，各方分头进行，各有各的思路，科研、开发、制造、使用不仅不能配合，甚至相互抵触，再加一些关键零部件和设备难以解决，使我国自己研制的激光照排系统迟迟难以形成完善的商品，进入实用阶段。

王选夫妇在计算机房

1980年，英国莫诺公司的中文激光照排机问世，并拿到我国展览。这在我国印刷出版界和科技界引起很大震动。前者要求进口英国设备，而后者则要求出资支持国内研究开发，双方相持不下，要求国家进出口委协调裁决。

1980年1月9日，根据江泽民同志的建议，国家进出口委党组经过研究，向余秋里、王震、方毅、谷牧副总理上报了《关于"中文激光照排"项目的请示报告》，提出了如下建议：一、关于采用中文激光照相排版印刷技术，势在必行。同意国家出版局留购英国莫诺公司展品，解决国内出版任务急需，要求外商保证在2-6个月内完善该机功能，正常投入使用。二、积极扶植国内的技术革新、发明、创造。支持北京大学根据自己的设计思想、研究成果，建立中国的激光照排系统：1.改进现有系统，进行可靠性试验，保证在1980年6月以前能投入每天运行8小时正常使用。2.利用我国软件系统，拨给40万美元，进口国外先进的大规模集成电路和其他零配件及测试设备等，提高系统的稳定性，缩小体积，尽快形成具有中国特点又具有国际竞争能力的中文激光照排系统。三、组织已经开始中文激光照排研究工作的单位，如北大、清华、一机部、国家仪表总局、四机部、电子计算机总局、国家出版局、上海市出版局、人

1980年1月9日，根据江泽民的建议，国家进出口委向余秋里、王震、方毅、谷牧上报请示报告，支持北大研制中文激光照排系统。

民日报社、新华社等单位，在研究课题、发展方向上共同配合，分工合作，承担起中文通讯、检索、照排和自控系统的研究与试制工作。四、科研单位与制造单位结合起来，把国内中文激光照排系统的研究成果推广到工业生产中去，要在完成工业化样机的同时，提出技术、经济可行性的报告，并确定主机厂与配套厂，形成生产能力，准备把产品打入国际市场。五、生产与使用单位结合起来，以销定产，印刷行业要制订一个印刷业现代化的规划，提出今后每年的印刷任务和中文激光照排机的需要量。六、对日本、东南亚市场早作调查，研究中文激光照排机今后的出口市场，以确定生产规模、对外合作及生产发展等问题，为实现我国出版印刷现代化多做贡献。国务院领导同志对这些意见表示赞同。

根据国务院领导指示，经与有关方面多次协调，1980年2月22日，江泽民同志写了一份报告，由汪道涵、周建南同志核报谷牧副总理。

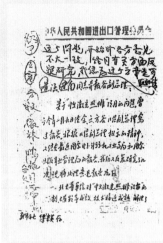

江泽民关于中文激光照排问题处理意见的手稿

报告提出：北大等单位对"中文激光照排设备"的研制，已有明显成效，技术接近成熟，……对于该项目应予积极扶持，可给以少量外汇（20万美元）进口小型电子计算机和一些主要外部设备，以及集成电路组件等，以便继续试验使其完善化，……各有关单位应和北大共同配合，集中力量，将这一项目搞得更加完善，开花结果。谷牧同志2月27日批示：这个问题，开始时各方意见不大一致，经同有关方面反复研究，我认为这个方案是可取的，请秋里、王震、方毅、依林、鹏飞同志审批。其他领导同志很快也圈阅同意。

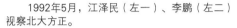
1992年5月，江泽民（左一）、李鹏（左二）视察北大方正。

2002年2月1日，江泽民（右）为2001年度国家最高科学技术奖获奖者王选（左）颁奖。

此后，在国家进出口委的支持下，经过王选同志带领的攻关团队奋力研发，自主创新的中文激光照排系统诞生了。

1980年10月，主管科技的方毅副总理向邓小平同志送上了激光排版的《伍豪之剑》样书，并随书附上北京大学的一封信，信中提出要进一步开发和推广应用激光照排技术，建议国家继续给予支持。邓小平同志在信上挥笔批示："应加支持。"正是在邓小平同志亲自关心下，汉字激光照排系统顺利产业化和推广应用，形成了一个全新的产业。目前该系统已广泛应用于全国新闻出版事业，使印刷术发生了革命性的变化，告别了"铅与火"的历史，进入了计算机与激光的时代。它不但在国内获得推广，而且迅速进入了日本等国际市场。到2007年底，方正激光照排系统在国内和国际市场占有率分别达到85%和90%。

宝钢——引进中崛起的世界一流企业　建国后我国一直把钢铁放在整个国家工业化的首要位置，但由于西方国家对新中国封锁禁运，我国钢铁工业与世界的差距在拉大。1960年我国钢产量1866万吨，同日本的2200万吨差距不大。但到了1973年，日本达到1.19亿吨，13年翻了两番半，而我国仅有2522万吨，只及人家的1/5，钢的质量差距就更大了。当时，日本钢铁工业劳动生产率比中国高10倍以上，能

宝钢厂区一角

源消耗低1倍多，钢铁工业的发展，极大地提高了日本机械制造、造船、汽车等行业的竞争能力。1973年国际石油危机后，日本大钢铁厂均不能满负荷生产，想找出路，输出技术和设备。1977年9月，冶金部副部长叶志强率领中国金属学会代表团去考察日本钢铁工业情况。考察团回来后建议利用这个有利时机，引进一些必要的新技术和新设备。

1977年11月下旬，外贸部、国家计委、冶金部经过全面的考察权衡，联合向国务院上报《关于引进新技术和装备，加速发展钢铁工业的报告》，建议抢建上海炼铁厂。国务院很快批准了这个报告。11月29日，李先念会见日中长期贸易促进委员会委员长、新日铁会长稻山嘉宽。稻山先生长期从事中日贸易活动，主张中日友好，早在1958年，就同中

1977年11月29日，李先念（左）会见日中长期贸易促进委员会委员长、新日铁会长稻山嘉宽（右）。

国签订了日中钢铁协定。"文革"期间，新日铁曾同中国合作建设武钢1.7米轧机，那时武汉打派仗很厉害，建设受到严重的干扰。新日铁方面包括稻山先生承受着来自内部和外部的巨大压力。会谈中，当李先念谈及双方合作建设大型钢铁厂时，稻山又作了积极回应。

随后，新日铁派出一个技术咨询组来北京，就建厂有关问题进行技术咨询。根据新日铁技术咨询组的建议，1977年12月，国家有关部委派出规划小组和上海市一起研究提出了建设方案。后来，由冶金部牵头，国家计委、国家经委、国家建委、冶金部和上海市联合向党中央、国务院呈报了建设上海钢铁厂的报告，这就是后来通称的"三委一部一市报告"。李先念副总理主持国务院会议，讨论宝钢问题。余秋里、谷牧、方毅、康世恩副总理及有关部委负责人到会，通过3个半天的讨论，原则通过了这个报告。李先念在会上要求：认真点、科学点、积极点、稳妥点、慎重点、兢兢业业，谦虚谨慎，少犯错误，一定把这个项目搞上去。

1978年10月，邓小平同志访问日本，在参观新日铁君津制铁所时，对陪同参观的新日铁会长稻山嘉宽和社长斋藤英四郎提出：你们就照这个工厂的样子帮我们建设一个。

1978年10月31日，李先念到上海视察宝钢筹备工作。他要求宝钢建设中尽量注意节约，从工人到技术人员要加紧培训，要出一批人才，并鼓励宝钢建设者：努力啊，全国人民对宝钢寄予希望！

1978年10月31日，李先念（左二）在彭冲（右二）的陪同下视察宝钢工地。

1978年12月21日，中技公司和新日铁公司签订订购宝钢成套设备的总协议书。

1978年12月23日，谷牧（左三）为宝山钢铁厂开工剪彩。

1978年12月21日，中国技术进口总公司和新日本钢铁公司在上海签订了关于订购上海宝山钢铁总厂成套设备的总协议书。

十一届三中全会闭幕后第二天，宝钢举行了开工典礼。

1979年初，由于国民经济出现暂时困难，宝钢与新日铁签订的引进合同推迟生效，社会上出现了各种议论。党中央、国务院十分关心宝钢建设，五六月间委托陈云同志到上海，对宝钢建设问题进行调查研究。经过反复比较、权衡，陈云同志认为，建设宝钢是十分必要的。他说：宝钢是"四化"中的第一个大项目，一定要做出榜样来。6月16日，在国务院财经委专题讨论宝钢建设的会议上，李先念、陈云作了重要讲话，他们强调：宝钢这样大的工程本应该用更多的时间来作决定，但现在工程正在进行，进度是好的，要干到底。应列项目不要漏列，买设备同时也要买技术专利，要提前练兵。

1979年7月4日，王震同志视察宝钢，他说：我们现在搞现代化，宝钢就是现代化的象征。不要对宝钢泼冷水。搞现代化就要有气魄。

7月21日，邓小平同志在视察上海期间，专门谈了宝钢建设问题。他说："对于宝钢建设，市委第一要干，第二要保证干好。国内对宝钢议论多，我们不后悔，问题是要搞好。"在此后的一次会议上，邓小平同志郑重指出：历史将证明，建设宝钢是正确的。

社会上对宝钢的质疑并没平息。1980年11月，国务院在北京召开全国省长、直辖市市长、自治区主席会议，同时召开全国计划工作会议。这两个会议讨论了经济形势，决定宝钢采取下马办法停建。12月23日，中央财经领导小组召开会议讨论宝钢问题，会议议论的看法不一，提出再论证一下。1980年12月30日，上海市副市长陈锦华同志向国务院领导写信陈述对宝钢调整问题的建议，提出工程不下马，采取细水长流，缓中求活。1981年1月中下旬，国家计委的金熙英、建委的李景昭和社科院的马洪等一批专家和有关部委的领导同志到宝钢现场召开论证会。2月10日，国务院召开宝钢问题会议，听取论证会情况的汇报。宝钢工程建设指挥部副总指挥、冶金部副部长马成德在会上发言说："如果下马，国内投资也需要15亿元；继续搞下去，也只是需要25亿元。"这时，会上有人问他："你的意思是，多用10个亿救活100多亿(指宝钢已用的投资)；少用10个亿，100多亿就付之东流了？"马成德回答："是这个意思。"

会后，姚依林、谷牧、薄一波、彭冲等领导同志先后到宝钢视察，对现场工作给予了充分肯定。最后，宝钢一期工程作为续建项目得到认可。8月7日，冶金部转发了国家计委、国家建委的文件，通知宝钢一期工程改列续建项目。

1981年3月7日，薄一波（右二）视察宝钢工地。

在邓小平等中央领导同志的支持下，数万名宝钢建设者争分夺秒，宝钢一期工程按国家计划于1985年9月15日如期建成投产。

1983年12月22日，邓小平在听取有关方面负责人汇报当前经济情况时指出："搞能源、交通、钢材、水泥、木材等，都是十分重要的事情，该上的就得上，不搞这些，以后经济还是上不去。""看来，宝钢二期要搞，能不能提前上，可否定下来？如果能解决

300万吨钢材，那也是很大的事情。"

　　1984年2月15日，邓小平同志又到宝钢视察，对加快宝钢二期工程建设进行了调查研究。2月24日，邓小平同志在与中央有关领导谈话时，针对宝钢二期建设要不要提前上马的问题分析说："宝钢二期原来安排在'七五'上马，现在每年进口1000万吨钢材，这种局面怎么扭转？宝钢二期工程早投产一年，就可以少进口300万吨钢材，进口一吨钢材要300多美元。从长远看，宝钢二期是否能想想办法，争取早些上，如果到'七五'上，要推迟两年建成，这样很不利。"接着他说："宝钢二期

1984年2月15日，邓小平视察宝钢。

必须上，不要等'七五'，今年就上，不上是个浪费，要争取时间。中国借二三百亿美元的外汇不会有什么问题，还得起。"最后邓小平又明确提出：这事要确定下来，今年就干，争取时间。

1984年2月15日，邓小平、王震在宝钢与宝钢领导干部、劳模代表合影留念。

邓小平同志的这一决策，把宝钢二期工程建设时间提前了两年。宝钢二期工程投产的1991年，我国钢产量超过了7000万吨。接着三期工程28个项目又陆续开工，到2000年底，全部建成投产，宝钢生产能力达到年产钢1000万吨。2003年宝钢进入全球企业500强。2004年还清建设所借贷款，提前8年还清了本息。

1984年2月邓小平在视察宝钢时亲笔题词："掌握新技术，要善于学习，更要善于创新。"宝钢在建设过程中始终贯彻这一要求，大量引进采用日本等国外的先进技术和设备，并在引进技术的高起点上，吸收、消化、创新，取得了近千项科技成果，开发新产品100多种，建设质量获国家质量金奖，生产技术达到世界一流水平，荣获国家科技进步特等奖，大大缩短了我国钢铁工业与世界先进国家钢铁工业技术和管理水平的差距。

1984年2月16日，邓小平（前排右二）视察宝钢。

1984年2月邓小平为宝钢题词：掌握新技术，要善于学习，更要善于创新。

技术和管理水平的差距。1996年我国铁、钢产量同时超过1亿吨。在世界钢铁史上，从年产钢100万吨到年产钢1亿吨，美国用了73年，苏联71年，日本49年，中国只用45年。2003年我国钢铁产量又突破2亿吨，跃

实施大政策，引进先进技术和设备

207

居世界首位。

　　事实证明，引进和创新不但不是对立和矛盾的，而且是相互促进的过程。引进、学习、消化是自主创新的重要源泉和动力，在对外开放和竞争的条件下，更有利于促进自主创新。

自强不息
(作者篆刻)

开辟新途，
闯出利用外资一片天

  在1978年下半年国务院召开的务虚会上，中央领导同志认为，吸收外商投资举办股权式的中外合资企业，双方共同出资、共同经营、共享权益、共担风险，不会造成债务负担，比使用外国贷款对我们更为有利，要抓紧做好准备工作。1979年1月17日，邓小平同志同胡厥文、胡子昂、荣毅仁等工商界领导人谈话时明确指出："现在搞建设，门路要多一点，可以利用外国的资金和技术，华侨、华裔也可以回来办工厂。吸收外资可以采取补偿贸易的方法，也可以搞合营……"这是他作为我国改革开放的总设计师，所勾画的中国发展战略构想的重要组成部分。

  "也可以搞合营"，虽然只寥寥数字，然而正是这一高瞻远瞩的战略决策，指引我国对外开放、吸引外国直接投资迈开了新的步伐，并取得了举世瞩目的巨大成就。据统计，到2007年底，我国批准设立的外商投资企业已超过63.2万家，其中中外合资经营企业约28万家。2007年当年实际利用外商直接投资金额达748亿美元。外资企业缴纳的税收占全国税收的29%。在短短的29年，从零开始，我国一跃成为全世界吸收外商直接投资较多的国家之一。吸收外国和境外投资，举办合资经营企业的意义，不仅是资金，在引进先进技术和管理，培训人才，开发国内外市场，促进国有企业的改革，乃至在社会主义市场经济的建设方面，都发挥了重要作用。

合资经营可以办

"中外合资经营",今天说来已成为人所共知、十分平常的事情。可是在"文化大革命"结束之后的20世纪70年代末,虽然人们的思想已经开始解放,但广大干部对搞中外合资经营,一是不懂,二是不敢,似乎仍属于经济领域的"禁区"。

关于中外合资经营,我个人经历了这样一段故事。

邓小平批示搞合资　当时为了从国外引进重型汽车的技术,我们与全世界最大的汽车制造商——美国通用汽车公司进行洽谈。该公司对此很重视,1978年,该公司董事长汤姆斯·墨菲亲自率领了一个由17人组成的代表团访华,与我们在北京饭店开始洽谈,谈判自10月21日开始至28日结束,进行了一个星期。在洽谈中,该公司首先向我们介绍了他们与外国企业合作的若干方式:1.销售产品:向对方销售成品和零部件,而不是以出售技术为主,这是该公司的主要对外合作的方式;2.装配的许可证交易:由通用汽车公司把汽车零部件以散装(CKD)或半散装(SKD)的方式,运到外国合作的企业装配成整车在当地出售;3.转让技术:双方协议就某些产品的技术,进行有偿转让和培训相关的人员;4.逐步提高自制率:合作方先从该公司进口汽车零部件进行组装,逐步提高自己制造的能力;5.制造权的许可证转让;6.相互销售产品或零部件,以求保证双方的贸易收支平衡;7.由该公司全额投资在国外建立独资的子公司;8.返销:用该公司提供的技术,帮助对方企业生产产品,再出售给该公司,以偿付外汇支出。但此种方式从未成功过。其原因是在产品的质量、价格以及产品制造期间的技术改进等问题上,很难取得一致意见;9.包建工厂:也叫作"交钥匙工厂",该公司认为这不是一种长期合作的有利方式,因为这种方式对该公司来讲,也无一例是成功的;10.合资生产经营:即直

1978年,通用汽车公司董事长汤姆斯·墨菲在长城。

接把其资金、技术、经营管理等用于双方新建立的合资经营企业。

　　他们在谈到"合资经营"时，出现了一个我们从来没有听说过的英语词汇——"joint venture"。尽管我们懂得一些英语，知道"joint"是"共同或共担"，"venture"是"风险"，连在一起似乎应当是"共担风险"，但对它的确切含义并不清楚。这时，墨菲向我们提出了一个问题，他说："你们为什么只同我们谈技术引进、转让技术，而不谈'合资经营'？也就是我们双方共同投资，建立一个合资经营的企业？"当时，我们提出请他们对"joint venture"做出解释。在10月25日的谈判中，墨菲就让他手下的一位分管对外合作的经理，向我们详细介绍了"合资经营"的含义。他介绍了该公司在英国、波兰、南斯拉夫等国家举办的合资企业的情况，强调这种合资经营方式的好处是：1.双方有长期合作的责任感，共同搞好企业，双方关心投资效果；2.可以充分利用通用汽车公司的管理经验和产品销售的经验；3.通用汽车公司可以不断地将该公司的产品改进，将先进制造技术及时给予合资经营的企业；4.通用汽车公司在产品出口方面可以提供方便和帮助；5.通用汽车公司对合资企业人员的技术培训和经营管理方面提供支持。对于通用汽车公司来说，如果成功举办了合资企业，就等于进入了合作国家的市场，这对通用汽车公司的发展也是有利的。

互利双赢
（作者篆刻）

　　接着，我们就对举办合资企业所关心的几个问题，请通用汽车公司讲了他们的做法和意见。该公司在英国的合资企业——贝特·福特公司经理维茨先生，在当天下午作了说明：1.投资比例问题，通用汽车公司投资比例可以从10%—90%，比例多少可以由中方决定；2.合资企业的领导，由合资企业投资双方组成董事会，董事会成员可由双方商定比例。如，他们在南斯拉夫的合资企业，董事会由9人组成，南方占5名，他们为4名，董事长由南斯拉夫方面担任；3.企业管理人员的组成可以根据各国的情况，有多种多样的做法。他们在南斯拉夫办的工厂里就只派有顾问，没有直接派出的管理人员；4.中国可以与美国

开辟新途，闯出利用外资一片天

通用汽车公司合资，也可以与通用汽车公司在德国、英国、澳大利亚的公司合资。合资有利于减少出口的限制，因为各国都在搞贸易保护政策，产品质量要求不断地提高，汇率经常变动等，因此通用主张长期投资合作。这位经理介绍以后，墨菲还补充说："简单地说，合资经营就是把我们的钱包放在一起，合资共同办个企业，要赚一起赚，要赔一起赔，这是一种互利的合作方式。若要再说得通俗一点，合资经营就好比'结婚'，建立一个共同的'家庭'。"

1978年10月26日，陈慕华（右一）会见墨菲（左一）董事长率领的美国通用汽车公司代表团。

听了他们这番介绍后，我们一方面感到新鲜有趣，增长了知识；另一方面却又认为，尽管他们说得有道理，但实际上是不可能的。当时我想：你们是资本家，我们是共产党，怎么能同你们搞合资经营呢？特别是他提到，合资经营就好比是"结婚"、"建立共同家庭"，就更不可思议。你是大资本家，我是共产党员，我能同你"结婚"吗？通用汽车公司代表团在访问期间，还一再邀请我们去他们设在美国、英国、联邦德国或澳大利亚、加拿大、巴西的公司访问。

这是通用汽车公司在我国的第一次活动，也是全球最大的跨国公司正式地提出与我以合资方式进行长期的合作，并一再表示愿意根据我国汽车业的发展情况共同商定合作的有关事宜。按照当时的规定，凡是比较重要的对外谈判项目，每次谈判都要向国务院引进新技术领导小组办公室写简报，我们也就及时把谈判的情况如实上报了。出乎意料的是，这份以国务院引进新技术领导小组办公室名义上报的简报引起党中央、国务院领导同志的高度重视。当时分管这方面工作的谷牧副总理看了简报后，认为很重要，立即批请中央政治局各位领导同志传阅。领导同志都一一圈阅。

邓小平同志阅后不但画了圈，还在简报中关于通用汽车公司建议搞合资经营的内容旁边，批上了"合资经营可以办"这样一个十分重要的批示。

曾在国务院引进新技术领导小组办公室工作的张荃同志也参加了这个项目的谈判，他后来回忆：引进办将李岚清同志写的简报上报，着重讲了办合资企业的必要性、重要性，这个报告受到了党中央、国务院领导同志的重视，特别是邓小平同志批示"合资经营可以办"，指出了我国如何开放利用外资的道路，从此，我国一种新的经济形式产生了。

当时，第一机械工业部的领导给我们看了这份批示的复印件，大家十分惊喜，禁锢的思想一下子被解放了。一机部的领导还立即通知，重型汽车技术引进项目、北京吉普和上海轿车技术引进项目，都可以与外方谈合资经营。当时我们和上海汽车项目谈判的同志们经常沟通交流。上海的同志们接到邓小平同志批示的传达后，同我们的心情一样激动。后来我曾看到过他们的一份电话记录：1978年11月9日下午4：06，一机部有关负责同志打电话给上海轿车谈判项目的翁建新同志说，国家计委副主任顾明同志为轿车项目向邓副主席请示，问轿车项目可不可以搞中外合资经营，邓小平同志又强调说：可以，不但轿车可以，重型汽车也可以搞合资经营。他还讲了中外合资经营的好处。据顾明同志回忆，在党的十一届三中全会以前，邓小平同志就已经考虑对外开放的战略以及具体实施的方法和步骤。

接到邓小平同志批示后，当时一机部领导和我们研究，又起草了第二期简报，提出根据中央领导同志的指示，准备赴美与通用

1979年1月，国务院引进新技术领导小组办公室上报的《引进新技术情况简报》第二期及邓小平等领导同志的传批单。

引进新技术情况
简报
第三期

国务院引进新技术
领导小组办公室

一九七九年一月二十四日

与外资合营汽车厂、
零部件厂的若干方针问题

与外资合营汽车厂，有两个项目正在谈判。重型汽车厂已接触了西德的"奔驰"、美国的"通用"、法国的"贝利埃"等三个公司。小轿车厂已接触了美国的"通用"、法国的"雪铁龙"、"雷诺"以及德国的"大众"等型公司。在北京、一汽厂，引进水平达到了国内有领……

—1—

1979年1月，国务院引进新技术领导小组办公室上报的《引进新技术情况简报》第3期。

汽车公司洽谈合资经营的方案。这份简报同样受到国务院领导同志高度重视。谷牧副总理在1979年1月26日做了批示："拟同意，请秋里、耿飚、方毅、王震、世恩、慕华同志批示。"康世恩同志于1月27日圈阅时，认为这个问题很重要，建议同时报送华国锋主席、各位副总理审批。邓小平同志于2月11日再次圈阅同意。一机部接到党中央、国务院领导同志的批示后，就立即组织我们进行合资经营谈判的准备工作。

1979年3月21日，由第一机械工业部副部长饶斌同志率领代表团赴美国、德国、法国，对通用汽车公司、德国大众、奔驰、法国雪铁龙汽车公司进行考察，谈判合资经营事宜。我也参加了考察和谈判。在美国通用汽车公司，美方请我们参观了工厂，当时我还试驾了他们新研制的小轿车，感到我国汽车工业特别是研发方面与他们差距很大，合资经营是一个较快提升我国汽车工业水平的好途径。由于通用汽车公司内部原因和我国重型汽车项目建设方针的变动，当时与该公司的合资经营未能谈成，尽管如此，却为我们与其他国家的汽车公司的合资经营和其他项目的谈判打开了局面。通用公司与我国的合资企业尽管在多年以后才在上海出现，但作为一个外国企业家、一个当时世界500强企业之首的最高领导人——汤姆斯·墨菲，早在1978年就主动提出与我国建立合资企业的建议，他对我国对外开放前景的乐观估量和战略考量，还是值得一提的。

1979年，作者在美国通用汽车公司试驾新研制的小轿车。

1979年2月21日，第一机械工业部和北京市革命委员会给国务院报送的《关于北京汽车制造厂与美国汽车公司合营吉普车公司的报告》中提到"鉴于北京212型吉普车出口形势较好，利用外资，引进新技术，对北京汽车制造厂现有吉普车的生产线进行改造，有利于加速我国吉普车生产的现代化。据此，我们与美国汽车公司(ＡＭＣ)在北京自1月16日到26日进行了建立合营公司生产吉普车的谈判。主要原则已达成初步协议并签订了备忘录"。报告被批准后，经过4年多的认真谈判，1983年5月，中美合资北京吉普汽车有限公司正式签约，成为我国汽车行业第一家中外合资企业。上海汽车工业公司与德国大众汽车公司经过6年的谈判，也于1984年11月签订了生产"桑塔纳"轿车合资企业的协议。

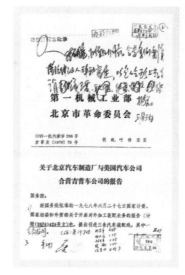

1979年2月，一机部和北京市向国务院上报的《关于北京汽车制造厂与美国汽车公司合营吉普车公司的报告》及领导同志批示。

可口可乐重返中国　　最早发现中国对外开放会给外商带来巨大商机的，除了美国通用汽车公司的董事长墨菲外，还有另一个美国跨国公司——可口可乐公司。说起可口可乐，中国人并不陌生，早在新中国成立以前，它已经畅销于中国市场。20世纪70年代，他们抓住中美关系即将正常化的契机，很早就在北京饭店开设了临时办事处。当时，可口可乐公司在中国主管事务的是一个叫亨达的美国人，他常对别人说，只要每个中国人每年喝一罐可乐，就是几亿美元的市场。问题是进入中国市场谈何容易，那时国内普遍担心可口可乐重返中国，将会导致我国本来就很弱小的饮料工业全军覆没，何况当时中国人并不喜欢可乐，甚至把它看作是一个剥削人的高手。

我在少年时代读过一篇英语课文，大意至今记忆犹新：

有一位孤独和行将入木的美国老妇，她体力不支地站在门口，用那昏花的眼神在期待着什么。一会儿来了一个放学回家的过路男孩，老妇人赶忙求助男孩到她家中帮她写一份遗嘱，男孩同意了。老妇人给他纸笔，请他写："我没有什么财产，我死后，仅有的一本圣经和一个十字架项链将属于我的女儿。她的姓名和地址是……"可男孩不知道"圣经"、"项链"怎么写，但他又不想让老奶奶失望，正在发愁时，他通过打开的窗户忽然发现外面有一幅大型广告，上面是一个美女拿着一瓶可口可乐，在说："可口可乐，请饮用可口可乐（Coca-cola, please drink Coca-cola）！"于是他就把这句话写下了，然后糊弄老奶奶说写好了。老妇用微弱的声音说，"谢谢，你可以走了。"然后老妇人就躺在床上静静地离开了人世。正在这时，一阵风将这篇"遗嘱"吹向窗外，渐渐飘去。原来这位老妇人正是当年广告上的那位美女。有讽刺意味的是，她为可口可乐做了一辈子广告，晚年不但一无所有，临终前还要无偿地为可口可乐再做一次广告。

然而，困难并未使亨达这位美国人泄气，他以中国对外开放，来华的外国人要喝可乐为理由，与进口可乐专供外宾的中国粮油进出口总公司谈判，希望进口原汁在中国罐装可乐。经过一段谈判，在1979年1月1日中美宣布建交的第二天，亨达就与中国粮油进出口总公司签署了一份合同，可口可乐公司获准以补偿贸易方式等办法，向中国主要城市和游览区提供可口可乐制罐及罐装设备，在中国设厂装罐装瓶，在中国特定市场销售；在罐装厂建立之前，由中国粮油进出口总公司采用寄售的方式先行销售可口可乐饮料。外贸部在批复时加了一条："仅限于在涉外饭店、旅游商店出售。"尽管合作的准入条件比较苛刻，但是可口可乐总部还是非常满意，因为他们知道，水闸一经打开，就再也关不上了。以后的事实也证明了他们的远见。同时也证明，可口可乐重返中国，不但没有打垮我国的饮料工业，而且大大促进了我国饮料工业的发展，现在，国产饮料不但

1979年1月，第一批到达中国的可口可乐由中粮公司采用寄售的方式在北京饭店先行销售。

主导了国内市场，而且也进入国际市场。

港澳台同胞和海外侨胞率先参与　　早在党的十一届三中全会以前，邓小平等领导人虽已向外释放对外开放的信息。然而，许多西方国家对中国这样一个封闭多年的国家要搞对外开放，究竟意味着什么，他们一时还无法理解和做出反应。而比较了解国内情况的港澳台同胞和海外华人华侨则不然，他们早就盼望这一天的到来，率先赴内地投资，开辟发展的道路，并对国内的改革开放提出了很多好的意见和建议。他们的这些举动，对推动国内的对外开放发挥了积极作用。

邓小平同志多次会见港澳台同胞和海外侨胞。1977年10月2日，他在会见利铭泽夫妇时指出："说什么'海外关系'复杂不能信任，这种说法是反动的。我们现在不是海外关系太多，而是太少。海外关系是个好东西，可以打开各方面的关系。"

对外开放之初，中央领导同志和有关地方负责人多次请港澳经济界人士座谈，听取意见。许多港澳台同胞和海外侨胞不但坦率地对祖国经济建设提出建议，而且积极捐赠、投资祖国，不少人后来为祖国人民广泛熟知，有的还成为了我的好朋友。

还在珠海正式成为特区以前，香港永新企业有限公司和澳门纺织品有限公司董事长曹光彪先生就来到珠海。提起这位曹先生，当时从事对外经贸工作的很多同志都熟悉他，因为他是"老客户"。不仅是他，还有他培养女儿曹其真女士（现任澳门立法会主席）的故事，也曾广为流传。他为了让女儿开拓在澳门的纺织业，首先给她一架照相机，让她去周游列国，考察国际市场，并将时尚的纺织品服装的花式品种，都拍摄下来，然后来设计生产自己的新产品，进入国际市场。

在纺织业方面，曹氏父女是成功的企业家。他们来到珠海与当地政府商谈合作事宜。曹光彪先生建议，由他在澳门的纺织品有限公司投资740万港元从英国、联邦德国、日本、美国等引进先进设备和部分建设材料，珠海方面以建厂用地的租金、土建材料等折合投资55万元人民币，合办一家毛纺企业，承接来料加工，由他们负责生产技术指导和产品外销。然后珠海方面用加工费收入在5年内偿还曹先生的投资本息后，工厂无偿归珠海所有。这种合作方式，后来被规范为"补偿贸易"。这也是对外开放政策在珠海吸引外资办厂的最早尝试。由于双方的合作意愿和各级有关部门的支持，从酝酿、审批、签约到动土建厂，审批过程一路绿灯，1978年8月签订合作办厂协议，11月破土动工，1979年8月建成厂房面积6000多平方米，并将全部生产设备安装完毕。9月试产，11月正式投产。香洲毛纺厂开幕剪彩那一天，共来了500多家厂商和中外新闻记者，还有10多个国家的来宾。几十个国家的报纸发了消息，将这家毛纺厂的建成，誉为中国对外开放政策的率先项目，中国试办特区的最早成果。

当然，在工厂投产的初期，也遇到不少问题，例如工人技术素质和管理水平达不到要求，职工工资制度还没与工作的质和量挂钩，企业缺乏自主权等等。但是经过一段努力，特别是经过培训和引进香港和国外企业的一些先进的管理制度进行改革，问题逐步得到解决，从而进一步提高了曹先生在内地投资的信心。在我国《中外合资经营企业法》公布后，他又在新疆投资合办了"天山毛纺有限公司"，成为我国早期比较成功的合资企业之一。

1980年9月13日，谷牧和周建南同志在北京与王宽诚、马万祺、霍英东、李嘉诚等座谈，会上提出了不少好建议。

这四位港澳人士都是著名的爱国企业家。王宽诚曾任香港中华总商会会长。建国初期，他动员大批侨资回国，抗美援朝时还捐献一架飞机和其他物资。他先后捐助多家学校，1985年又出资1亿美元成立教育基金会，资助内地派遣留学生。马万

1980年9月13日，谷牧与王宽诚、马万祺、霍英东、李嘉诚等的谈话记录。

祺长期担任澳门中华总商会会长，他积极推动澳门工商界与内地经贸合作，在内地兴办企业，多次出资或捐资在内地兴办酒店、建设公路和大桥，并建造学校。霍英东也曾任香港中华总商会会长，改革开放初期，他率先投资内地，并积极捐赠，从广州白天鹅宾馆到中山温泉宾馆，从公路到桥梁，从体育基金到残疾人福利基金，从暨南大学到英东游泳馆。李嘉诚被称为商界"超人"，1979年，他旗下的"长江实业"购入老牌英资财团"和记黄埔"，成为首位收购英资财团的华人。他捐资兴建汕头大学，目前已累计捐资内地几十亿港元，投资内地数百亿港元。

在这次座谈会上，王宽诚提出：国内要尽量利用外资和国外的先进科学技术，搞补偿贸易较合算。利用外资不要走私人道路，公开招标较为有利。譬如可以给外商12%—15%的利益，到了年限，我们就收回投资。这样也可以培养人才。这种方式可以全国开花。

谷牧同志问：你们都说借钱越多越好。我们有个顾虑，如搞得太多，配套投资受到限制，能源、交通运输又跟不上，经济效益也不好。如何理解利用外资越多越好的含义？

王宽诚说：一个码头，一个交通，一个电力，一个通讯，这四个方面越多越好。比如把路修好很重要，公路效率提高了，事情就好办得多。

当谷牧同志谈到利用外资搞能源项目，如贵州、云南的煤炭很丰富，但运输条件不好，可不可以利用外资来搞时，李嘉诚说：我看一定能搞成。矿，可以让外国人开采，几年后我们收回。让外国人来搞，他们赚的钱越多，我们分到的也越多，这个办法好。我们在香港，可以联络一些人共同搞。公开投标，条件好就干，不好就不干。马万祺建议，在贵州开采煤，要有详细计划，要全国一盘棋。铁路要能到广东，广东的电力就能大大发展。

霍英东强调，对外开放中要重视体制和人才问题，解决不好，投资就存在危险性。我们的体制还有很多问题，如长远计划问题、官僚主义问题、经营管理问题等。国家不要盲目投资，否则有危险性。要安定团结，稳步搞上去。一窝蜂地搞，最后什么也行不通。

谷牧同志最后说：我们搞建设主要靠自己，但不利用国际上的有利条件，也搞不快。对于你们的要求，主要不在投不投资，而是要请你们多出主意，对国家负责。

说起海外捐赠，还要提及邵逸夫先生。我在很多年前就与他相识，对他的爱国情怀和重视教育深表敬佩。邵逸夫是香港著名的电影制作人，其公司曾拍摄过1000多部电影，中国第一部有声电影《白金龙》就是他拍摄的。他对教育情有独钟，捐助内地的资金已达30多亿元，受惠学校及教育项目5000多个，以"逸夫楼"命名的教学楼、图书馆、科技馆遍布中国各地。当人们问及为什么如此关注教育时，他说："国家振兴靠人才，人才培养靠教育，培养人才是民族根本利益的要求。"1990年，中科院为了表彰他对公益事业的贡献，将中国发现的2899号行星命名为"邵逸夫星"。

祖国的改革开放，从一开始就得到了港澳台同胞和海外侨胞的支持。

第一部外资法顺势而生

邓小平同志批示可以搞中外合资经营企业后，国家要求第一机械工业部抓紧对当时正在谈判的几个汽车项目调查研究，就中外合资经营企业的章程、合同提出建议。当时负责这项工作的副部长饶斌同志高度重视，立即组织部分第一线与外商进行合资经营谈判的同志和有关人员，集中到该部北京苏州胡同招待所办公，开展有关的调研起草工作。

由于发达资本主义国家的投资立法都比较完善，且大同小异，他们大都又是私营企业，因此他们之间的跨国合资经营，一般都无需特别的立法。当时也没有发现发展中国家有类似的立法，因此基本上没有现成的经验可以借鉴。社会主义与资本主义国家的企业合资经营，仅听通用汽车公司说过他们与南斯拉夫有一家生产汽车曲轴的合资企业，便通过我驻南使馆找来一些资料，但可供参考的地方有限。因此，起草工作只能主要根据谈判中双方涉及到的问题，结合我国国情加以研究。在调研过程中，部分同志还到北京大学去听外籍教师的国际法讲座，请教我国老一辈工商界人士，还邀请美国华盛顿大学的法律专家科恩教授和香港爱国人士廖瑶珠大律师作为顾问，草拟关于举办合资企业的章程、合同。

在起草过程中，廖瑶珠提出，只有中外合资经营企业的章程和合同还不够，还应当有法源，要制定中外合资经营企业法。她的这一意见引起中央领导同志的高度重视。

香港爱国爱港人士廖瑶珠大律师提议制定《中外合资经营企业法》。图为1988年3月廖瑶珠（右）出席七届全国人大一次会议时，在北京机场贵宾室接受采访。

据时任国家计委副主任和全国人大法律委员会副主任委员的顾明同志回忆，1978年底，党的十一届三中全会前后，邓小平同志多次指出，搞社会主义建设，尤其利用外资，引进技术装备，要有法，要按法办事，不能少数人说了算数。要抓紧做好经济立法工作。全国人民代表大会常务委员会委员长叶剑英同志指示立即开展立法工作，并指定彭真副委员长负责，由顾明同志具体组织起草工作。当时，由于没有经验，给我们驻20多个国家使馆发电报，请他们收集所在国家的合资法。参与起草工作的有商业界有经验的专家、法律学者、从香港请来的法律顾问，还有我们在第一线同外商谈判的同志。彭真、顾明同志分别主持过几次会议，听取各方面的意见，与大家一起讨论研究。

在起草过程中，议论较多的问题是要给外商投资者以优惠，对此大家的认识比较一致，但是到底优惠到什么程度合适？主要是企业所得税税率定多少，开展了很多讨论。几经研究，后来在制定合资经营企业所得税法时，将税率规定为30%，加上地方所得税3%，共33%，略低于东南亚多数国家和地区，还有一定的减免期。争论较多的问题主要是：合资经营要不要有时限，如果要有，是时限长一些好，还是短一些好？如果合资时间过短，会不会引发合资外方经营上的短期行为？外商投资比例是规定上限还是规定下限？有的同志主张外方的投资比例不得超过25%，有的同志则主张外商的投资比例不得低于25%。荣毅仁同志提出我国是要鼓励外商投资的问题，不宜限定外商投资的最高比例，相反应当规定最低投资比例。大家认为他的意见有道理。彭真同志对荣毅仁同志的意见高度重视，并向叶剑英委员长做了汇报。叶剑英说：为什么外商投资比例不得超过51%？只规定不得少于25%就可以了。这一条就这样定下来了。全国人大审议通过时，叶剑英又提出要写明，修改权属于全国人大全体会议。

邓小平同志也十分关心这部法律的起草工作，1979年6月28日，他在会见日本公明党委员长竹入义胜时，谈到了这部即将由全国人大通过的法律时说："这个法是不完备的，因为我们还没有经验。与其说是法，不如说是我们政治意向的声明。"

基于当时的认识和实际情况，《中华人民共和国中外合资经营企业法》（草案）对某些问题只做了一些原则规定，提交第五届全国人民代表大会第二次会议审议。1979年7月1日，《中华人民共和国中外合资经营企业法》获得大会通过，7月8日颁布施行。

1979年6月26日，彭真在五届全国人大二次会议全体会议上作法律草案的说明。

《中华人民共和国中外合资经营企业法》的颁布实施，是落实邓小平同志关于吸引外资、举办中外合资经营企业战略构想的重要里程碑。由于历史条件的局限，尽管当时有少数条款还不够完善，以至于以后又进行了部分修改。但总的来说，它是一部很好的法律，奠定了我国吸引外商直接投资、举办中外合资经营企业的法律基础，为我国吸引和利用外资、促进合资经营企业的快速健康发展，发挥了重大作用。

然而，由于人们长期受"左"的思想影响，对与外国资本家合资经营这样一件大事，自然仍会有不同看法。邓小平同志始终旗帜鲜明地阐明他的观点。1979年8月，他在天津视察时对市领导同志说："我要讲的还是要解放思想。解放思想就是坚持辩证唯物主义。中央各部门需要解放思想，地方也要解放思想，解放思想能量可大了。发展生产力，不解放思想是不行的。""搞四化，搞合资经营，在过去，帽子是很大的。什么'洋奴哲学'、'卖国主义'都可以扣上。现在，还有人说我们不搞阶级斗争，不搞社会主义，只搞资本主义。道理很简单，关键是发展生产力，增加人民收入，这样社会主义制度的优越性就体现出来了。否则讲过来讲过去，穷得很，有什么优越性。"邓小平同志的谈话，震撼着在场的每个同志的心，使大家深深地感到，邓小平同志不愧是伟大的无产阶级革命家、政治家。他在千头万绪中抓住决定性环节，从端正思想路线入手进行拨乱反正。

1986年6月18日，邓小平会见来自美国、加拿大、澳大利亚及港澳等地的荣氏亲属回国观光团部分成员及内地的荣氏亲属。左一为荣毅仁。

中信公司开启吸收外资的新窗口 在这一年，还发生了一件令人瞩目的事。那就是在1979年1月17日邓小平同志与荣毅仁等谈话以后，在邓小平同志这次谈话的鼓舞下，荣毅仁经与一些同志商议，草拟了一份关于组建中国国际信托投资公司（以下简称中信公司）的请示报告，6月就得到了中央批准。为了扩大公司的影响，国务院特意安排在7月8日正式公布《中外合资经营企业法》之时，宣布中信公司筹备组成立。根据公司章程，公司的任务是按照《中外合资经营企业法》及国家其他有关法令、条例，引导、吸收和运用外国的资金，引进先进技术，进口先进设备，进行建设投资，加速社会主义现代化建设。在这个时期，福建省也成立了福建投资企业公司，主要吸收侨资，兴办或合办企业。

邓小平同志非常关心中信公司的筹办，见到荣毅仁同志时总是关切地询问进展情况。据荣毅仁回忆，有一次邓小平同志对他说："人由你找，事由你管，由你负全责"。邓小平同志还一再叮咛他："要排除干扰，不用担心其他部门来管你，你们自己也不要搞官僚主义"。邓小平同志的这句话，实际上在当时就已经触及到了政府转变职能的问题，也就是后来明确提出的"政企分开"的思想。

经过一段时间的筹备，中信公司于1979年10月4日正式成立，直属国务院领导。由于管理体制的障碍和缺乏经验，公司在经营中也遇到不少困难。但是在邓小平同志和其他中央领导同志的关怀帮助下，这个新型的信托投资公司，以其新建的北京当时最高的咖啡色大楼和叶剑英委员长亲自题写的"金字招牌"，开始了它的立足和发展，增加了一个新的吸引外资的窗口，在国内外引起了积极反响。我记得在1981年的时候，国家22个重点大项目之一的江苏仪征化纤工程遇到资金不足，准备下马。荣毅仁想到了举债集资的办法，他向国务院提议，通过向国外发行债券来救活仪征化纤

20世纪80年代，被外商称为"巧克力大厦"的中信公司办公大楼。

工程。这在当时是很难想象的事情。有人告他的状，说："社会主义向资本主义借钱，这搞的是哪门子经济？中信人到底想要干什么？"国务院领导同意了荣毅仁的想法。1982年1月，中信成功在日本发行100亿日元的私募债券，日本的30家金融机构积极认购了这个期限为12年、年利率为8.7%的债券。3年后，仪征化纤第一期工程建成投产。

二十几年来，中信公司借鉴资本主义国家在发展经济中行之有效

1984年，邓小平为中国国际信托投资公司的题词。

的做法，广泛开展中外经济技术合作，引进资金和技术，在国内兴办实业，开展金融、技术、贸易、房地产、经济咨询等业务，在海外择机投资，发行债券等，开拓了一些新的业务领域，在较短时间内建成了一个海内外较知名的综合型企业集团和对外窗口，为我国社会主义现代化建设作出了应有的贡献。

春鸭试水，首批中外合资企业创立

由于法律还不是完全可操作的，1979年6月26日，彭真同志在五届人大二次会议上作关于《中华人民共和国中外合资经营企业法》（草

案）说明时指出："为了便于本法的顺利实施，今后还得制定具体实施条例，并将陆续制定和实施有关的其他经济立法。"1979年8月成立的国家外资委，按照国务院规定的职责，立即抓紧组织起草《中华人民共和国中外合资经营企业法》的实施条例，并积极参与和推动第一批中外合资经营企业的谈判进程。

这时，若干个中外合资经营项目已经进行谈判，由于这是两种完全不同社会制度和体制的企业之间的谈判，谈到具体问题时，相互之间很难沟通。中央领导同志对此很理解，指出既然跟资本主义企业合资，就不能完全按我们的计划经济体制的办法，我们的企业按我们的办法，但中外合资经营企业要按照国际通行的办法，要有特殊规定，要与我们的一套"脱钩"，"要开辟第二战场"。

1981年12月，国家进出口委关于送审《中华人民共和国中外合资经营企业法实施条例（草案）》的报告。

然而，在当时要做到这一点，从思想上到行政管理体制上都困难重重，中外合资的谈判很难进行下去。在十分无奈的情况下，我只好直接给邓小平同志写信，如实反映情况：

根据中央的指示，我们重型汽车项目从去年年底以来就同美国通用汽车公司等外商进行合资谈判。但由于在谈判过程中遇到计划、财政、物价、税收、外汇、信贷、劳动、工资、外资、物资等一系列原则问题经请示而得不到解决，谈判无法进一步深入下去。从这十个月的情况来看，事情非常难办。名义上我们是一机部汽车总局领导，但由于现行的这种多头集权的行政管理体制，实际上它能解决的问题极为有限。办一件事，纵的方面有若干"层"，横的方面还有若干"庙"，而且都有"否决权"，就好像许多绳索一样，捆住你，让你寸步难行。

1979年8月，作者致信邓小平，反映在和外商进行合资谈判中遇到的困难。图为信件手稿和中央办公厅信访局来信摘要。

合资这件事，党中央和国务院领导同志都很关心，过去的引进办、现在的外资委员会的领导同志也很支持，对我们具体办这件事的同志们来说，由于国家每年要花成亿的美元进口重型汽车，也很想把事情办得快一些、好一些。但是，由于体制上的人为障碍，不知做了多少"虚功"，浪费了多少时间，事情仍旧很难办通。例如，中央领导同志指示要开辟"第二战场"、"脱钩"。顾明同志也要求这个项目试一试"脱钩"的办法。但当我们请示有关领导部门具体如何办时，有的领导同志答复说："我们不知道什么'脱钩'，谁让你们'脱钩'，你们问谁去。"有的领导部门则借口"脱钩"，对这个项目想不管了。又如，价格问题是外商非常关心的一个问题，而且外商做方案也急待我们提供资料，对此我们几个月以前就准备好资料和意见，并多次请示物价总局，但得不到答复，外资委员会汪道涵、马宾等领导同志还专门为此开了会，催促他们迅速拿出意见，迄今亦无答复。诸如此类的问题，比比皆是，简直不知如何是好。对此，同我们谈判的外商感触也越来越深，从而增加了同我们合营的顾虑。这也许是同我们打交道较多的日本人不愿同我们合营的原因之一。

因此，希望国务院能召开一次会议，请有关主管部门的领导都参加，统一思想，研究一下对合营企业到底如何办？在计划、财政、物价、税收、外汇、信贷、劳动、工资、外资、物资等方面拿出实施办法来，并抓几个点，在各部门的支持下，先搞成它几个，作出样子来。

以上意见不一定妥当，供领导上参考。

邓小平同志办公室接到此信，十分重视，送邓小平同志阅示后，由秘书王瑞林同志很快转给谷牧副总理阅示。

来信一件，拟请谷副总理阅示。

王瑞林

八.廿九

谷牧同志圈阅后，做了如下批示：

此事请道涵、建南同志研究，并直接把意见告李。李岚清你们是认识的。

九.十三

对此，国家外资委领导非常重视。当时国家外资委已经着手研究《中外合资经营企业法》实施条例的起草工作，但由于实施条例包括的内容广泛，政策性强，又缺乏实践经验，起草需要

谷牧等对作者信件的批示

时间，一时难以拟成。而当时在中外合资谈判中有些问题又急需解决，因此国家外资委在组织起草"实施条例"的同时，就一些急需解决的问题，先研究制定了一个政策性的文件。

经过半年多的统一思想、调查研究、组织协调和起草工作，1980年1月14日国家外资委党组向党中央报送了一份《关于中外合营企业几个问题的请示报告》，要点为：

1.合营企业实行董事会制度。董事长由中方担任，但不能个人决定一切。重大问题(主要是有关双方重大权益)，由合营各方根据平等互利原则协商决定。其他问题，可在协议和章程中规定采用多数或2/3通过的办法解决。

2.合营企业的管理实行总经理负责制。总经理由哪一方担任可以采取灵活办法，总经理可以轮流担任，可以由我方担任，也可以在协议开始执行的若干年内先由外方担任。副总经理除了协助总经理以外，还要起一定监督作用。重要决定和指示，由副总经理副署。这样合营各方都可放心，不然都不放心。

3.为了解除外国投资者的担心，明确宣布中国政府对合营企业中外国合营者的资产不没收、不征用。如果必需征用时(如战争时期)，要对外国合营者给予合理补偿。本来在合资法中规定中国政府依法保护外国合营者的合法权益，已包涵了这个意思。

4.合营企业有雇用职工的自主权，有权按本企业经营的需要，雇用和解雇职工，对严重违反劳动纪律的，可以开除。这些权利和具体条件都应当由企业和工会双方签订的劳动合同注明。

5.企业所得税，有些国家是先扣除储备基金、发展基金、奖励和福利基金以后才按率征收，我们的规定是在扣除上述三种基金之前按率征收。因此，同样税率，实际收的税金将比前一种高一些。我们的意见，税率可定为35%(这个税率比美国约低11%，比英、法、联邦德国约低15%，比日本约低20%，跟第三世界比则差不多)，其中包括地方附加税作为有关合营企业的城市建设等费用，由国家统一收取后，再拨给地方使用(附加税所占的比例另行商定)。为了防止外国合营者获利过高，在缴纳企业所得税和扣除三项基金后，资金利润率超过20%的，超额的部分再征收50%的所得税。

6.外国合营者分得的利润汇出时，一般从企业自有外汇中支付，征收10%的所得税。不汇出，则不征收，以鼓励其在中国使用或转为投资。

7.职工工资应以国内计件工资的平均先进定额为准(计时工资可按劳动生产率折合)，目前暂按国内同地区、同行业、同工种、同等技术水平的工资加奖金为基数增发20%—50%的津贴。职工劳保、医疗、国家对职工的补贴(初步计算约为平均工资的104%)和职工住宅建设费用(初步推算约为平均工资的64%)，分别由本企业工会监督使用或上交国家。

8.合营企业所需场地使用费，为了防止过多占用和浪费土地，根据现在城市市政建设和拆迁的费用，农民的安置费等实际情况，拟定为每亩地按15年计算，最低不少于20万元，最高不超过300万元，个别特殊情况可申请酌减。具体标准由各省、市、自治区在此幅度内制定。总的精神是在平等互利、不损害国家主权的原则下，目前各项规定应当放宽一点、灵活一点，让外资有利可图，具有较大的吸引力，以利打开局面。李先念、彭真同志收到报告后，高度重视，并于当日向党中央写信表示同意国家外资委党组的报告，认为总的精神要争取快一点。为了快，办法要宽一点，灵活一点。中央如认为原则上可以试行，建议将国家外资委党组的报告批转各省、市、自治区和国务院各部委，作为同外国合营者谈判时内部掌握的指导方针。

中共中央于1980年2月6日发文，原则同意国家外资委党组《关于中外合营企业几个问题的请示报告》和李先念、彭真同志写给中央的信，并转发各部门、各地区，作为谈判合营企业时内部掌握的方针，并在批文中强调："同国际资产阶级办合营企业，这是一个前所未有、极其复杂的新事物。我们还没有经验，太紧了人家不来，太宽了有失权益，很不容易掌握。我们必须认真对待，不可掉以轻心。这个请示报告中提出的原则、办法要结合各地区、各行业的实际情况，同外国合营者进一步具体商定。在签订几个合同以后，再总结经验教训，制定有关的法律、条例公布实施。"

在邓小平同志亲自关怀下，中央以正式文件批转国家外资委的这一请示报告，以及一批与《中外合资经营企业法》相配套的单行法规陆续实施，对当时正在谈判的几个中外合资项目能够继续进行，以及新的合资项目谈判能够开始，起了重大作用。

与此同时，我国政府领导人也利用适当场合对外宣讲我国对外开放和利用外资的政策，进一步增强了外商来华投资的信心。例如，余秋里副总理于1980年4月10日访问日本期间，在举行的记者招待会上，谈到中外合资经营企业时，他代表中国政府郑重表示："我们在这方面的政策是明确的，同外国资本合营企业，我们一定信守合同。"他说，虽然中国还在研究和制订一些具体法规，如企业法、税法、劳动法等，"但有几点是可以明确的。这就是：一、中国政府对外国合营者的资产按合营法规定是不没收、不征用的。如果将来在非常特殊情况下确有必要征用时，要对外国合营者给予合理的补偿。二、合营企业的经营管理实行

1980年4月7日，余秋里（右三）在东京拜会日本首相大平正芳（右二）。

董事会领导下的总经理负责制，总经理可以由我方担任，也可以由外国方面担任。三、合营企业有权按本企业经营的需要雇佣和解雇职工。对严重违反劳动纪律的人可予以处分直至开除。四、企业所需原材料、燃料、配件等应尽量先在中国购买，也可以用合营企业的自有外汇直接在国际市场上购买。五、在确定合营企业的税率时，将考虑外资的正常利润，将保证外国资本的合法利益。"

余副总理在东京说明我对中外合营企业的政策

中国同外国资本合营企业一定信守合同

1980年4月12日，《人民日报》刊登《中国同外国资本合营企业一定信守合同》的文章。

纠正以合同代法律　　那时，我国涉外经济法律建设刚刚起步，虽然有了第一部外资法，但其实施细则尚在研究制订之中，现实中的许多问题还没有相对应的法律法规去规范。同时，人们的法律意识也比较淡薄。这样，当时的一些涉外经贸合同也往往会出现对我不利的条款。

1980年6月，广州律师顾问处反映，有两个对外合作合同草案出现了损害我国主权和经济利益的条款。一是广州市橡胶工业局与法国中法橡胶工业控股有限公司的《关于在广州市建造经营子午线结构橡胶轮胎工业的合营企业合同》草案规定："本合同受纽约州法律管辖"、"仲裁应依任何一方的请求，由美国仲裁协会所任命的三名仲裁员，根据该协会之规则进行。"该合同还规定，合资企业有发行和买卖票据和证券的权力，有经营动产或不动产的权力。二是广州市科学技术交流馆与一家美国公司签署的《关于在广州市建造双子塔办公大楼的补偿贸易合同》草案规定，外方可以片面地决定终止合同，不需征求我方同意，我方还要将对方已支出的投资及利息付给对方。两个合同都规定把我方土地所有权转移给合资企业。两个合同的外方都力求以我国政府机关为一方签订合同，把合同变为外国合营者和我国政府之间的合同，同时又要我方放弃主权豁免抗辩权。此外，两个合同中规定的税收、海关、外汇管理、工资、外方人员进出境签证等条款，都超越了我国的经济法律，企图以合同代替我国法律。这两个合同的美籍法律顾问借口我国没有民事立法，大谈应以合同代替法律的论调，企图说服我方接受他们提出的合同条款。

司法部了解上述情况后，立即报告谷牧、姚依林副总理，并建议今后各单位同外国投资者谈判和订立合同时，应聘请我国律师作为顾问。谷牧同志对此非常重视。6月10日，他将反映这一问题的新华社内参批示给国家外资委："请汪、江、周研究一下这个问题。"6月12日，他又在司法部的专报上批示："这是个好意见。请道涵同志研究，写出几条规定，通知各地区各部委执行。"

经汪道涵、周建南、江泽民和周宣城等同志协调，国家外资委于1980年8月3日印发了《关于中外合资项目谈判、签约的几项规定》。该规定要求，各级人民政府和主管部门要切实加强领导，搞好对外谈判、签约工作，在不损害我国主权，保护我国利益的前提下，做到对双方都有利；必须组织精干的谈判班子，既要有懂政策、熟悉业务的干部，也要有懂技术、懂法律和懂财会的干部；谈判人员要认真学习对外方针政策和有关法令规定；要制定好谈判方案；合同草案要力求由我方提出，如对方提出，我方要逐条认真分析，合同签字前要征求有关主管部门的意见；

1980年7月，江泽民等对起草《关于中外合资项目谈判、签约的几项规定》的批示。

1980年8月3日，国家外资委发布《关于中外合资项目谈判、签约的几项规定》。

要严格按照中外合资项目审批权限审批项目；要建立一支法律和会计工作者队伍，有条件的地方，建议成立法律顾问处和会计事务所。上述规定是在当时我国的外资立法很不健全的情况下采取的应对措施。

此后，国家外资委及后来的外经贸部等在调研、考察的基础上，借鉴国外经验，又草拟了一系列外资法律法规草案，经批准后实施，主要包括：《中外合资经营企业法实施细则》、《中华人民共和国外资企业法》等。这些法律法规虽然现在看来有些简单，但其框架结构还是合理的，为我国涉外经济法律制度的完善奠定了良好的基础。

早期的利用外资活动也促进了我国涉外商事仲裁制度的完善。尽管中国国际贸易促进委员会1956年4月就设立了对外贸易仲裁委员会，但它的仲裁职能仅限于对外贸易领域。在利用外资方面，为了维护我国企业的权益，当时我们一般要求合同规定仲裁由设在瑞士或香港的国际仲裁机构负责。为适应我国对外开放的新形势，经国务院批准，

1980年2月，对外贸易仲裁委员会更名为对外经济贸易仲裁委员会，1988年又更名为中国国际经济贸易仲裁委员会，其仲裁职能相应扩大，既包括对外贸易，也包括投资合作，既包括国际争议，也包括国内争议，从而使我国企业在涉外仲裁中有了国内的仲裁机构。

国家外资委办公厅为了使合资企业在对外谈判中更好地回答外商提出的一些方针政策问题，并对中外双方准备签订的合同条款加以规范，将我国领导人发表的有关文章和谈话，摘编了一份资料，汪道涵、江泽民同志批示印发正在进行谈判的同志们参考。

这些举措，有效地推动了中外合资谈判的进程。从中外合资经营问题的提出，到1981年6月底的两年多时间，我国共

1980年6月，国家外资委办公厅关于印发国家领导人有关利用外资工作的文章和谈话摘编的请示。

批准在国内举办的中外合资经营企业29个，总投资为2.4亿美元，其中外商投资1.97亿美元。已经投产的合营企业有15个，从经济效果上看，是比较好的。还有5个项目在建。一批项目正在接触和谈判。

为了进一步解除外商来华投资办企业的顾虑，使已经开办的中外合资企业能够健康运营，舆论普遍要求尽快制定和公布《中外合资经营企业法》实施条例，对“合资法”的一些原则如何执行，尽可能做出有法律效力的明确规定，以便有章可循。国家外资委从1979年底开始研究起草实施条例，先后在1979年、1980年全国进出口工作会议上征求意见；在1980年11月召开的中外合资经营企业工作座谈会上进行了讨论和修改；1981年1月，又将修改稿送国务院有关部门，部分省、市、自治区进出口委(办)，法律院校和法学研究机构，合营企业征求了意见；还两次向联合国“跨国公司中心”的法律专家和在京的外国法律专家进行咨询。1981年9月，又召开《中外合资经营企业法》实施条例起草工作座谈会，邀请国务院32个部委、总局，15个省、市、自治区进出口委(办)，部分大专院校法律系、法学研究机构及合营企业共90多个单位110多人，对实施条例(第四稿)逐章、逐条地进行讨论。会后根据大家提出的修改意见，拟出实施条例(第五稿)，再次征求意见。通过反复而广泛地征求意见，多次修改补充，对实施条例(草案)的各项规定，基本上取得了一致意见后，才报请国务院审批颁发。拟订实施条例的基本指导思想，主要是为了有利于吸引外资。在维护国家主权和平等互利的前提下，实施条例力求做到在具体政策上适当放宽，鼓励措施要落实，做法要灵活。对有些问题，目前不可能做出具体规定的，可留待项目的谈判中解决。

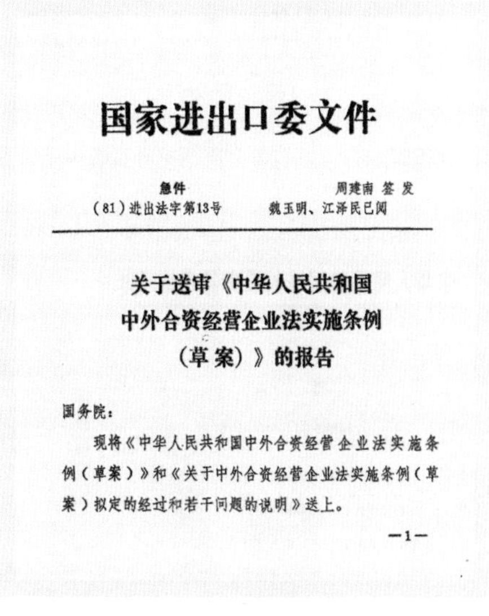
国家进出口委文件

急件　周建南 签发

(81)进出法字第13号　魏玉明、江泽民已阅

关于送审《中华人民共和国中外合资经营企业法实施条例(草案)》的报告

国务院：

现将《中华人民共和国中外合资经营企业法实施条例（草案）》和《关于中外合资经营企业法实施条例（草案）拟定的经过和若干问题的说明》送上。

—1—

1981年，国家进出口委送审《中华人民共和国中外合资经营企业法实施条例（草案）》的报告。

1983年9月20日，国务院正式批准颁布了该条例，并授予国家外资委对条例的解释权，以便对条例中尚不够明确或遗漏的问题，加以说明或请示国务院做出补充规定。实施条例的颁布，使我国中外合资经营方面的法制建设又大大前进了一步。

中国有句古话，叫做"万事开头难"。第一批中外合资经营企业能否搞好，第一炮能否打响，是决定今后这项战略举措成败的关键。为了解决中外合资谈判中的一些实际问题，国家外资委对各个正在谈判的项目十分重视，及时给予指导，帮助解决遇到的问题。

第一批合资企业诞生　经过合作双方在平等互利基础上认真而细

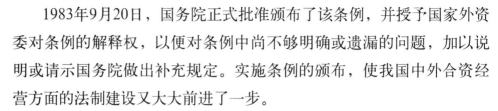

1980年4月，谷牧等批准国家外资委关于设立三家中外合资经营企业报告的批示。

致的协商，我国第一批中外合资经营项目终于达成协议，国家外资委于1980年4月10日批准了北京航空食品公司、北京建国饭店公司、北京长城饭店公司三家我国最早成立的中外合资企业。本来这三家企业是同时报批的，考虑到北京航空食品公司是生产型企业，所以4月21日将中外合资经营企业的第一号批准证书颁发给了该企业。

1980年4月21日，国家外资委批准中外合资北京航空食品有限公司的通知。

5月初，江泽民同志代表国家外资委出席了我国第一家中外合资经营企业的成立大会。第一批中外合资经营企业的诞生，标志着我国对外开

1980年，江泽民（右一）、沈图（左二）、伍沾德（左一）等参加北京航空食品有限公司开业典礼。

放的一个重要领域——中外合资经营进入了依法实施阶段，也是中外合资企业起步的里程碑。

接着由中国建筑机械总公司与瑞士迅达股份有限公司合资的中国迅达电梯有限公司，由新疆乌鲁木齐毛纺厂与香港天山毛纺织品有限公司合资的新疆天山毛纺织品有限公司，由广东华侨企业有限公司与香港电子企业有限公司合资的光明华侨电子工业有限公司，由广州市钟表工业公司与香

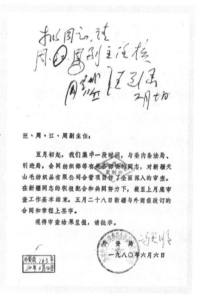

1980年6月6日，国家外资委审查批准新疆天山毛纺织品有限公司合营项目有关文件。

237

港科苑股份有限公司合资的精科有限公司，由中国医药公司与日本大塚株式会社合资的中国大塚制药公司，由四机部技术情报研究所与美国国际数据服务集团、计算机世界通信公司合资的中国计算机世界服务公司，由浙江省鄞县白岳公司与香港发达眼镜制造厂有限公司合资的东方眼镜制造厂有限公司，由浙江省家具杂品工业公司与香港新艺行合资的西湖藤器企业有限公司，由天津手表工业公司与香港华兴表盘厂合资的津华盘针制造厂有限公司，由河北省石家庄无线电三厂与香港标准电池厂有限公司合资的燕华标准电池有限公司，由天津市农场局、一轻局与法国雷米马丁财团合资的中法葡萄酿酒有限公司，由广东省华侨企业公司与菲律宾海外联合有限公司合资的广东光明养猪场，由福建华侨塑料企业公司与香港金港有限公司合资的福建建侨企业公司，由福州市服务公司与香港闽华贸易公司合资的福建艺光彩色摄影院，由泉州市工艺公司与香港嘉华贸易公司合资的泉州人造花厂，由福建省电子进出口公司和省投资企业公司与日本国株式会社制作所和日立家电贩卖株式会社合资的福建—日立电视机有限公司，由天丽明日用化工厂与德国威娜公司合资的天津威娜洗发用品有限公司，由天津电梯厂与美国奥的斯电梯有限公司合资的中美奥的斯电梯公司，由上海汽车工业公司与德国大众汽车公司合资的上海大众汽车有限公司，由北京汽车工业公司与美国汽车公司合资的中美吉普汽车有限公司等一批中外合资经营企业相继成立。

这些早期的中外合资企业的主要特点：一是规模小、投资少、数量少，这主要是因为当时外商来华投资还是抱着试试看的心理，这是可以理解的。二是港商比较多，这主要是因为毕竟港商是同胞，对内地的情况也比其他外商更了解。三是他们选择的项目多半是填补国内空白或国内的弱势项目，不少是有出口可能的项目，主要是我们要求合资企业自我平衡外汇。

第一号合资企业——北京航空食品有限公司

当时我国食品匮乏，民航飞机上的配餐不但质量差，品种单调，更不适合外国旅客的口味，进出我国的国外飞机，不得不从国外或香港配餐，很不方便。因此，香港以经营食品而闻名的伍沾德先生向民航总局局长沈图建议，在北京合资创办一家民航食品公司。按照合同规定，双方投资588万元人民币，其中中方占投资总额的51%，港方占49%，正式开业时间是在1980年5月1日。该公司引进符合国际标准的先进技术、设备和服务，从而较快地改变了我国航空食品落后的局面。合资前，北京航空食品公司的日配餐量只有640份，而2007年底每日配餐量已达6万份。

北京航空食品有限公司外景（上图），及航空食品配送车间（下图）。

第一家合资企业这一新生事物的出现，给人们思想上、观念上带来了强烈冲击。当时，对习惯了大锅饭和平均主义的原国营企业职工来说，"合资"使他们兴奋、好奇，也使他们惊诧、迷茫。究竟什么叫"合资"？与外方合资后，公司职工还是企业的主人吗？那些以前只是在繁华闹市中带着好奇远远看一眼的洋人，如今成了与自己朝夕相处的顶头上司，又该如何与之相处？原来国营企业那一套生产运作方式要被全部否定吗？港方的管理理念和规章制度，真的可以畅通无阻地在内地实施吗？

合资前，公司配餐都是用自己现有的东西去应对客户。公司提供什么餐食，客户就吃什么餐食。那时，面包做出来像馒头一样，在飞机上硬硬的，吃起来还不断掉渣儿。合资后，港方引进原材料、用现代化设备做成的面包，外表美观又松软可口，而且不掉渣儿，这使习惯了传统做法的人们很惊讶。然而，更让他们吃惊的还在后面。

一次，港方带来了一批供外航用的、代表当时国际水平的配餐材料，有三文鱼、牛柳，还有为牛柳配餐用的专门调味汁以及很多不知做什么用的进口原材料。这些叫不出名字的冷冻半成品和配料，不要说当时没人见过，连听也没有听说过。还有那些新奇独特的生产工艺及操作方法，简直让内地同行们看得目瞪口呆。

眼前的一切，对于演奏惯了"锅碗瓢盆交响曲"的"大师傅"们来说，既陌生又充满诱惑。从前的行家们，似乎一下子变成了门外汉。怎么配餐，怎么操作，一切从头学起，甚至连锃光瓦亮的不锈钢器具该如何使用都要仔细揣摩。大权交由港方人员去调度、去指挥。而面对金发碧眼、嘴里叽里咕噜说着听不懂的外语的洋上司，"大师傅"们还要"看老外脸色"行事，心里也不免有几分失落、几分尴尬。

合资之初，职工们不仅要适应国际先进的配餐技术和理念，还要经受具体的文化冲击、观念冲击。比如上班打卡，现在随便问许多公司的员工，都会说那是司空见惯、很平常的事，就像上班要穿工作服一样自然。然而，在1980年推行上班打卡制度，可不是一件自自然然的事。

那时的职工，习惯了大锅饭、平均主义，也习惯了管理上的"人管人"，而不是"制度管人"。面对上班打卡这一新事物，大家议论纷纷，有不解、有疑惑，也有气愤。有人说：我们职工是企业的主人，现在进公司却要先打卡、接受机器的监督、检验，这是对职工人格的污辱！有的说：打卡不是对员工劳动纪律的一种保证，而是资本家对工人实行"管、卡、压"的一种形式。还有人说得更激烈：打卡就像地主的鞭子在劳动人民的头上挥舞。甚至有人将对打卡的不满发泄在港方人员身上，认为他们态度不好，提示打卡是对自己的不尊重。对港方来说，他们对职工的激烈反对程度也感到不解：打卡上班在香港和国外是公司里最基本的一条规章，难道还用给职工们讲吗？然而中方认为，这里涉及一个观念转变的问题。

这些现在看起来很平常的事情，当时甚至引发了一场"无产阶级思想和资产阶级思想的激烈交锋"，直至把一些问题作为专题上报给当时的民航总局。

然而，企业就是企业。合资企业一旦成立，就步入生产经营的轨道，而管理是必须严格的。正是通过合资的平台，职工们看到了更为广阔的世界，知道了什么是国际水平，眼前树立起了新的要求、新的标准、新的高度。在经历了羡慕、困惑、失落、不解等种种复杂情感的历练后，在"知耻而后勇"的刻苦努力中，北京航空食品有限公司逐渐成长为能够代表中国航空配餐业水平的一家现代企业。

我国第一批中外合资的涉外酒店的建立也经历了艰难的历程。

党的十一届三中全会后，中国向世界敞开了大门，港澳同胞、海外侨胞和外国人士纷纷来到我们这块封闭多时的大陆。1978年接待入境的人数达180多万人次，超过以往20年的总和。1979年又猛增到420多万人次。但当时中国的接待能力有很大差距。北京在当时勉强符合接待外宾标准的饭店床位只有1000张左右，而且基础设施、服务态度、饮食起居、管理水平都与国外的星级宾馆相差甚远。为此，1978年6月，北京市还专门成立北京外宾华侨用房统筹安排小组，并确定北京饭店、新侨饭店、民族饭店、前门饭店、友谊宾馆、华侨大厦、华侨饭店，全部用于接待外宾和华侨。旅游淡季，在不影响外宾和华侨的原则下，可以接待国内的会议。1979年4月，国务院又专门批转北京市、国家旅游总局关于外宾住房问题的报告，要求各外宾邀请单位，事先与北京市第一服务局联系好住房，再办理邀请外宾来京的审批手续。没有北京市第一服务局开出的可以安排住房的证明，一律不予批准。当时国家有关部委负责对外接

1978年，国务院关于解决来京外宾用房问题的通知。

待工作的同志，为了给外宾预订客房不得不清晨就赶到北京饭店去排队，即使这样还经常订不到房间，不得不让许多外宾挤在北京饭店的大会客厅里过夜等候。许多外国客人一下飞机，往往无法立即安排住宿，而是被拉到景点去游览，或者被安排在饭店大厅、机场坐等，直到有了空床位再安排入住饭店。有些游客到北京时实在无处下榻，只好先被送往郊区、天津，甚至用飞机空运到南京、上海等地。有的到桂林的游客被安排打地铺，于是便有人写了一首打油诗："桂林山水甲天下，我到桂林住地下。"

住宿难问题已经影响到我国对外开放的形象，也引起了党中央、国务院的重视。邓小平同志1978年10月9日指出："利用外资建旅馆可以干嘛！应该多搞一些点。昆明、桂林、成都都可以搞，一个地方设一两千个床位。"他还具体算了这样一笔账：一个外国旅游者如果在中国消费1000美元，中国一年接待1000万旅游者，就可以赚100亿美元，就算接待一半，也可以赚50亿美元。

国务院为此成立了由副总理谷牧、陈慕华，以及国务院侨办主任廖承志等领导同志"挂帅"的"利用侨资、外资建设旅游饭店领导小组"。这个特殊的领导小组，下设办公室，放在1978年8月成立的中国旅行游览事业管理总局内，总局局长卢绪章兼任办公室主任，负责具体工作的常务副主任就是刚刚上任的副局长庄炎林同志。廖承志对他说：要改革开放，就要解决旅游饭店问题！你的工作就是招商引资，筹建旅游饭店。廖承志还提醒说："利用侨资、外资建旅游饭店是新事物、新现象，肯定会遇到各种意想不到的阻力，你不仅要想象自己如何处在风口浪尖上，更重要的是，不能被风浪刮倒，要站立潮头，敢于吃第一只螃蟹！"　谷牧、廖承志同志还于1978年12月12日至15日在北京京西宾馆主持召开研究利用侨资、外资建设旅游饭店的会议。会议纪要上报了中央。

1979年1月6日，邓小平同志同余秋里、方毅、谷牧同志谈经济建设方针问题时指出："搞旅游要把旅馆盖起来。下决心要快，第一批可找侨资、外资，然后自己发展。方针政策定了要落实。首先要选好人，不选好人事情很难落实。"

建国饭店——"敢于吃第一只螃蟹" 要建立合资饭店，首要任务就是物色合作伙伴，然后是谈判、论证、签约。旅游总局一班人一年内先后与20多个国家和地区的120多家侨商、外商进行了广泛的接触与洽谈，并就饭店的合作方式、建筑高度、材料装修、经营管理、偿还能力等问题进行了充分研究和论证。

然而，当时"文革"刚结束，极左思潮的影响尚未消除。要利用侨资、外资建设高档旅游饭店，遇到很大阻力。与外商洽谈正在进行时，种种非议也同时传开了。"与一批一批的外国人谈判，听说宴请用的烤鸭，摞起来有一座饭店那么高了，他们究竟想干什么啊？""咱们卫星都能上天，还怕盖不成饭店、管不了饭店？要去求人家洋人，岂不是丢我们中国人的脸吗！""我们不是有自己的北京饭店嘛，怎么说我们不会管饭店呢？！"在谈判中，外商曾向我方推荐一种装配式结构的速成房子，只要这边基础打好，国外房子的模具连同全套家具运来立即组装，饭店就可以马上营业。参加谈判的同志听了很感兴趣，邓小平、谷牧同志对此也很感兴趣。这的确也曾解决了我们的燃眉之急。例如当时中日合作开发渤海油田时，就是用这种建筑解决了日本专家的住房问题，其他地方也有类似的情况。可是当这项工作还在洽谈时，有人却说开了："沙石材料也要从外国进口，这不是崇洋媚外吗？"这些流言蜚语还不是致命的，更可怕的是有人上纲上线地宣称："建合资饭店？与外国资本家联盟一起赚中国人民的钱？这是阶级立场问题！中国人自己就不能建饭店，非要交给外国资本家？简直就是卖国主义！"可见，当时所争论的还不仅是姓社姓资的问题，而是上升到了爱国主义还是卖国主义的问题了。

谷牧、廖承志同志和国家外资委的领导对这一合资项目一直给予支持，廖承志同志还给旅游总局介绍了一个合作伙伴——陈宣远。陈宣远早年在上海圣约翰中学读书，后来到美国定居，具有饭店管理者和建筑师双重身份，在美国设计并建造过旅馆，也经营管理过饭店，当时拥有美国加州旧金山的帕罗沃特、拉吉娜、帕萨迪娜、希尔顿等四家假日饭店和一个建筑事务所，对饭店的建设、经营和管理都颇有经验，而且也愿意为中国尽点心力。

1979年，美方投资人陈宣远（左二）与中方洽谈合资建设建国饭店。

与陈宣远的谈判进展得很顺利。当了解到在以往谈判中，中方皆因有人怕吃亏而未成功时，陈宣远表示："我看这样，我们拟定合资方案，要按能让国内各方面都能够接受的条件来办。我的目的就是一个，只要能尽快在北京办成中国第一家合资饭店。"

双方最后议定：各投资1000万美元建设建国饭店，饭店共528间客房，其中外方占49%的股权，中方占51%的股权，双方合作10年，10年后，中方只需花1美元就可购买外方所有股权。显然，这个条件对中方是十分有利的，而且中方所出的1000万美元全部是低息贷款，汇丰、花旗等国外银行都看好此项目，愿意提供贷款。

1979年6月7日，旅游总局向国务院报告了谈判进展，提出了中外合作建造和经营旅游饭店的意见。

根国务院审批（户绪豪同志已阅）
庄炎林　六月七日

中国旅行游览事业管理总局

关于美籍建筑师陈宣远在北京合作
建造和经营旅游饭店的请示报告
（79）旅示值字第65号

美籍建筑师、旅馆经营者陈宣远对我友好，表示愿为祖国发展旅游和实现四个现代化贡献力量。去年十一月以来，他三次专题来华与我局设建造旅游饭店问题。今年四月二十一日，双方就在北京合作建造和经营饭店签订了协议。现将主要的情况、问题和我们的意见报告如下：

1979年6月7日，旅游总局关于中外合作建造和经营旅游饭店的请示报告。

但由于当时还没有相关的法律法规，也没有先例，国务院办公会议一时无法定夺，只好将意见上报最高决策层。旅游总局的报告在17位中央高层领导人手中流转，或圈阅或批示，邓小平同志态度鲜明：要旅游，就必须建造足够的上档次的旅游饭店。经过详细分析，他们都赞成旅游总局提出的报告，力主上马开工。最后，时任党中央主席兼国务院总理的华国锋同志批示："经过试点，摸索经验。"

1979年，邓小平等中央领导同志对中外合作建造和经营旅游饭店的批示。

1979年，旅游总局就建造建国饭店有关事宜给纪登奎、谷牧的信及华国锋等领导同志的批示。

经过细致比较，地段决定选在建国门外大街，饭店拟建20多层，占地面积一万平方米。但是建国饭店所选地址后面是国务院某部门的宿舍区，居民不同意，说遮挡了他们的阳光。最后商定在有宿舍的一方只建四层半楼房高，保证该部门居民所说在全年日照最短的冬至那天，阳光都能照到他们的一层窗户。在无宿舍的一边，也只建九层楼高。建国饭店1980年6月破土动工。但是该部门的一些干部家属又称，在这里盖房既扰民，又影响风水。工地上白天竖起的篱笆，晚上就被偷偷破坏，搅拌机也被掀翻，工程无法进行下去。

主抓这个项目的庄炎林心里很着急，多次交涉，毫无效果。廖承志同志对他说："炎林，你立即起草一份报告，我报送中央，看谁还

1982年4月28日，建国饭店举行开业典礼，廖承志（中）为饭店剪彩。美籍华人陈宣远（右二）和项目中方负责人侯锡九（左二）出席仪式。

敢这样胡来！" 报告送交到邓小平同志手里，邓小平同志看完后在上面批示："有理也不得取闹，何况无理?!"当即就让秘书传达下去，这才使工程得以顺利进展。

建国饭店破除重重阻力，于1982年4月顺利竣工。饭店引入了国际先进的管理经验，实行"垂直领导，层层负责，分工合作"，把坐着服务变成站着服务。1984年7月，国务院发文

1985年5月8日，江泽民（左一）与魏玉明（左二）、周建南（左三）、作者（左四）在建国饭店。

在全国推广建国饭店的管理方法。合资双方共同经营期满后，陈宣远先生不但按合同把饭店无偿交给中方，还于1988年向北京先农坛体育馆捐赠了北京第一所室内网球馆。建国饭店开业3年就收回了投资，至今的26年间，28次获得"国际金酒店奖"、"国际质量金奖"等国际大奖。

北京长城饭店　　该饭店是由中国国际旅行社北京分社与美国伊沈建设发展有限公司合资的又一家高档饭店。这个饭店把现代化的建筑风格与我国的长城造型结合起来，投资也比较大，达7000多万美元。这样大的项目，当时

1981年3月10日，陈慕华（前排右三）和美国商务部副部长乔治·米歇尔（前排右四）出席长城饭店开工仪式。

对不了解中国情况的美商还是有很大顾虑的。幸好有美籍华人沈坚白从中协调沟通，对项目成功建成和运行，发挥了积极作用。

白天鹅宾馆——第一个BOT项目　　在广州，爱国港商、著名实业家霍英东还采用BOT方式建设了白天鹅宾馆。所谓BOT合作方式，即由中方提供土地，外方投资建设，由外方经营若干年后无偿交给中方。1979年1月，霍英东先生得知内地决定对外开放，很高兴，开始与广东省政府接触，他提出要在广州建造一家高级宾馆——白天鹅宾馆，他投资1350万美元，由白天鹅宾馆再向银行贷款631万美元，合作期为15年(以后又延长5年)，这是继建国饭店、长城饭店后又一家中外合作的高级酒店。

广州白天鹅宾馆外景

霍英东先生是我的老朋友，在一次会晤中他回顾当时的情况说："当时投资内地，就怕政策突变。那一年，首都机场出现了一幅体现少数民族节庆场面的壁画，其中一个少女是裸体画，这在国内引起了

开辟新途，闯出利用外资一片天

1985年2月，邓小平（前左二）在广州白天鹅宾馆会见霍英东（前左一）。

很大一场争论。我每次到北京都要先看看这幅画还在不在，如果在，我的心就比较踏实。"他还谈到在建酒店时，首先面临的就是内地计划体制造成的物资短缺问题，"一个大宾馆，需要上万种装修材料和用品，而当时内地几乎要什么没什么，连澡盆软塞都不生产，只好用热水瓶塞来替代。更要命的是，进口任何一点东西，都要去十来个部门盖一大串的红章"。后来，霍英东终于想出了一个绝招，他先把开业请柬向北

1985年，邓小平在广州参观白天鹅宾馆并签名。

京、广东及港澳人士广为散发，将开业日子铁板钉钉地定死了，然后，他就拿着这份请柬到各个环节的主管部门去催办手续，这一招居然还生效了，工程进度大大加快。1983年2月7日，白天鹅宾馆正式开业，当日涌进了一万多市民。

兆龙饭店——对外开放的风向标 1978年秋，著名爱国爱港人士包玉刚第一次回北京，他找宁波老乡旅游总局局长卢绪章帮助安排住进了北京饭店。他开始还挺高兴，在香港早听说北京的宾馆紧张，可一入住才知道，饭店只给他夫妇安排了一个套间。其他陪同人员，一时无法安排。包玉刚先生当时是誉满天下的"世界船王"，他所创立的香港环球航运及控股的九龙仓集团，是香港经济中很具影响力的华资财团，但其生活极其简朴。他对随行人员说："我们先住下，有问题明天再说。"第二天，包玉刚走进了旅游总局办公楼，看到总局都是几个人挤在一间10平米左右的房子办公，就对卢绪章说："北京旅游饭店这么紧张，我到北京要住店，你这个旅游局长都没有办法，搞旅游没有饭店不行。我打算给国家捐1000万美元，盖一个饭店和旅游局盖办公楼。"并提出了一个带有感情色彩的要求：饭店以他父亲的名字命名，就叫兆龙饭店。

由于当时接受外资捐款还是一个比较敏感话题，许多人还有不同看法，旅游总局不敢立即答复。

又等了一年多，1980年3月15日，包玉刚再次来北京与六机部谈订购船舶和合资经营问题。3月21日，合营协议签订后，华国锋、王震、谷牧、姚依林等领导同志接见他时，他再一次表达了捐赠的愿望，华国锋等领导对他这种热心祖国建设的行动表示充分肯定，同意接受这1000万美元捐赠。当天，他就给华国锋写了一封信，正式确认捐款事宜。

尽管当时中央领导同志同意接受这笔捐款，但一些人还是坚持"不能接受资本家的礼物"、"不能为资本家树碑立传"，旅游总局内部意见也分歧很大。1980年4月4日，旅游总局专门就有关问题向国务院上报《关于香港环球航运集团主席包玉刚捐赠旅游饭店和办公楼的请示报告》，几天后，国务院就批准了这一报告。7月2日，国务院又正式确定由旅游总局负责选址建设。

在万里同志的关怀下，经多方努力，饭店定址于白家庄。直到1981

年3月13日，才经国务院批准该工程列入当年中央部委在京建房计划，定名为兆龙饭店。1981年7月4日，陈慕华等领导和包兆龙、包玉刚父子参加兆龙饭店奠基。此后，包玉刚按承诺递交1000万美元的支票，竟一时找不到接收人。

邓小平同志知道后，为表明对这件事的支持，决定由他出面接受这笔捐款。1981年7月6日上午，邓小平、王震等领导同志在人民大会堂福建厅接见了包兆龙、包玉刚父子。邓小平亲自接过包玉刚面

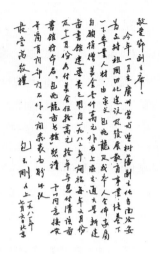

1981年7月6日，包玉刚写给邓小平的捐建上海交通大学图书馆的信函。

呈的1000万美元建造兆龙饭店的支票。同时，包玉刚还递上了他捐资1000万美元建造上海交通大学图书馆的信函。这在国门刚刚开启的中国大陆，是一个风向标，备受海内外关注。

这次接见后，包玉刚愈发增强了参与祖国对外开放和建设的信心。他发起成立了内地与香港合资的国际联合船舶投资有限公司。那时国内船舶出口几乎是零，而这家公司在短短两年时间里向中国内地造船厂订购了6条货轮，为中国的船舶出口起了带头作用。他还在家乡捐资创办了宁波大学等许多项目。

邓小平、叶剑英、王震等领导同志都非常关心包玉刚捐建的两个工程。兆龙饭店建设之初就确定了自己设计、自己建造、自己管理的方针。20世纪80年代初，我们一些部门办事效率还很低，工程未能按建造协议的时间进行，直到1983年2月13日才破土建设，此前包兆龙先生已于1982年不幸逝世，没能看到工程动工，令包玉刚先生不满。1983年9月3日，邓小平同志得知情况后立即对加快工程进度作出批示，还亲笔题写了"兆龙饭店"四个字。

80年代初我国建筑业和管理都很落后，尽管上上下下都很重视这

项"邓小平工程"，当时我们自己建这样的饭店，仍然出现了建筑质量问题。为此，邓小平同志两次派身边工作人员到现场了解情况后做出指示，要求尽快解决。

1985年10月25日，兆龙饭店落成，邓小平和杨尚昆、万里、习仲勋、谷牧等领导同志率领20多位部委负责人，以及包玉刚先生和家人出席了落成典礼。在此前一天晚上，在京的60多位部委领导参加了开业晚宴，这种盛况是少有的，表明了中央对外开放的政策导向和对海外爱国同胞工作的关切。

1985年10月25日，邓小平（前排右四）、万里（左一）、习仲勋（前排右二）、谷牧（前排右一）、包玉刚（左三）等出席了兆龙饭店落成典礼。

典礼结束后，邓小平同志就继续抓住工程质量问题不放，要求在10月29日中午12点前将情况报告他。11月1日，邓小平同志在旅游总局的报告上批示：北京市搞这样的建筑，谁还敢来投资，要严肃对待，认真查处；北京市的建筑行业要整顿。不许打击报复。

第二天，北京市委召开书记办公会传达邓小平同志批示，部署对建筑业的整顿工作。随后对有质量问题的工程进行了返修，北京市建筑业开始了整顿。

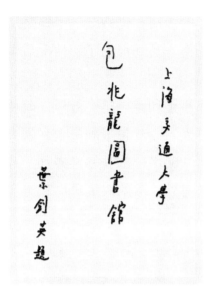

叶剑英为上海交大包兆龙图书馆题词

1986年2月8日，根据邓小平同志对兆龙饭店工程质量问题的指示，康克清率全国人大第三视察组到兆龙饭店听取整改情况汇报，督促抓落实。随后，在全国开展了建筑行业的整顿和改革。从抓兆龙饭店建筑质量这件小事上，可以看到邓小平同志求真务实，一抓到底的工作作风。

1982年5月，王震同志专门写信给上海市领导要求建好上海交通大学"包兆龙图书馆"，叶剑英同志题写了馆名。1985年12月27日，王震和上海市党政领导江泽民、汪道涵等出席了上海交通大学"包兆龙图书馆"落成典礼。江泽民同志在致词中说："包兆龙图书馆的落成，体现了国际著名实业家包玉刚先生和家属支持中国实现四个现代

1982年5月，王震就上海交大包兆龙图书馆建设问题给上海市有关领导的信。

化，发展教育事业，培养建设人才的崇高精神。"

这些早期合资合作旅游饭店的建成，不仅缓解了涉外接待的燃眉之急，更重要的是他们带来了先进的饭店管理和服务，对推动我们的管理和服务水平的提高，起了很好的示范作用。

1985年12月，王震（中）、江泽民（右）参加上海交大包兆龙图书馆落成典礼时与包玉刚（左）在一起。

合资搞活了浙江藤器 浙江西湖藤器企业有限公司合营初期，根据生产中存在的技术落后、式样陈旧、质量不佳、原料缺乏等问题，引进新技术、新工艺，并由香港的合作者提供优质原料，结合我国传统工艺，生产藤木、藤竹、藤钢、藤和其他材料结合的各类家具达上千个品种，款式新颖，美观大方，由原来的低档货变为国际市场上的中高档产品，深受国外客户欢迎。日本一家经营藤席的客商，看过该公司的展品后，觉得许多产品都适合日本市场的需要，一次就订购了上百个品种，价值10余万港元，货到日本后，不到一个月，又续订10余万港元的产品。不久，该公司产品便畅销日本、美国等国家和香港地区。开业第一年出口成交额达300万港元，为该企业双方投资的1.5倍。1982年出口成交额为500万港元，比1981年增长56%，两年共获利润60万港元。1982年初，该公司已建立了12个生产点，使浙江全省的藤器行业由衰转盛。

浙江杭州西湖藤器企业有限公司制作的各种藤制家具在1984年春季中国出口商品交易会上展出

开辟新途，闯出利用外资一片天

253

王朝葡萄酒——国产"洋酒" 现在大家都知道"王朝葡萄酒"。生产这种酒的是天津中法合营葡萄酿酒有限公司，它是天津市农场局、一轻局与法国波尔多的雷米·马丁财团（因生产"人头马"牌葡萄酒而著名）合资成立的，成立的一个主要原因是由于我国当时没有适合外国人饮用的干白、半干白、干红、半干红的西式葡萄酒。对外开放后，来华

20世纪80年代的天津中法合营王朝葡萄酿酒有限公司

的外国人越来越多，每年都花外汇进口葡萄酒。于是我就萌发了能否与法国合资生产葡萄酒，以填补国内这片空白的想法。那时天津的同志们正为没有一种名酒而不甘心，然而名酒都是许多年的积淀产生，非一朝一夕能搞出来的。这时有人建议不如别树一帜，以"洋酒"取胜，便开始同法国雷米·马丁财团谈合资。公司的初期注册资本为80万元人民币，中方占62%，外方占38%（其中雷米·马丁财团占33%，香港国际贸易与技术研究社占5%）。外方以进口设备形式出资。1980年5月该项目先后经天津市外资委和国家外资委原则批准（合同和章

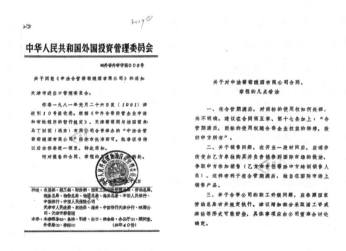

1981年，国家外资委关于同意举办中法合营葡萄酿酒有限公司的通知。

作者（前排左三）与法国专家德莱尔一家及王朝葡萄酿酒公司工作人员合影。

程1981年获得批准），8月完成建筑安装，进行试生产，10月就生产出了12.4万瓶葡萄酒。这样的工作效率和建设速度，当时除深圳特区外，在国内是极为少见的。由于酒厂设备自动化水平较高，开始只有15名员工，其中3名干部、12名工人，加上法国专家德莱尔夫妇，一共17人，后来法国夫妇在天津生了一个小宝宝，我曾同他们开玩笑说："现在工厂已有17.5个人了。"

过去我国酿制葡萄酒采用热发酵法，3年才能出酒，采用的葡萄酒的菌种，也不适合西方人的口味，而且糖分太高。这个公司从法国引进冷发酵法，2—3个月即可出酒。引进的葡萄压榨机也是当时国际上最先进的，它可以分等出汁，皮核皆可利用，发酵罐全是不锈钢的，也是我国当时所没有的。法国雷米·马丁财团最早派来的酿酒专家叫彼得，此人工作努力，对我方人员指导帮助热心，使该公司的中方员工很快掌握了从法国引进的先进酿酒技术。1980年10月，法国专家拿了该公司3种不同风味的样酒，到香港请同行品尝。他先不说是哪里的产品，香港的品酒师尝试后一致认为比澳大利亚的产品好。1981年6月，已正式命名DYNASTY(王朝牌)的产品，拿到法国举行的世界酒类博览会上，品尝的人都叫好。有的商人表示要当"王朝"葡萄酒的第一家进口商。法国电视台还用两个频道对此做了专题报道。明记中国饭店华侨老板说："我的饭店摆上'王朝'葡萄酒，生意会更兴隆。"

说起为什么用DYNASTY(王朝牌)，还有一段小故事。由于在签订合资协议时，我方坚持要求90%的产量由法方负责出口。因此法方自然考虑用什么品牌来开辟国际市场最有利。正好那时香港在热播一部名为DYNASTY（译作"豪门恩怨"）的美国长篇电视连续剧，于是想到用DYNASTY做酒的品牌容易为人们所熟悉。果然如此，DYNASTY（王朝牌)不仅很快进入港澳市场，而且很快进入美国市场。第一批葡萄酒出厂后，每瓶成本为2.53元，香港批发商出价为3.14元，而在美国零售价则高达8美元。合资企业投产第一年就开始盈利。

王朝葡萄酒从1984年获德国莱比锡国际评酒会金奖起，共获得14次国际金奖。其中包括1988—1992年连续五年在布鲁塞尔国际评酒会上获国际金奖以上的奖级，公司也因此获得布鲁塞尔评酒会上颁发的"国际最高质量奖"。接着，中国粮油进出口总公司、河北省张家口地区长城酿酒公司与香港远大公司合资生产的长城牌葡萄酒也获得成功。从此，我国不但有了大量的西式葡萄酒，在国际市场上有了一定声誉，也在一定程度上改变了我国民众主要饮烈性酒的习惯。

进出口工作情况

第 81 期

国家进出口委编　　一九八一年八月十七日

几个办得较好的中外合资企业

中法葡萄酿酒有限公司
复制件

由天津市农场局、一轻局与法国雷米·马丁团合资经营，投资总额二十五万美元，双方各占一半，合营期限十一年。一九八〇年五月开业，一年来取得的成果是：

（一）筹建工作抓得紧，投产快。去年三月批准项目，五月批准合同，六月开始基建，八月完成建筑安装，进行试酿，十月出酒十二万四千瓶。

—1—

1981年，国家进出口委《进出口工作情况》第81期对中法葡萄酿酒有限公司给予肯定。

合资带动国内产业发展　美国20世纪60年代末已开始普及彩电，而我国1970年才研制出第一台彩电，且所用显像管依赖进口，电视机质量低，产量少。到了20世纪80年代，12—14吋黑白电视机开始成为城市居民追求的新"三大件"之一，国外已普及的彩色电视机，对我国百姓还是可望不可及的奢侈品。记得为了使黑白电视有一点彩色感，还曾用一种黄色的透明塑料屏放在电视机前观看。福建—日立电视机合资企业的成立，能够生产彩电，促进了我国彩电的快速普及。一度人们曾担

1979年，上海人民无线电厂试制成功的集成式12英寸电视机。

心进口彩电会挤垮国产彩电，而不久国产彩电不仅占领了国内市场，我们还逐步成为彩色电视机的出口大国。

北京中美合资的"切诺基"吉普车和上海中德合资"桑塔纳"轿车的出现，使中国造的汽车开始改变面貌，走上新的发展道路。当时

1983年4月19日，上海汽车厂总装成功第一批5辆新型的桑塔纳轿车。

我国汽车合资与一般发展中国家合资的装配厂不一样。一开始就对提高国产自制率有明确要求，后来我国汽车工业产业政策又有硬性规定，有效地促进了我国汽车零部件和整车制造能力的发展，也为以后的自主创新打下基础。

首先在中国生产洗发香波和护发素的中德合资"威娜宝"公司，开始结束我国老百姓用肥皂洗头发的时代。在那以前我国人民对"香波"还很陌生，对"护发素"更是如此，一般城市居民洗发主要是用洗衣肥皂或香皂，农村连用肥皂洗发都不容易。当德国威娜公司到中国来投资以前，首先对我们中国人的头发做了抽样化验，由于长期用肥皂等碱性物质洗发，造成头发枯涩，分叉，发质很差，并据此设计

出配方，产品刚投产就受到欢迎。从此，中外合资和国内的洗发用品企业越来越多，使用香波和护发素也越来越普及了。

就拿天津的一个小小的合资企业——津华盘针制造厂来说，当时起的作用也非同小可。在计划经济时代，上海、北京、天津、广州等少数几家手表厂垄断了手表生产，尽管每只手表生产成本只有8—9元，卖价60—70元，生产仍供不应求，但由于企业的利润要上交，要扩大再生产需要的基建投资又很难获得批准，再加上生产设备和工艺落后，因此手表的款式长期是"老面孔"。党的十一届三中全会以后，对经济的管制开始松动。有些地方看生产手表有很大的利润，且市场有很大需求，于是许多小手表厂和各种各样的"杂牌"手表应运而生，而且由地方定价销售，获得的利润又用于扩大再生产。国家主管部门仍将少数大型手表厂的价格和基本建设管得死死的，越来越失去竞争力，客观上形成一群小厂蜂起挤掉大厂之势。当时天津手表厂也处于危急之中。这个厂是个大而全的手表厂，手表的全部零部件都由本厂制造，生产一种新产品要2—3年的时间，还要大量投资，一时都难以解决。正在苦无良策之际，一位搞了一辈子手表表针、表盘的香港同胞谢华，由于子女都有自己的事业，他的事业无人继承，于是就想把盘针厂搬到内地来。基于双方的需要，项目很快就谈成，并于1980年5月获国家外资委批准。该厂能生产300多种手表的表针和表盘。而对手表而言，所谓新产品主要是表壳和针盘。这样一来等于天津的手表由单一品种，一下子变成许多品种。这也为改革手表生产方式提供了借鉴。天津手表厂主要生产机芯，实行零部件专业化生产。后来由于零部件专业化生产方式的推广，不久我国的钟表工业取得大

1980年5月，江泽民签发的关于合资经营表盘厂的批复。

发展，同时也成为钟表出口大国。

第一批中外合资企业的成败，关系到邓小平同志关于举办中外合资企业重大战略决策的实施。只有把第一批中外合资经营企业办好了，让他们现身说法去帮助我们做宣传，才有说服力，才能打消外商的顾虑，来华投资办企业。因此，国家外资委以及后来主管外资工作的对外经济贸易部，十分关心每一家早期中外合资企业，指导他们关于合资的对外谈判、合资章程的草拟，帮助他们解决在生产经营中遇到的困难。

跨越艰难，走向成功

由于举办中外合资经营企业，对我们是全新的事物，无论是在思想上、体制上、工作上都有许多不适应之处，再加上我国当时物资供应短缺，实行计划分配，确实给早期来华投资合营的企业带来许多困难。例如：当时在与外商谈判合资时，中方普遍的心态是小心翼翼，怕吃亏，怕上当，怕被人说成是"洋买办"、"资产阶级代理人"，甚至把谈判看作是特殊的阶级斗争，把谈判桌作为与资产阶级进行斗争的"前线阵地"，有的单位还在谈判队伍中设"前线政委"，在谈判时满脑袋装的都是我们单方面的利益。这种谈判进展自然艰难。

平等互利——一个简单的道理　1979年，我们与法国雷诺汽车公司的一次谈判，在当时就很有代表性。在谈判中，对方问我们对他们的要求是什么，我们一连串提了好几条。例如，1.你们要拿出最新的产品和制造技术，而且以后如果有新的改进，也要随时转让给我们；2.技术转让的价格要便宜，要有竞争力；3.要负责帮助我们培训人员，掌握这些技术；4.生产出来的汽车的80%，要由你们负责到国际市场去包销，而且要保证有利可图；5.新的合资

加强合作　互利共赢
（作者篆刻）

259

企业，我们只出土地、厂房和能用的设备，其他所需的资金由你们投入；6.合资企业的董事长和总经理由我们担任。其实，我们脑子里还有许多，不过主要的已经说了，先听听对方的反应再说。

对方说：你们说的一至三条，原则上都是合理的；关于第四条，按理说合资企业生产出来的汽车，无论是国内市场还是国际市场，都应当由合资企业去推销，也就是由我们共同去推销，不过我们了解，你们目前在国际市场上还没

巴黎近郊比扬古尔的雷诺汽车厂

有汽车销售网络，我们可多承担一些责任，这个问题今后也可以具体谈；第五个问题原则上也可以谈，但厂房和能用的设备有一个估价问题；第六个问题，按国际上的惯例，一般说董事长应当是谁占大股由谁当，但你们法律有规定，我们也只好照办，而总经理为什么也必须由你们担任呢？不过总的说来，你们从贵方的利益出发，提出这些要求是可以理解的。但是，如果允许的话，我们能提一个问题吗？我们说，当然可以。对方说，你们刚刚对我方提出六条要求，为什么没有提到同你们合资对我方有什么好处呢？他这个问题使我们感到有些意外。当时我们的确有些尴尬，我们的确是没有讲，不但没有讲，甚至连想也没有想过。一时也想不出该怎么回答。对方接着说，合资企业就好像一个利益共同体，只有对双方都有利，这个合资企业才能办得起来；办好了双方共盈，办不好双方共亏。

对方这番话，我认为有道理。我们不是总讲平等互利嘛，互利不就是要考虑到双方的利益吗？为什么实践起来就忘掉了呢？其实并不是忘掉，还是并没有真正懂得。也正是后来越来越多的人懂得了这个道理，我国吸收外资的工作才会有今天这样大的发展。然而时至今日，

也并非所有人都懂得这样一个看起来很简单的道理。当时合资企业中方人员的顾虑，还不止这些。在合资企业中，当中外员工在一个办公室工作时，如果中方员工只剩一个人时，他往往会找借口离开办公室，以避免在与外方关系上引起别人不必要的怀疑。

"刀下留牛" "宁左勿右"的思潮，有时在利用外资上险些酿成重大损失。1980年，深圳光明华侨畜牧场为了摆脱困境，利用外资，先后从新西兰、丹麦引进贺斯坦良种奶牛1639头。当1980年第一批从新西兰进口的1239头奶牛通过海运抵达深圳港口后，我国动植物检疫部门检查时发现，有689头牛有流鼻涕的现象，有关方面认为这是口蹄疫，必须立即全部就地灭杀处理。而新西兰出口方和我国进口方则坚决不同意。他们的理由是：这些牛在装船前，均经过严格的检疫，没有发现任何问题，并有检疫合格的证书。在大洋上航行时，也不可能感染口蹄疫。由于海上航行时间较长，受些风寒，有的牛流鼻涕是常有的现象，很快就会好的。双方对此争执不下，但检疫部门是执法机构，有权按他们的意见执行。当时我国仲裁机制还不健全，不同意见无处申诉。眼看几百头牛即将成为"刀下之鬼"。就在这千钧一发之际，光明华侨畜牧场不得不向国家外资委反映，请求过问此事。

刀下留牛
（作者篆刻）

这的确是一个非常棘手的问题。进口方的意见固然有道理，但万一真是口蹄疫，那就会给国家造成难以挽回的严重后果；如果不是口蹄疫，采取"宁可错杀一千，也不能放过一个"的办法会造成不必要的损失。正在一筹莫展之际，终于想出一个暂缓执行的办法，即对这批牛采取严格隔离和严密的疫情观察措施。如果真是口蹄疫，当然一律就地杀灭；如果不是，则"依法释放"。双方对此都表示同意。可能这些牛也是"怕死鬼"，过几天就全部没事了。后经专家诊断，是患上了气管炎。牛儿们在避免了这一劫难之后，倒也没有"忘恩负义"，而是努力工作，正是由这批牛产下的奶加工出产的国产"光明牛奶"，1981年就率先进入了香港市场，并很快占领了香港牛奶市

深圳光明华侨畜牧场职工在挤牛奶。其中，花奶牛从新西兰引进，全自动鱼骨式挤奶机从瑞典引进。

场的较大份额。从1983年以后，他们已基本上不再进口奶牛，而是引进良种奶牛冷冻精液自行繁殖。到2007年，该场奶牛存栏数已达到15000头，年产鲜奶4万吨。据了解，到1983年为止，该企业的产品仍一直稳定地占据香港牛奶市场的70%左右，为我国的对外贸易做出了贡献。

这件往事使我们深深感到，在对外贸易中无疑必须要维护国家的权益，但也必须要有科学的态度。如果采取"宁左勿右"的态度和方法简单化处理问题，往往不但不能维护国家利益，反而会造成损失。

啼笑皆非的"内外有别"　当时来华进行商务谈判的外商，对我国的一些做法因无法理解，也闹出不少笑话。20世纪80年代初期，我国刚对外开放不久，在很多地方都实行"内外有别"的规定。例如，住宾馆饭店，乘公共汽车，参观博物馆，游览名胜古迹，逛公园等等，对我们中国人是一种价格，对外国人则是另外一种较贵的价格，而且他们不能用人民币支付，只能使用外汇券。

所谓外汇券，就是当时外国人来我国，首先要把外币换成外汇券，再用外汇券买东西。因此外汇券实际上就是供外国人使用的"人民币"。由于当时商品比较短缺，有些专供外国人购买的商品，只有用外汇券才能买到，因此外汇券又变成一种黑市外汇。

部分外汇券

先不说当时这类"内外有别"是否合理。既然要实行"内外有别"，那就得检查护照，而实际上许多场合往往又做不到，于是常常闹出一些笑话。有一次，我们邀请来谈判的美国企业的代表团中，有一位能讲流利中国话的美籍华人。由于他担任代表团和我们的联络工作，有时有事要来找我们，按照当时的规定是可以要车去接的，当我们要派车接他时，他总是说不用了，他自己来。那时出租汽车又很少，他是怎么来的呢？我便好奇地问了他。他回答说是乘公共汽车来的。我又问他："您怎样买票呢，他们收外汇券吗？"他回答说公共汽车上不收外汇券。我又问他："那您是没有买票吧，被查出来可不是闹着玩的！"他说："怎么可以不买票呢？"说着他从口袋里掏出一把硬币说："您看，五分钱买一张车票，既便宜又方便。"

如此内外有别
（作者篆刻）

　　他还告诉我，有一次他们代表团去参观故宫闹出的笑话。他们一共去了9个人，他去买了9张门票，每张2元。进门时，这位华人顺利通过了，而其他人却被拦住，不让进。其他美国人指着这位华人用英语对收门票的说："我们都是美国人，为什么让他进，不让我们进？"收门票的人听不懂，便问这位华人："这些外国人说些什么？"这位华人一听，糟了，这些美国人把他也说成是外国人，这下子连他也进不去了，便翻译成中国话说："他们说，为什么这个中国人能进去，他们美国人不能进去？"收门票的人答道："我们有规定，中国人的门票是2元，外国人的门票不一样，是20元，他们要重新买票才能进去。"当时这位华人很尴尬，因为他也是美国人，若如实翻译过去，这些美国人一定更不理解，然而不翻又不行，于是就半开玩笑地对这些美国人说："因为我是黑头发，同他们一样。你们是黄头发。"谁知这些美国人不服，还不依不饶地说："如果我们把头发染黑了呢！？""那也不行，你们的眼睛是蓝的，我是黑的。"这些美国人耸耸肩，越听越糊涂。这位华人一看玩笑不能再开下去了，便对这些美国人说，请你们稍等一下，我到那边同他们的主管商量一下。说着他便去售票口花了180元外汇券重新买了9张外国人的门票，总算实现了他们参观世界上最大的古宫殿群的愿望。

那个年代这类事情很普遍，看起来是小事，可是对外国人来说，他们很难理解和接受。在涉及这类问题的对外谈判中，尽管我们找出若干理由进行辩解，然而不但说服不了他们，甚至还提到"国民待遇"的高度来对我们进行质疑。多年来经过反复协调，不断统一思想，也很难解决，一个不大的问题变成了"老大难"。我记得一直到1996年才最终获得解决。

不必要的"外国人禁止通行"　当时，有不少地方都插着"外国人禁止通行"、"外国人不得入内"的标牌，有的地方有人执勤、管理，而有些地方根本就没有人管。我本人就见到过这么几件事。有人管的地方如合资的津华盘针制造厂有限公司，也闹不清为何外国人不能进入。大沽炮台早已废弃不用，成为国耻教育的文物古迹，也是"外国人禁止进入"。东沽渔船闸以南是"大沽口军事禁区"，禁区里有海洋石油勘探局的钻井、采油、运输、地质等基地。这些部门和日、法合作者签有承包服务合同，因工作需要，外国人几乎每天都要进去，而每次进去，都要到天津外办、公安局、警备区等单位办理通行证，手续复杂。海洋石油局希望把禁区的牌子移动一下，警备区的同志说："这块牌子是1953年军委定的，要移得找军委批准。"

又如，美国船级社（ABS）检验师麦尔，经常要去大港上古林的石油部第四化建公司检验导管架部件，由塘沽经盐场去上古林的公路往返需1个半小时，但这条路不准外国人通行，只得绕道天津，往返却要6小时。麦尔发牢骚说："每天我应该工作8小时，实际只干2小时，效率太低了！"

据有关同志反映，有些保密规定是没有必要的，如日本记者要拍摄他们专家的办公楼，也不让拍；有些保密是保不住的，卫星可以清楚地拍照，保密毫无意义。更难办的是，对保密的范围和界限缺乏明确的规定，这个部门不保密的，那个部门要求保密；今天不保密的，明天又保密。因此，海洋石油勘探局等单位建议根据国家对外开放政策，重新修订过去的一些规定。

直到1982年9月16日，一位记者采访后写了一篇《在海洋石油勘探局工作的外国专家工作和生活中需要研究解决的几个问题》的报道刊登在新华社内参上。胡耀邦同志当天就作了长篇批示："这个材料反映了一些荒唐事，看了之后真是使人又气又好笑。现在全党都同意开创新局面，要提高经济效益，如果不重'创'这些可恶的东西，新局面如何开创得出来？效益怎么能提高？几年来，我深感我们许多规定、做法，不适应开创新局面的需要，加上某些人，根本不是为了搞社会主义，而是妨害社会主义，这些问题要下决心，有多少扫多少。否则一切都会流为空谈。"国务院领导也高度重视。10月，国务院专门召集了十几个有关部门在北京开了5天会，研究解决这类问题，提出了解决处理的原则意见，以会议纪要的形式下发有关单位执行，这类现象才有所改观。

更好笑的是，当时鉴别外国人的手段，往往也不是查护照，因为中国人根本没有护照，因此，鉴别是否中国人或外国人，往往是根据他们的头发、皮肤和眼睛的颜色。有一次在北京也闹过这样一个笑话，几位领导去某郊区办事，其中一位搞军工的司长，由于抗战时搞弹药科研时出了事故，使他皮肤变白，头发变成棕黄色，走到"外国人禁止通行"处即被扣住了，由于未带证件，其他几位再三说明他不是外国人，执勤的战士就是不听，也不让通过。这种情况，对于外商前来投资造成很大不便，不知走到哪儿，就会被禁止通行或禁止进入了，怎么工作呢？而我们在国外则看到另一种做法，人家是"外松内紧"，例如，连夏威夷珍珠港的海军基地都可以开放参观，甚至还会向你介绍现役的军舰情况，但属于军事机密部分，你半点也别想看到。而我们有时看起来戒备森严，实际上是"外紧内松"，而真是别有用心的人企图窃取机密，仍有空子可钻。

不切实际的外销要求　在中外合资经营的谈判中，遇到的一个普遍问题，就是合资企业生产的产品应内销还是外销？以天津中法合资的葡萄酿酒公司为例，法方认为，中国每年都要进口不少外国酒，合资企业生产的酒应当代替进口，在国内销售。而我国当时的情况是：生产酒的是工业企业，而进口酒的是中国粮油进出口总公司，是两条不同的渠道，无法代替进口，再加上外汇短缺，因此坚持要全部由外方负责出口。这种理由外方无法理解，因而相持不下。后来经过反复做工作，再加上法方认为葡萄酒的出口市场还有扩大的空间，双方才同意合资先办一个年产10万瓶的小厂，90%的产品由法方负责出口。由于该厂投产后，一举达到法国的质量标准，外国客商也争先成为王朝葡萄酒的出口代理，很快便进入香港、北美等市场。这时大家都很高兴，产量不断增加，国内也很畅销，内销配额不够，反而不断要求外方降低外销比例。由于王朝葡萄酒在国内外市场知名度的提高，便送到我国名酒评比会参加评比，没有想到竟遭到拒绝，理由是"王朝"是"洋酒"不能入选。1984年该公司生产的王朝葡萄酒在德国莱比锡国际评酒会上获得金奖，国内评酒部门听到此消息后，才补了一个名酒奖项。现在王朝葡萄酒不但是国内外的知名品牌，该合资公司也成为全世界著名的大型酿酒企业。

一家税收特例企业　迅达电梯在谈判时，还遇到一个差一点无法进行下去的难题。那时，我国的电梯质量差是有名的，香港的爱国同胞和巴基斯坦等友好国家也曾一度进口过我国产的电梯，但因质量太差又缺乏售后服务，不久便不得不退出市场。

我在访问巴基斯坦时就亲身领教过国产电梯质量，一次是关在电梯中出不来；另一次是当我正跨进电梯门时，门突然猛地一关，夹住了我的胳膊，电梯门上带机油的橡胶密封条把我的衣袖印上了两条黑道。当时使我哭笑不得，也为这种产品质量深感羞愧。

因此电梯已成为一个人见人骂的"老大难"问题。在这个背景下，1980年，作为我国第一批中外合资企业的北京迅达电梯公司开始了合资的谈判。有一个问题，在谈判一开始就卡了壳。外方问企业的所得税率是多少？而当时不要说所得税率是多少，就连涉外企业的所得税法还没有呢。在谈判中，我方代表对外方说，现在还没有法律规定，等将来立法后，按法律规定办。反正《中华人民共和国中外合资经营企业法》已规定，合资企业可享受两年免征所得税，以后3年还享受减半征收的待遇，全部征税是5年以后的事，来日方长，总不会让你们吃亏，请放心吧。谁知这番充满诚意的话，并未说服外方。他们坚持要解决这个问题后才能签合资合同，理由是如果不知道所得税率是多少，就无法测算投资的中长期回报，也就无法对项目的可行性做出评估。双方僵持不下，谈判只因这一个问题而搁浅，也未免太可惜了。况且这个电梯项目不但有为中外合资开辟道路的重要性，特别是我国电梯的质量太差，更有引进先进技术改造老企业的迫切性。在相持不下的情况下，当时的国家外资委商请全国人大法工委同意，用国家外资委与有关部门内部商定的24%的企业所得税率与外方谈判，经双方商定后写在合资合同中。合同经政府批准后，如以后颁布的涉外所得税法的税率高于24%，对迅达电梯公司仍按24%征税；如以后颁布的法定税率低于24%，则按新的税率征税。因此，虽然以后颁布的中外合资企业所得税法定税率为33%，而对迅达电梯公司一直仍按24%税率征收所得税。

当中国迅达和天津奥的斯两家电梯合资企业建成投产后，引进了先进的设计和制造工艺技术，本应能生产优质电梯，然而又遇到新的问题。国外制造的电梯，特别是标准型号的电梯，早就采取在电梯制造厂内制造、装配、调试合格后，派人去现场安装，提供售后服务，以保证电梯的质量和安全运行。而我们却一直沿用电梯制造厂只生产零部件，然后工厂把零部件卖给房屋建筑公司，再由不懂电梯制造的房屋建筑单位安装。因此，我国的电梯质量问题，不仅是设计和制造工艺落后，与我国的电梯安装体制落后也有关系，许多问题往往是出在安装过程中，而且电梯出了问题，电梯厂又不能直接提供售后服务。这种体制上的矛盾，一开始使合资企业经营非常为难。后来经过艰苦地协调，终于接受了国外的先进经验，并逐步推广成为我国通行的体制，使我国的电梯质量和售后服务取得了飞跃发展。

物资匮乏的烦恼　　早期的合资企业建立时，我国还处于物资匮乏、计划分配和发放各种购物票证的时代。这给合资企业运营带来许多困难。有一家生产胶板的合资企业，生产中需要蒸汽，因为当时还没有集中供热系统，不得不自备锅炉供汽。然而当时锅炉用煤只能按计划配给国有企业，他们无法获得煤炭，无奈之下，只能用生产中边角木料烧锅炉，又被有关部门以木料不能当燃料为由予以制止。由于天热，公司领导想为车间和办公室买一批电风扇，又因没有"集团购买力指标"而无法实现。因交通不便，公交车班次太少又十分拥挤，常延误上班，想给每个职工发一辆自行车，又为弄不到"自行车票"而发愁等等。这些问题直到请当地市委书记出面过问才得到解决。

荒唐的"老鼠尾巴"　　在第一批中外合资企业中，中日合资的中国大塚制药有限公司是一家符合世界卫生组织规定的良好作业规范（GMP）的输液制品生产企业。那里高度净化的生产车间、先进的设备和严格的管理，使人们大开眼界，留下了深刻的印象。他们与我国当时生产的药品有所不同：一是从药物、罐瓶到注射器都是一次性使用的，可杜绝重复使用而引起的交叉感染，保证注射用药安全。二是药瓶是用聚丙烯制造的，可避免玻璃瓶因装药时间久了，药水对玻璃表面腐蚀而造成药物变质，以保证药水的安全。三是装药的吊瓶与传统的不一样，进气孔有过滤塞，使进入瓶中的空气经过过滤可得到净化。现在这些医药技术已司空见惯了，可在当时还是全国独一无二的。由于我国医院从未用过这种产品，也

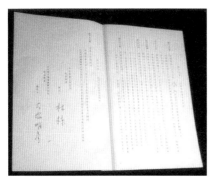

中日合资的中国大塚制药有限公司合同书日文正本

认识不到其好处，投产后，销路发生了问题，产品积压，企业面临停产困境。在不得已的情况下，也学会了我们中国人的办法，企业有困难不去找"市场"，而来找"市长"了。因为这是天津第一批中外合资企业之一，刚开业就要停产，市领导怎能坐视不管呢？经过了解，认为产品销路的问题，主要是中国没有用过的这种新产品，医院、医师们不了解，人家又是外国人，对中国市场不熟悉，还是应当帮他们一下。于是我给他们出了一个点子，建议他们请医院的院长、医师们到厂里去参观，向他们详细介绍产品的特点，再请他们座谈提意见。此举果然大见成效，各医院纷纷订购试用，有的医学专家还在报刊上写文章，为他们做宣传，连北京的大医院也来订购，产品很快供不应求，工厂也很快进行了二期扩建。

然而在成功的路上，也遇到一些令人啼笑皆非的烦恼。有一次我考察大塚制药厂，中方经理向我反映了一个情况：工厂所在的街道办事处为了开展爱国卫生运动，规定辖区所有单位都要开展灭鼠工作，并分配了任务指标。任务完成情况按上交的老鼠尾巴数为准，若尾巴

中日合资的中国大塚制药有限公司落成典礼，第二排中为作者。

1984年7月，彭真（右）、李瑞环（中）与作者（左）在中国大塚制药有限公司。

数不够，则按每条罚款5元顶数。给大塚制药厂分配的任务指标是杀灭200只老鼠。厂方向我诉苦说，该厂是高度净化的，一般是1万级，最高是100万级的净化厂房，哪里来的老鼠？打不到老鼠的罚款数量虽不算大，但如果顶个"有鼠不灭"的名声而被罚款，我们整个工厂的信誉不是被毁了吗？听他讲完这个问题，我当即让人找到这个区的负责同志进行了批评，责成他们要立即纠正，今后决不能再有类似的情况发生。看起来这是个"鸡毛蒜皮"的小事，对此我又为何如此认真，而且以此为例，后来又在多种有关场合提及呢？问题虽小，可对投资环境的影响很不好。特别是当时的确有股风，许多人把中外合资企业当作"唐僧肉"，你想找个借口来咬一口，他也想咬一口，中外合资企业效益较好，来咬的人胃口也就越来越大。这样下去，外商还敢来吗？外资不来，政府的税收、就业、新技术等等也都没有了，你想咬也没有东西可咬了，这个简单的道理都不懂吗？

说起把"合资企业"当作"唐僧肉"，当时这方面的事例还很多。例如，我在天津工作的时候，就听到很多外资企业反映：在一些公路上立着很多不切实际的限速牌，特别是疏港公路，本来运输能力就低，还要"限速"，更影响效率。更可笑的是对"限速"只有标识，并无有效管理，几乎是"形式主义"。我听到反映后，就找来公安局领导，带着他沿途检查，当场把这类牌子一个一个地拆掉。又如，天津生产"威娜宝"洗发液和护发素，他们为了扩大市场，到电视台做广告。当电视台看了广告样片后拒绝了，理由是电视台还没有给"洋货"做过广告，而且样片里一个女人的长发飘来飘去，有伤大雅，况且女的还像个外国人，等等。后来经过反复交涉，终于同意，但由于是合资企业必须交外汇。当时外汇管制很严，按官价申请用汇很困难，只好按市场价折合人民币交费，这意味着广告费贵了好几倍。有一次迅达电梯公司给在瑞士出差的员工邮寄冬装，也因为是合资企业而要收外汇。诸如此类，看起来是一些具体问题，但都关系到投资环境。

从1979年7月8日颁布施行《中外合资经营企业法》，到当年年底，全国总共才批准了6家中外合资经营企业。到1982年底，也不过才批准了48家，总投资额2.23亿美元，其中吸收外商投资1.025亿美元。这48家合资企业中，工业企业37家，其中：机械行业5家，电子电器行业6家，纺织业2家，食品工业4家，轻工、手工业14家，制药3家，木材加工、饲料加工、石油勘探各1家；非工业企业有11家：种植、养殖业3家，旅游饭店2家，其他6家。这些企业主要分布在沿海省市，其中广东9家，北京、福建各7家，天津、上海各5家，江苏3家，浙江、湖北各2家，河北、辽宁、山东、广西、湖南、甘肃、新疆、贵州各1家。外商合作者来自香港的22家，美国11家，日本、菲律宾各4家，联邦德国、瑞士、瑞典、法国、澳大利亚、泰国和挪威各1家；其中属于华侨、华裔、港澳商人投资的共28家，占60%以上。以上48家企业中，双方投资不足100万美元的有24家，100万—500万美元的有12家，500万—1000万美元的有6家，1000万美元以上的有6家。与现在一年成千上万家相比数量是微不足道了。但正是由于当年对这些先行的中外合资企业，就像园丁爱护幼苗一样地加以培植，积极帮助他们克服各种困难，使第一批中外合资企业取得成功。首批中外合资企业的成功举办，赢得国家的诚信和外商的信心，使人们看到外商来华投资办企业，不仅带来资金、先进技术和管理经验，双方都取得满意的效益，改进了我们一些不合理的管理和体制，发挥了"摸着石头过河"和"滚雪球"的作用。

举办中外合资经营企业，是一项全新的工作。为了解决工作中遇到的这些困难，进一步放宽政策，加快发展，1983年初，对外经济贸易部、国家经委联合会同国家计委、财政部以及海关、税务、银行、劳动等部门对我国现有中外合资经营企业的状况进行了一次大的调研，并就如何进一步打开局面的问题做了研究。提出：中外合资经营企业是一种特殊的经济组织形式，是我国多种经济形式中的一种，只要我们的政策措施得当，发展中外合资经营企业，只会促进我国国民经济的发展，而不会打击民族工业。那些把合营企业视同外国企业，力图加以限制和排斥的做法是不对的。并且提出了促进中外合资企业发展的建议：在税收、原材料进口、劳动用工等方面适当放宽政策，抓紧经济立法，明确合营企业的经营自主权，保障企业的合法经营权益。这个报告引起了国务院领导的重视，1983年3月16日，国务院批转了国家经委、对外经济贸易部关于进一步办好中外合资经营企业的报告。各地方按照这些意见，进一步改善了合资经营的环境。

随着《中外合资经营企业法实施条例》以及有关配套法规的制定和实施，进一步放宽了政策。通过下放审批权、减税、让市场等一系列措施，外商来华投资环境明显改善。1983年5月11—20日，国务院在北京召开第一次全国利用外资工作会议。国务委员兼对外经济贸易部部长陈慕华主持会议，对外经济贸易部副部长魏玉明报告了前一段吸收外商投资工作情况，对需要解决的若干问题提请与会同志研究讨论。最后，姚依林副总理针对会上提出的

国务院文件

国发〔1983〕46 号

国务院批转国家经济委员会、
对外经济贸易部关于进一步办好
中外合资经营企业的报告

各省、市、自治区人民政府，国务院各部委、各直属机构：

　　国务院同意国家经济委员会、对外经济贸易部《关于进一步办好中外合资经营企业的报告》，现发给你们，请认真贯彻执行。

　　利用外资，包括举办中外合资经营企业，是加快我国社会主义现代化建设的重大战略决策。几年来，我们在举

—1—

1983年，国务院批转国家经济委员会、对外经济贸易部关于进一步办好中外合资经营企业的报告。

问题发表了意见。姚依林同志指出，在我国的经济建设事业中利用外资是完全必要的，我们利用外资的方针是一个正确的方针，不是什么"卖国主义"。近几年来，利用外资的成绩主要表现在三个方面：一是利用外资进行重点建设，取得很大成就。修了铁路、港口、机场，进行了石油勘探，开了矿山，开辟了特区，规模总算是不小的；二是在中小企业方面，在旅游事业、文教事业以及其他事业方面，不论是借款，直接投资，还是补偿贸易、合作生产等，都取得了一些初步成绩；三是我们开阔了眼界，增长了知识，使我们对与资本主义国家和资产阶级进行经济合作遇到的五花八门的情况有了一些初步认识。这次会议进一步统一了认识，提出各部门、各地方要采取措施落实年初国务院批转国家经委、对外经济贸易部关于进一步办好中外合资经营企业的报告，继续放宽了吸收外商投资政策，对推动吸引外商投资工作发挥了积极作用。1984年3月根据中共中央书记处和国务院的决定召开了沿海部分城市座谈会。进一步调动了外商来中国投资的积极性。1986年10月，国务院制订颁发了《关于鼓励外商投资的规定》（即二十二条），解决了外商投资企业在运营中遇到的一些困难，对产品出口和技术先进的外商投资企业给予更为优惠的待遇。国务院各有关部门也相继制订了实施上述规定的十几个细则。这些规定使吸收外资的环境得到了进一步的改善，外商来华直接投资进度显著加快，出现了新的高潮，走上一个稳定发展的新阶段。

天津化纤厂，这是毛主席和周总理批准的一个引进大项目，当时有不少的外国专家在这里工作。开始，有些同志受极左思潮的影响，认为外国专家是"资本家代理人"，把他们当成"斗争对象"；有的认为"这些人是我们花钱雇来的，他们得听我们的"。因此关系搞得比较紧张，针对这些思想，天津化纤厂提出：这些专家都是受雇于资本家的劳动者，鼓励大家和他们交朋友。双方有意见分歧时，坚持平等协商，不强加于人，不伤害对方的自尊心。尊重对方技术专长，虚心向对方学习。他们把专家看成"活的专利"，教育广大职工把学习专家的技术专长当作一项重要任务。一年多时间，请外国专家讲96次技术课，还召开6次外国专家座谈会，听取他们对工程建设和管理的意见。他们还把专家组织起来，如每周一召开一次中外双方都参加的例会，充分发挥外国专家的作用。同时，在生活中给予照顾。

这种做法，外国专家很满意。联邦德国电气工程师罗德曼手中有一本我们非常需要的"防雷接地手册"，开始由于关系紧张，只给我们看一眼就拿走了。后来关系融洽了，临走时背着他们团长用消字灵把手册上公司的图章涂去，送给了我们。

这件看起来不起眼的小事，1980年6月被记者以《天津石油化纤厂注意调动外国专家的积极性的这些做法》为题报道在新华社内参上，胡耀邦同志阅后，立即批示给有关部门："这样的经验怎么采取有效办法使有外国专家的单位都能掌握。请你们在对外宣传小组例会上议一议。"7月，国务院专门召开会议推广这个经验。

1985年9月，北京吉普汽车有限公司正式投产。

有一次，中美合资的北京吉普汽车公司的中方领导讲了这样一件趣事：外方经理曾对他们说，他原来对中国共产党不了解，到北京工作后，发现许多党员都是优秀职工，他很佩服中国共产党。当中方领导向他说明工厂党委的重要任务，也是为了在平等互利的基础上共同把企业办好。外方经理连连点头表示赞赏地问："你们开会我能不能参加？"中方领导以为他在说笑话。对他说："不能，因为你不是党员。"谁知他却说，我愿意加入共产党，不知你们要不要。不管他是否了解我们党或是幽默玩笑话也好，但有一点是可以肯定，他对合资企业状况是满意的。这也反映了我国那时中外合资企业发展环境的主导状况。

风险合同　1979年开始举办中外合资企业的同时，其他形式的利用外商投资也有相当可观的进展，签订了数千项中小型补偿贸易和来料加工装配项目，与英、法、美、日等国签订了海上石油合作勘探开发风险合同。这种合作方式简单地说，探不出油，勘探方自己倒霉，打出油，合作开发。具体分两个阶段：第一阶段先搞地球物理勘探，其费用由各参与公司分摊，将来招标时，落标不还，中标也不转入勘探成本；第二阶段是勘探开发，只有参与第一阶段物探工作的公司，才有资格投标，中标后与我签订勘探开发合作合同。从1979年开始，先后参与第一阶段勘探的有13个国家48家石油公司，仅用一年多的时间，在42万平方公里的海域里，完成了地震普查线11万公里，发现有希望的储油构造470多个。这样的工作量仅靠我们自己要5-6年的时间才能完成。从1980年5月开始，转入第二阶段，我们先后与日本、美国、法国等国家的石油公司签订了5个合作开发海上石油协议，在接下来两年多的时间里，5个合同区共打探24个、生产井15口。中日渤海合同区首先打出油来，他们打的9口井中，有8口井获得工业油气流，我对日本石油株式会社社长井上亮先生开玩笑地说："你的名字好，井上光明。"当时，在渤海油田有不少外国专家，而天津塘沽连一家涉外饭店都没有，为了给外国专家创造良好的住宿条件，还专门从国外进口了一批活动板房构建的汽车旅馆（Motor Inn）式公寓，很快就整体安装好了，让这些外国专家居住，他们对我们创造的条件表示满意。

　　合作经营企业与合资经营企业不同的是，合作经营企业不是以双方投资额计算股份和分配利润，而是合作双方在平等互利的条件下，按合同规定的方式和比例分取收益。是契约式的经济实体，合作双方的权利、义务和责任，由合作双方通过签订协议、合同加以规定。中方合作者一般提供土地、场地、现有厂房、设施、劳动力及劳动服务等。客商提供资金、技术、设备、良种等作为直接投资。这种合作方式符合我国当时经济发展水平，比较灵活，简便易行，所以发展较快。1982年底，我国对外签订合作经营项目已达792个，实际使用外资5.3亿美元。其中广东最多，到1982年底，合作经营累计签订合同697项，外商实际投资4.1亿多美元。这些企业包括工业、农业、水产养殖、捕捞、城市住宅、交通、旅游宾馆、文教、卫生等，对发展我国工农业生产，建设比较完备的旅游网点，改善人民生活等都起了积极的作用。

邓小平同志对我国吸收外资，举办中外合资、中外合作、外商独资企业曾作过这样一个精辟的分析，他认为："外商总是要赚一些钱。但是，国家还要拿回税收，工人还要拿回工资，我们还可以学习技术和管理，还可以得到信息、打开市场。"事实正如邓小平同志所论述的这样。对外开放以来，我国家电、通信等行业发展吸收外商投资、引进先进技术的混合制经济，结果生产大增长，技术上档次，产品进入国际市场。邓小平同志揭示的上述利弊观说明：开放是要付出代价的，这就要求我们认真研究中外双方利益取向的区别和联系，在实践中充分发挥主观能动性，兴利除弊，化弊为利，做到以尽可能小的代价换取尽可能大的利益。

借鸡下蛋，
利用外国政策优惠贷款

1969年5月11日，《人民日报》向全世界报道了一则我国既无内债又无外债的消息。这在当时，是人们十分引以自豪的事，认为这是社会主义优越性的具体体现。此后，便形成了不向国内外借债的非常保守的财政政策，1969—1978年我国既无内债又无外债。直到改革开放后，我国才突破这一政策，开始利用外国政府和国际金融组织贷款，弥补国内建设资金不足，加速我国经济社会发展。

结束"既无内债，又无外债"时代

利用外国政府和国际金融组织开发援助项目贷款工作，是我国对外开放政策的重要组成部分，也是促进我国进一步对外开放，更多地参与国际交换、竞争，加速我国经济建设和社会发展的重大举措。

邓小平同志很早就主张利用国外资金，对不愿从国外借钱的观念提出批评。1978年5月30日，邓小平在与胡乔木等人谈话时说："现在的国际条件对我们很有利。西方资本主义国家从它们自身的利益出发，很希望我们强大一些。这些发达国家有很多困难，它们的资金没有出路，愿意把钱借给我们，我们却不干，非常蠢。现在东方有四个'小老虎'：一个是南朝鲜、一个是台湾、一个是香港、一个是新加坡。它们的经济发展很快，对外贸易增长很快。它们都能把经济发展得那么快，我们难道就不能吗？"后来又指出："人家借给我们钱都不怕，我们怕什么？"

改革开放之初，谷牧（右）向邓小平（左）汇报工作。

1978年6月，谷牧同志在考察西欧回来向中央政治局作汇报的会议上，谈到加强技术引进工作时，提出了付款问题。我国在引进技术设备中已采用过国际通行的延期付款方式。会上认为这种办法利息较高，不大合算，要研究采取新的方式。随后，邓小平同志找谷牧同志谈话时说："引进这件事反正要做，重要的是争取时间。可以借点钱，出点利息，这不要紧，早投产一年半载，就都赚回来了，下个大决心，不要怕欠账。"7月，国务院召开务虚会进行了研究，当时谈得比较多的是利用中国银行在国外吸收的外汇存款，谷牧同志在会上提出可按国际通行办法，采取多种方式。会议经过讨论，对利用西方国家的贷款和吸收外商投资基本上形成了共识。陈云同志在1980年12月16日中央工作会议的讲话中也明确指出："资金不够，可以借外债"。

当时法国、联邦德国的一些金融机构都表示可以向我国提供贷款，主要问题是我们希望寻求长期低息的优惠贷款。

借鸡下蛋
（作者篆刻）

借用日元贷款，尝试举债发展

1979年初，日本对华友好人士木村一三先生向我有关部门表示，日本政府有一笔通过"海外经济协力基金"向发展中国家提供的贷款，如果中国需要可向日方提出。

日本的海外经济协力基金成立于1961年，是从事对外国贷款的半官方机构，基金总裁由首相提名，内阁任命。基金主要由三部分构成：一是政府财政拨款，到1980年底已累计拨出8341亿日元。二是大藏省从国民储蓄中拨出一部分，但要付息，到1980年底共拨出7576亿日元。三是基金本身收回的本息。提供贷款的数量和规模，由日本政府内阁的经济企划厅、外务省、大藏省、通商产业省会商确定，由协力基金根据政府间的贷款换文，与借款国政府授权部门签订具体的贷款协议，并负责协议的执行。基金成立之初，这项基金只是贷给到发展中国家进行投资的日本企业。1965年起，直接向发展中国家提供开发项目的贷款。

协力基金贷款分直接贷款和一般贷款两种。对发展中国家主要是直接贷款，其形式有以下五种：一是建设项目贷款，也是当时使用最多的一种，主要是用于发展中国家的一些基础设施，例如：交通、运输、能源等；二是商品贷款，用于发展中国家改善国际收支和抑制通货膨胀；三是开发资源和原材料的贷款；四是开发资金贷款，是通过借款国家的开发金融机构转贷给本国的有关部门；五是和世界银行协调合作的共同贷款。协力基金贷款年利率一般从无息到7.5%；还款期10年至30年，宽限期3年至10年半。根据借款国及项目的情况不同，贷款条件也相应地有一定变化。贷款的物资采购，实行一定范围的国际招标。

在中日两国邦交正常化前，该基金曾向台湾地区提供了540亿日元的贷款，还款期为20年，年利率3.5%，用于修建水库、港口和钢铁厂。从1965年至1980年，该基金共对48个国家和地区进行了直接贷款。其中对印度尼西亚的贷款最多，到1980年3月，总金额已达到8208亿日元，最低年利率为2.5%，最高年利率为3.5%。对该国的贷款主要用于开发基础工业、石油、化肥、电站和进口商品等。

木村一三先生向我国提供的这一重要信息，引起了我国领导人的高度重视。再加上1978年8月中日友好和平条约的签订，为两国在这方面的合作创造了条件。1979年5月，中国人民银行副行长卜明同志为借用日本能源建设贷款和民间银行贷款访日，期间也就借用海外经济协力基金贷款一事，与日方有关部门进行了商谈。他回来汇报说，有希望争取到。

谷牧访日确定贷款合作　党中央和国务院经过讨论，决定派谷牧同志为此专访日本。1979年9月1日，谷牧同志带领国际贸易促进委员会主任王耀庭、国家建委副主任谢北一等同志到达东京。9月3日，大平正芳首相会见了代表团并谈了许多友好合作的话。他表示，中日两国的经济关系，在继续保持和发展民间交往的同时，日本政府将尽力予以协助和支持。随后，谷牧与日本外相园田直进行会谈。园田直说，以谷牧副总理这次访日为契机，将进一步加强以支援中国现代化

1979年9月3月，日本首相大平正芳（前排左三）在首相官邸会见谷牧（前排左二）。

建设为中心的日中紧密关系。对于向中国提供贷款，他提出了1979年度第一批贷500亿日元的意见，表示如中方同意，年底大平首相访华时

可正式确定。谷牧一行还特地看望了日本前首相田中角荣。田中说，你们早就应该来了，二战后一些国家的经济振兴，都是利用了外资的。在当今世界上借用外债是各国建设中通行的一种办法，在这方面没有什么不好意思。接着他拿出几张照片给谷牧看，说这些照片都是他为筹措外债到一些国家访问时拍的。

1979年9月4日，日本前首相田中角荣（左一）在其住所会见谷牧（右二）。驻日使馆唐家璇（右一）陪同会见。

在参观访问过程中，日方有人示意，希望我方对日本政府向中国提供优惠贷款能表示一下谢意。谷牧同志对他们讲，贷款是互利的活动，不存在谁感谢谁的问题。因此，在东京举行的记者招待会上，他强调中日两国从各方面发展友好合作，是两国的共同需要，对两国人民都很有利。他在会上还宣布：中国建设所需资金主要依靠自力更生，但也要引进外资，只要条件适当，我们将接受所有友好国家的贷款，也准备参加联合国金融组织，接受世界银行等机构的贷款。谷牧副总理向日本政府表示，我国政府接受日本政府的贷款，并将带去的9个基础设施建设项目作为第一笔贷款的选项提供给日本政府。自此，中国借用日本海外经济协力基金贷款，进入了准备实施阶段的谈判。

1979年10月，日本政府派代表团对我方提出的项目进行初步考察和可行性研究。12月，日方又派代表团访华，向我国正式确认我方提出的9个项目中的6个作为第一批贷款项目。12月7日，日本首相大平正芳访华期间，在与我国政府发表的联合公报中承诺，日本政府向我国提供第一批贷款，金额3309亿日元(当时约合15.4亿美

日本援助建设项目——中日友好医院，名碑由邓颖超题写。

元），从1979年到1984年分年度签署贷款协议。贷款年利率为3%，偿还期为30年（含宽限期10年）。双方共同确认的6个建设项目为：河北秦皇岛港口扩建工程、北京至秦皇岛铁路复线及电气化工程、五强溪发电建设工程、山东石臼所港口新建工程、山东省境内兖州至石臼所铁路的新建工程、湖南省衡阳至广东省广州的铁路复线工程（含大瑶山隧道）。同时又公布了以其首相名义无偿援助我国一座医院（即北京中日友好医院）。我国接受外国政府长期低息贷款的利用外资的新方式从此开始了。

中日两国政府商定：中方借款人为国家外资委的负责人，贷方为日本海外经济协力基金负责人；中方代理银行为中国银行，日本代理银行为东京银行。第一批第一笔（1979年度）500亿日元贷款于1980年4月25日签署政府换文，4月30日签署贷款协议。由于日本的财政年度为头年的4月1日开始，这笔贷款1980年4月起开始支付。后来，由于我国进行国民经济调整，与日本政府达成协议，缓建衡广铁路（含大瑶山隧道）和五强溪水电站，把两个项目的贷款1300亿日元转为商品

中日关于日本政府
给中国政府贷款的换文

（日 方 来 照）

中华人民共和国外交部副部长韩念龙先生阁下
阁下

我谨提及日本国总理大臣正式访问中华人民共和国时于一九七九年十二月七日发表的日中联合新闻公报第八款，并确认，日本国政府代表和中华人民共和国政府代表，最近就有关旨在促进中华人民共和国经济现代化的努力而提供的日本国贷款，达成如下谅解：

一、根据日本国的有关法律和规章，海外经济协力基金（以下简称"基金"），将向中华人民共和国政府提供不超过伍百亿日元（￥50,000,000,000）数额的日元贷款（以下简称"贷款"），以便按照所附项目表规定的每个项目的金额实施该项目表列列的各个项目；中华人民共和国政府授权中华人民共和国外国投资管理委员会（以下简称"委员

1980年4月25日，中日关于日本政府给中国政府贷款的换文（日方来照）。

日元贷款建设项目京广线复线重点工程——大瑶山隧道，这个隧道穿越位于广东省境内的瑶山和武水峪谷，全长14.3公里。

贷款，用于续建上海宝钢一期工程和大庆石油化学工程。截止到1983年8月，中日双方签订5次建设项目贷款协议，共2009亿日元。

第一批日元贷款项目均按贷款协议规定时间如期建成，取得了显著成效。例如，秦皇岛港二期煤码头工程于1984年建成，年吞吐能力2000万吨；石臼所港口于1985年建成，年吞吐能力1500万吨；京秦铁路于1984年建成，1985年开始运煤，1986年全线电气化，复线300公里，新增运输能力5000万吨；兖石铁路于1985年建成，单线300公里，新增运输能力1200万吨。上述两路、两港的建成，增加了山东、山西综合运输能力3500万吨，缓解了当时交通运输紧张的局面。利用协力基金贷款项目的物资采购，在6批国际招标中，我国企业中标金额约占46%，在投标的国家和地区中仅次于日本，居第二位。由于当时我国经济建设中的突出问题是能源、交通问题，尤其是煤炭运输问题，能源短缺影响到30%的生产能力无法发挥，因此早期的日元贷款主要用于这些方面。

1980年11月，谷牧同志作为中日政府成员会议的中方首席代表，经过与日方商谈，确定当年度日方提供560亿日元贷款(当时约折合2.6亿美元)。12月5日，国务院副总理兼外长黄华和日本外务大臣伊东正义，就这笔

对外经济贸易部文件

(82)外经贸字第115号

万里副总理会见日本海外经济协力基金副总裁青木慎三谈话记录

(未经万里副总理审阅)

时　间：一九八二年十月十六日下午三点半
地　点：人民大会堂
参加人员：日方：青木慎三，日本海外经济协力基金副总裁、三浦带刀，日本海外经济协力基金贷款三部副部长、新井泉，青木副总裁秘书、竹内克之，日本海外经济协力基金驻京代表、渡边牵治，日本驻华使馆公使、菅野道雄，日本驻华使馆经济参赞、中岛明，日本驻华使馆一秘、林励，日本海外经济协力基金驻京驻在员

1982年10月16日，万里副总理会见日本海外经济协力基金副总裁青木慎三谈话记录。

贷款在北京换文。在签订1983年度贷款协议时，万里副总理接见了日本海外经济协力基金副总裁青木慎三，双方对日元贷款项目表示充分的肯定。从1979年到1983年，我国从日本政府贷款3309亿日元，1984年到1989年又签订了5400亿日元的贷款协议（包括700亿日元的黑字还流贷款，用于出口基地开发项目）。以后每年双方确定下年度的贷款项目和额度，延续了近30年。

那时我们拟定的接受外国政府和国际金融机构贷款的工作方针是：一、务必力争谈成，但不要急于求成，要有充分的耐心；二、不卑不亢，尽管贷款的条件优惠，但有借有还，不是我单方有求于人，对方也不是施主，而是对双方都有利，不论是在政治上还是在经济上，双方都有需要；三、在坚持平等互利原则下，具体事情上可以适当互让。在谈判中上述要求基本上都做到了。1982年初，由于政府机构调整，这项工作由对外经济贸易部管理，国务委员兼对外经济贸易部部长陈慕华出席了当年度的日元贷款协议签字仪式。1998年后这项工作划归财政部管理。

1982年10月18日，中日双方在北京签署1982年度日元贷款协议，陈慕华（站立一排左四）和作者（站立一排右四）出席了签字仪式。

据有关方面统计，从1979年起至2007年止，我国累计利用日方提供的长期低息贷款25411亿日元，用于255个项目的建设，主要是港口、铁路、公路、电力、煤气、农业、电讯等我国基础设施项目，取得了良好效益，为我国的建设和发展发挥了积极作用。

日本政府向我国提供政府间贷款的第二种方式是商品贷款。所谓商品贷款是对发生外汇赤字的国家实行的一种资助性质的贷款，以弥补受援国的外汇支出。关于贷款的规模、期限、利率等由双方商定，一般优于商业贷款。这种贷款只限于向提供贷款国家购买建设项目所需的设备等资本货物。

日本政府向我国提供商品贷款的起因及经过大致情况如下：1978年，按照当时国务院主要领导同志的指示，为了加速经济建设，要在原来的国家计划外，再搞一批大型项目，因此对外签订了78亿美元的引进合同，其中成套设备项目为65亿美元，最大的项目为宝山钢铁厂，大庆、南京等3套年产30万吨乙烯项目，还有电站、码头、港口及100套综合采煤机组等。由于建设项目上得过于集中、过猛，1979年底前，国内发生了经济困难。再加上外汇紧张，我国政府被迫于1981年1月公开宣布无力执行上述已签订的合同，其中大庆乙烯，尤其是上海宝山钢铁厂项目，引起了日本方面的特别关注，世界舆论也为之大肆炒作，一度严重影响了我国国际声誉，对刚刚对外开放的我国造成了不利的影响。

1981年4、5月间，日本方面经稻山嘉宽先生等友好人士积极沟通，日本政府愿意考虑使已签合同继续履行下去。这时担任国家外资委顾问的大来佐武郎先生也从中疏通，转达日本政府愿意提供一种商品贷款，来解决因我国资金问题而停、缓建项目的续建问题。日本自民党也干预起来，二阶堂进先生9月间来访时拜会了邓小平同志，讲到了商品贷款事宜，用于恢复已签定的重大项目的合同，弥补中方资金不足。接着由谷牧同志与二阶堂进先生进行了具体会谈，达成了原则协议。

1981年9月8日，邓小平（前左）会见日本自民党总务会长二阶堂进（右）。

10月，中日政府级事务性谈判确定了商品贷款的金额、组成、利率、期限等具体问题。这个贷款是由三个部分构成的：第一部分是日本政府的商品贷款为1300亿日元；第二部分是日本输出入银行的卖方信贷，金额为1000亿日元，年利率为6.2%，期限为15年；第三部分是日本民间银行的贷款，是由几家民间银行组成银团提供的商业贷款，金额为700亿日元，按市场利率计息。其中，1300亿日元商品贷款是在日本购买化肥、钢材以及医疗设备等在中国销售后回笼的人民币，分别借贷给宝山钢铁厂、大庆乙烯项目，使之得以恢复建设。历史已经证明，这一举措是正确的。以后，日方向我国的贷款又发展了其他方式，如"黑字还流"等。

在日元贷款项目的合作过程中，我国同日本政治界、企业界的一些著名人士有了较多的交往。经党中央、国务院批准，1981年6月，两国共同发起创办"中日经济知识交流会"，每年举行一次年会，一直延续下来，成为两国高层人士非正式对话的一条重要渠道，促进了两国的相互了解，为官方决策提供重要的咨询意见。

中日两国在互利的基础上，达成使用日元贷款的协议，也推动了中日友好合作。当时，无论官方还是民间，大家见面说得最多的一句话就是周恩来总理的一句名言："中日两国人民应该世世代代友好下去。"从日元贷款开始，我国打开了使用国际上的金融资源，特别是优惠长期贷款，加速我国经济建设的新局面。这种合作关系至今已经持续了近30年。

恢复我国在世界银行的席位

在使用国外贷款方面的另一件大事，就是我国在1980年正式恢复了在世界银行中的成员国席位。

当时世界银行的贷款分三部分：第一部分贷款是由该行所属"国际开发协会"提供的无息长期贷款，每年收0.75%手续费，还有10年还款宽限期，还款期可长至50年，通称为"软贷款"。由于我国当时的人均国民生产总值只有312美元，符合向世界银行借用"软贷款"的条件（平均每人每年国民生产总值低于400美元）。但正式确认我国符合使用国际开发协会贷款的资格，还是经过世界银行代表团考察并写出评估报告后，于1981年3月由世界银行执行董事会讨论通过。符合使用"软贷款"条件的发展中国家，也不是所有项目都使用"软贷款"，还要看项目本身的情况而定。第二部分是有息长期贷款，又称之为"硬贷款"，是由世界银行国际复兴开发银行提供的，用于经济情况尚好的国家的开发建设项目。第三部分是上述两部分相结合的混合贷款。

设立指导小组　为了使用好世界银行和政府间的项目贷款，国务院成立了以谷牧副总理为组长的指导小组。根据指导小组的指导原则，由国家外资委协调管理这方面工作。

根据1981年1月13日国务院批准同意的《关于世界银行贷款工作的情况和建议》，谷牧同志召集有关部委开会布置，政府贷款工作指导小组就正确地利用世界银行或政府间的中、低息和

1980年4月15日，邓小平（右）会见世界银行行长麦克纳马拉（左）。

287

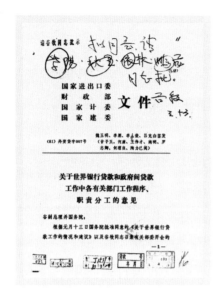

1981年3月，国务院批准国家进出口委等部门提出的《关于世界银行贷款和政府间贷款工作中各有关部门工作程序、职责分工的意见》。

无息长期贷款，对有关部门职责分工、工作程序等问题进行了研究。指导小组认为：　在自力更生的前提下，正确地恰当地利用世界银行或政府间的中、低息贷款、无息长期贷款，对实现第六个五年计划的经济调整任务和今后国民经济的发展是有利的。在这项工作中，要遵照陈云同志在中央工作会议上讲话的精神，头脑清醒，从我国的实际需要与可能出发，贯彻执行我国国民经济调整的方针政策，经过综合平衡，量力而行，慎重选择，纳入计划，妥善利用，充分发挥投资效果。为做好此项工作，必须充分发挥各有关部委的作用，贷款项目从论证到确定，纳入计划到实施，都必须明确责任，按照现行的管理体制和工作程序进行管理。

指导小组的任务，是协调有关部委和单位的工作，及时了解情况和研究问题，向国务院或主管部门提出解决这些问题的建议，而绝不是包办代替有关部门的工作。有关部委要各负其责，密切配合，共同把工作做好。

（一）确定贷款项目的基础是项目主管部门的工作。主管部门应组织有关单位和专家根据国家确定的中长期规划，对项目的产品方案和资源、地质、原材料、燃料动力、协作、交通运输等条件，进行反复、周密的检查和论证，核算国外贷款及国内投资的使用额度，考查项目的技术可行性、经济合理性，计算项目投产后的经济效果和偿还本息能力，以便提出切实可靠的项目可行性研究报告。可行性研究报告中的各项条件及计算，如有错误或不落实之处，应由主管部门及承担协作的部门负责。

（二）贷款项目的可行性研究报告，由国家外资委会同国家计委、国家建委组织有关部门严格按引进条例及基本建设程序的要求进行审查。在此基础上，国家外资委着重从进出口、外汇收支的角度进行综合平衡，核实偿还计划；计委着重从国内需求和国内投资、物资供应、协作配套可能的角度进行综合平衡，核实国内配合投资；建委着重从设计、施工的可能性和经济合理性的角度，核实项目的厂址选择、技术与装备的采用和建设周期、投资效果。这些方面的平衡均需会同财政部、银行共同审查，然后报国务院审批，国务院批准后纳入国家的中、长期规划和年度计划。项目审批确定后方可同对方商订协议。

（三）我国对世界银行和政府间贷款的统一对外窗口由财政部负责归口。我向世界银行贷款或政府间贷款，均属我国政府的债务，因此，贷款协定由财政部签订。国内外债权、债务和财务处理，由财政部统一管理，还本付息计划也由财政部提出。财政部会同银行要对贷款项目实行严格的财务审查监督。贷款部门在财务偿还上应对财政部负经济责任。非营利部门的项目也要讲求投资效果。

（四）贷款项目经国务院审批并纳入计划之后，由项目主管部门按我国现行基本建设程序负责实施。在贷款项目的建设过程中，国家建委在设计、施工、设备安装等工作上进行协调和监督。国家建委负责组织有关单位研究制订既能符合我国有关规定、程序，又能适应世界银行要求的设计审查、施工建设、工程招标的程序办法，经批准后实施。

（五）按世界银行的规定，贷款项目需要采购的设备、材料都应进行国际招标。我国企业(公司)可参加投标，并享受一定优惠。各项目主管部门在设计中应尽量采用我国能生产的产品及技术指标要求，经审查后据以提出招标技术资料。招标由对外贸易部统一组织。为提高我国设备、材料中标的比重，设备方面由国家机械委员会组织我国各机械制造部门、企业(公司)参加投标(招标设备清单应由机械委事先审查)，材料方面由物资总局会同冶金、建材等部门组织我国企业(公司)参加投标。

（六）国家外汇管理总局和中国银行负责贷款的外汇管理和结算

工作。中国人民建设银行和中国农业银行接受委托，分别负责对有关投资项目办理贷款的监督工作。中国人民银行负责有关国际货币基金组织的工作。

（七）上述各项国内工作，由国家外资委协调。国家外资委内设政府贷款项目建设办公室，在国家外资委领导下，作为指导小组的办事机构，进行有关协调、联系工作。

1981年，作者在国家外资委负责政府贷款工作（这是作者的第一张彩色照片，当时装电话十分困难，办公桌上的这台电话还是"走后门"才装上的）。

政府贷款项目建设办公室的工作范围为：1.组织有关单位研究外国政府和世界银行等对我国贷款的有关规定、程序、要求，并了解其他国家利用此类贷款的情况，逐步搞出对我有利的、适应我国情况的工作程序及做法；2.会同有关部门研究、掌握利用贷款的方针政策，协助对外归口部门和使用贷款部门，拟定统一的对外谈判方案；3.组织有关部门对外提供贷款建设项目的工程进展情况及有关资料；4.协助对外归口部门，对有关国家、组织的贷款驻京办事机构进行日常联络；5.协同有关部门研究贷款项目的经济效果及综合性问题，协调各使用贷款部门工作，协助解决在执行贷款协议中出现的问题；6.会同有关部门了解贷款项目工程的进展情况，督促项目的实施和完成；7.协助有关部门审查使用贷款部门提出的年度贷款及物资采购计划；8.协助有关主管部门进行物资采购的招标工作；9.督促检查使用贷款部门履行协议条款、执行合同规定，以及到期还本付息情况；10.总结、交流对外谈判、项目建设的情况和经验；11.及时向领导反映汇报上述工作情况，处理日常业务及领导交办的其他事项；12.及时提出提请国家外资委领导及指导小组讨论的问题及有关资料、请示报告。

（八）有关世界银行及政府间贷款的工作，必须认真贯彻执行我国外交方针政策，有关这方面的问题，由外交部进行审核。利用世界银行贷款和政府间贷款，我们还缺乏经验，以上意见仅是一个粗线条的初步考虑。今后随着工作的开展，要加强调查研究，及时总结经验，修改补充，陆续做出一些相应的具体规定，以便有计划，有秩序地努力把这项工作做好。

以上各项规定，经国务院领导同志批准，由国家外资委、财政部、国家计委、国家建委于1981年4月7日联合发文通知有关部门。从此世界银行和政府间的贷款工作，开始走上有序管理的阶段。

优先支持教育　　由于我国当时是符合使用无息软贷款的发展中国家，因此，最早的贷款都是力争使用软贷款。世界银行贷款是无息长期贷款，因而当国内了解情况后，许多部门和地方纷纷提出项目申请。我国教育事业"欠账"太多，在世界上处于落后状态。例如，当时在美国等发达国家使用个人电脑已很普遍，而我国的高校连一个计算机实验室都没有，还谈什么培养科技人才呢。这种状况与现代化建设的要求严重不相适应，亟待加强。根据邓小平同志优先发展教育和科技的指示精神，国家外资委与有关部门商量后，向国务院提出如世界银行能提供软贷款，首先用于教育的建议，并获得原则同意。国家外资委又通过有关渠道与世界银行探讨，向世界银行表示，只能接受国际开发协会的软贷款，并表示将把该行无息长期软贷款用于我国教育事业。世界银行行长麦克纳马拉对此积极支持，并示意对中国的第一笔贷款最好在1981年6月他任期届满前办成。

1980年7月，世界银行主管东亚及太平洋事务的副行长夏希德·侯赛因率领的世界银行代表团访问我国，向国家外资委、财政部等部门的有关负责人口头承诺，表示可以首先向我国高等院校(主要是理工科

世行无息贷款
教育项目优先
（作者篆刻）

借鸡下蛋，利用外国政府优惠贷款

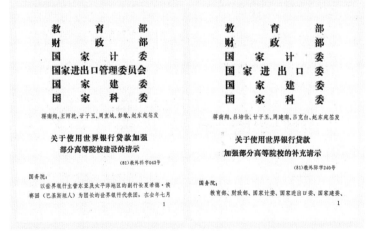

院校)提供不少于2亿—2.33亿美元的贷款。为落实这一贷款项目，世界银行于1980年9月派来了教育考察团，对我高等教育进行考察，进一步确认了贷款意向。同年11月初，经中央书记处原则同意，国家外资委会同教育部、财政部等有关部门对贷款的内容和使用方针进行了认真调研，提出了以下意见：

一、鉴于教育事业困难很多，本身又无偿还能力，建议教育项目的贷款由国家统借统还，分配给有关院校使用。考虑到国民经济调整时期基建投资的限制，这笔外汇贷款可不列入国家基建投资控制额之内，但国内配套的人民币投资，仍要列入基建投资计划。按照世界银行的规定，购买总价超过50万美元的设备，采取国际竞争性投标方式；总价在5至50万美元的设备，采取有限的国际投标方式；5万美元以下的设备，可直接采购。不论国际竞争性投标还是有限的国际投标，我国内企业均可参加，并可享受一定的优惠。

二、要认真贯彻1980年5月11日中共中央书记处讨论教育工作时所作的指示精神，即教育投资要集中使用，要下决心抓好重点，投放在见效最快、最大的地方。为使这项贷款能充分发挥作用，尽快收到实效，这笔贷款主要用于基础较好、师资力量较强的重点综合性大学，重点多科性工科院校以及重点农、医、师范院校。贷款的使用，要注意加强教学实验室及计算机培训设备，以利于扩大招收大学本科生和

1981年，教育部等部委关于使用世界银行贷款加强部分高等院校建设向国务院的请示。

研究生的数量，提高教学质量和科研水平。5年内要使受益学校的本科生增加30%—50%，研究生增加一倍。要使教师与学生的比例由目前的1∶3.3提高到1∶7，受益学校每年要与其他学校交流教师5%左右。学校的教学、科研要与培养硕士、博士水平的研究生计划相结合，与学校承担的国家科研任务相结合。

三、贷款的分配要与学校担负的教学任务及对贷款的消化能力(现有教学科研骨干力量、学术水平、管理水平、校舍条件等)相适应。要根据实事求是精神，确定各校贷款数额。要注意贯彻中央关于坚决缩短基建战线的指示精神，不能以得到世界银行贷款为理由，乘机向国家要大量基建投资。建立的实验室应基本上利用现有校舍，可以进行必要的修缮、改建或扩建。少数院校必须新建实验室的，应是已列入基建计划，基建投资已有保证的。否则，不分配贷款。

四、分配贷款的初步方案。根据以上原则，拟将2亿至2.5亿美元贷款用于以下几个方面：

1. 我国大学的实验室，由于长期缺少投资，教学设备严重不足，而且陈旧落后。十年动乱期间，又遭受严重破坏。粉碎"四人帮"后，虽有所恢复和改进，但全国重点高等院校的基础实验课只能开出60%—70%，专业基础课和专业实验课能开出的比例更低。因此在贷款的使用上，建议首先加强26所重点综合性大学、多科性工科院校及农、医、师范院校的教学实验室，建立44个中心实验室和计算机站，主要为本校教学和科研提供实验和数据处理手段；并充分利用余力，为附近的高等院校提供服务。计算机的规模和功能，首先是满足学生运用计算机进行基本训练的需要，适当照顾科学计算和学校管理的需要。分析测试中心实验室一般配备中等精度的仪器，适当配套，为全校各院系公用，但又要适合本校特点，有所侧重。高精度的分析仪器只能在一两个重点院校配备，供其他重点院校公用，力求避免不必要的重复购置，做到投资较少，受益面较广。为了保证中心实验室设置和仪器设备配备的合理性，按照以上原则，还组成四个专业组，在国内外进行调查研究，然后由专家与有关部委共同对方案进一步论证，以上共计需贷款1.04亿至1.4亿美元。

2.培训师资，改进大学管理。为提高26所高等院校的师资质量，派遣600—1000名教师出国进修；提高教育贷款管理水平的培训；改进大学管理工作；购买图书资料等，需使用贷款约4800万至5000万美元。

3.为今后教育贷款项目能继续进行，使用一小部分贷款作为后续项目的准备和可行性研究工作的费用，主要是加强其他43所理、工、农、医、师范院校及少数民族院校的重点学科；扩大基础性大学数量；加强中央广播电视大学及成人教育；加强中学和职业教育；加强大、中、小学及幼儿教育师资培训；加强高等院校社会科学学科；加强农业教育；改善教材印刷力量和教学仪器设备生产能力等。这需要800万—1000万美元。

4.不可预见费(即备用金，包括通货膨胀因素)4800万—5000万美元。

以上共计贷款2亿到2.5亿美元，贷款分5年使用。1981年用10%，以后3年大体每年各用30%，第5年扫尾。为了完成这些项目，国内还安排了配套基建投资和费用约1.25亿元人民币。

这一贷款，在当时是对教育的一笔重大投资。有关部委都十分认真，强调一定要用好贷款，防止浪费。订购设备，要注意经济效果及利用率，避免积压、浪费。引进的设备主要是国内不能制造的；或虽能制造，但质量不够稳定的。为此，教育部还组织有关专家对各校方案和引进设备清单进行审查，并由10部委的专家组复审。在项目执行中，如出现严重浪费及严重不良影响，要追究责任。这个贷款方案，经国务院批准后，向世界银行提出。11月，世界银行又派出教育项目评估代表团来华，对项目进行评估，并同意提供2亿—2.5亿美元的贷款草案。

按照世界银行的程序，1981年4月经谷牧和国务院其他领导同志

1981年5月，财政部等部委送请国务院审批世界银行教育项目贷款协定的报告。

批准，由国家外资委、财政部、教育部、中国银行组成的政府代表团赴美国，与世界银行进行谈判，并与该行签订了我国与世界银行的第一个贷款协议，用于教育项目。该行麦克纳马拉行长会见代表团时满意地表示，在他退休前终于正式与中国建立了实质性的合作关系，并对中国政府重视教育和严肃认真的高效工作表示赞赏。他相信这个项目一定能取得成功，希望双方的合作有更大发展。

正如麦克纳马拉先生所料，第一个项目的执行取得了重大成功。由于后续项目的准备比较充分，随后的教育项目也进行得很好，使近200所高校的教学科研设施得到了明显改善。

这次赴世行谈判签约，还有一些有趣的插曲。代表团中的同志们都准备了西服，唯独一位教育部的同志只带了一套中山装。驻纽约总领馆的同志对他说，纽约的治安状况不好，你外出最好不要穿中山装，一看就是中国大陆来的，很容易被抢劫分子盯上。可这位同志就只有一件中山装，怎么办呢？他说，那我就穿里面的毛衣出去吧。大家说，那也不行，你总不能穿毛衣到世界银行去吧。要在美国买一套西装，可只有30美元零花钱，买又买不起。正在无计可施之时，总领馆同志忽然想起说，附近

项目大学

除借款人与世界银行另有协议外，参加本项目的大学如下：

成都	四川大学
重庆	重庆大学
西安	西安交通大学
兰州	兰州大学
广州	中山大学
广州	华南工学院
武汉	武汉大学
武汉	华中工学院
上海	复旦大学
上海	上海交通大学
上海	华东师范大学
南京	南京大学
南京	南京工学院
杭州	浙江大学
合肥	中国科技大学
厦门	厦门大学
济南	山东大学
北京	北京大学
北京	清华大学
北京	北京医学院
北京	北京师范大学
北京	北京农业大学
天津	南开大学
天津	天津大学
大连	大连工学院
长春	吉林大学

使用世界银行教育项目贷款的高等院校名单

借鸡下蛋，利用外国政府优惠贷款

有一家商店正在清仓大甩卖，不妨去看一下。这位同志去后，穿了一套西服回来时，大家都赞赏地说样子不错，比我们国内做的都好，他还得意地告诉大家只花了14个美元，真可谓价廉物美了。还有一位同志在国内买的皮鞋，一到美国，前面的鞋底就脱胶，他可没有教育部那位同志幸运，美国的皮鞋很贵，无奈之下只好买一瓶胶水自己粘贴，但穿不了一会又脱开了。幸好那时美国时兴那种好像绿色草坪似的化纤地毯，因此他在谈判、会客时就赶紧把鞋尖埋在地毯中，从来不抬腿。那时，美国市场上基本上看不到中国大陆货，而到处都可以看到"台湾制造"的商品。回国时，多数同志都买了当时很稀罕的台湾制造的像砖头似的录放机，不过用不多久就玩不转了。然而，即使这些质量很差的产品，我们也不会制造，更不用说要出口了。

当时虽然我们开始使用世界银行贷款，我们主要是对它的无息软贷款感兴趣，至少也要软贷款和硬贷款各占一半，对有息硬贷款的使用还有较多顾虑。当时对我国比较友好的世界银行中国处高级官员彭加拉先生建议我们可以更积极使用世界银行贷款。他说："我们感到中国在借用世界银行贷款方面是很保守的，只是考虑利息问题；认为软、硬贷款各占一半，平均利率在5%左右才可接受。其实这个概念并不确切，因为忽略了贷款的期限。硬贷款是20年，软贷款是50年。根据世界银行计算，软、硬贷款各占一半，其平均利率只是2%；如硬贷款占60%，则平均利率是2.7%—3%；即使硬贷款占90%，利率也只有7%—8%；都用硬贷款的话，还是低于商业贷款利率。现在中国已签协议的8亿美元，搞不了什么大的项目，只能是以后大量贷款项目的前导。可是到现在为止，中国再也没提出下一步的贷款项目。我

国家进出口委简报《世界银行高级官员建议我积极使用世界银行贷款》

们担心今后将没有项目可搞了，可能好多年用不了多少贷款。希望中国从长远出发，尽快提出贷款项目规划，以便双方交换看法，共同来选择。"他的建议引起国家外资委领导的高度重视，经谷牧等中央领导批准和推动，终于打开了使用世界银行贷款加速我国基础设施建设的新局面。早期世界银行的贷款项目，除教育外，主要用于港口、铁路、公路、能源等基础设施的建设，为培养人才，改善投资环境，发展经济发挥了积极作用。我国最早的天津港和上海港的集装箱泊位、京津塘高速公路等都是用世界银行贷款建设的。

当时，印度是使用世界银行软贷款最多的发展中国家，由于那时中印关系等原因，我们无法直接去向他们学习。为了更好更多地使用世界银行优惠贷款，我们在组织有关部门的同志分批到世界银行的国际经济学院进行短期培训的同时，在世界银行的帮助下，组团赴对我友好的巴基斯坦、菲律宾、泰国进行考察。三国有关部门对我们予以热情接待和周密安排，他们不但向我们系统介绍了与世界银行建立关系的组织机构、项目的可行性研究，选择、招标的程序，借还贷款的程序，如何更好发挥贷款效益等一系列问题，也对我们提出

国家外资委等部门组团对巴基斯坦等国家使用和管理世界银行贷款情况的考察报告

的问题一一予以解释。他们还请我们到港口、电站、高校、自来水厂、民众廉租住宅等贷款项目现场参观，听取相关负责人的介绍，使我们获益匪浅。当时印象最深的有：巴基斯坦的卡拉奇港利用世界银行贷款扩建，使该港成为当时一个现代化的国际港口的经验；泰国用贷款在边远地区开发建设水电站和改善清迈大学教学设施的

经验；菲律宾利用贷款在农村建设自来水厂和印制多次循环使用小学教科书的经验等等。后来这些经验，都陆续应用在我国利用世界银行的贷款项目中。虽然以前我们也到发达国家进行过考察，亲身感受到我们与他们的巨大差距，但到发展中国家访问考察还是第一次。

使我们吃惊的是，我们与这些发展中国家的差距也不小，例如卡拉奇港的先进设施和管理，校园漂亮和设施完善的泰国清迈大学，现代化的宾馆饭店（当时泰国的东方饭店号称亚洲最好的饭店），良好的社会治安，商品琳琅满目的商店，都使我们感到羡慕，也深深感到中国必须改革开放，再闭关自守，真无法"立足于世界之林"。当时，在这些国家中，巴基斯坦是对我国非常友好的邻邦，该国政府对我们这次考察非常重视，政府有关部门负责官员进行了周到而细致的安排，对怎样有效使用世界银行贷款建设基础设施的经验，做了详尽的介绍。我们还对卡拉奇港进行实地考察，受到港务局长热情接待。他亲自向我们介绍情况，同我们进行座谈，回答我们的问题，使我们受益匪浅。在那次考察中，巴基斯坦给我留下很好的印象，不仅是热情友好，还有以下几点：1.国家秩序很好，老百姓安居乐业，连小偷都极少，给人一种安全感。2.政府官员文化和专业水平较高，特别是对国际合作有较多的知识和经验，很有修养。尽管不少政府、地区部门和一些大企业的领导是军人，但就我接触到的，他们也是受过高等教育的专业人才，并不是"大老粗"。3.市场比较繁荣，能够看到当时在国内还看不到的商品。4.重视基础设施建设、经济稳步发展。当时我们对他们包括卡拉奇港在内的建设和发展，感到很羡慕。5.当时新首都伊斯兰堡刚建成，由于它是按比较科学的规划建设的，使人感到很漂亮，特别是大清真寺，从建筑学的观点看也是很现代化和宏伟的。6.古老的城市拉合尔保留了古都风貌，有浓郁的文化氛围。7.卡拉奇市是一个港口和商业城市，虽然杂乱一些，但也还是安全的，当地的华人、华侨感到在那里有许多发展的机会，也还算是安居乐业等等。当然，也看到他们国家的一些问题，最突出的是贫富悬殊。我们接触的一些上层人士的生活跟西方没有什么差别。但我们在农村看到一些贫民住的土屋连门都没有，里面几乎看不到什么家具，床也是用几根木头搭的框架和草绳绕起来的。不过总体来说，那次考察不仅使我们学到了与世界银行打交道和港口建设的知识和经验，而且这个国家和人民也给我留下了良好的印象。

2004年12月27日在《人民日报》有以下一则报道：

中国援助巴瓜德尔港一期工程竣工

本报伊斯兰堡12月25日电记者陈一鸣报道：本报记者25日从中国港湾建设(集团)总公司驻巴基斯坦办事处了解到，由中国援建的巴基斯坦瓜德尔深水港项目一期主体工程竣工。 按照巴政府规划，瓜德尔深水港项目分两个阶段完成：一期工程主要是港口基础设施建设，包括3个多功能码头和总长为4.35公里的进港航道等。该项目二期工程是配套设施建设和泊位升级，届时将再建10个泊位，包括3个专用集装箱泊位，1个10万吨的散装泊位，2个20万吨的油轮泊位。

瓜德尔港建成后，不仅会带动贫困落后的俾路支省乃至整个巴基斯坦的经济发展，还将成为阿富汗等中亚内陆国家最近的出海口，成为地区转载、仓储、运输的海上中转站。

同时在当天的电视新闻中报道，我国港口吞吐量已达40亿吨，其中集装箱吞吐量已达6150万标准箱，均跃居全球第一。

这两则消息，一方面使我感到很高兴，另一方面也使我回忆起上述20多年前的那一段往事。弹指一挥间，20多年过去了，中巴两个国家都发生了重大变化。别的情况不说，就港口建设而言， 1980年，卡拉奇港的吞吐量为1450万吨，而我国最大港口上海港吞吐量当时也仅有850万吨。而到2002年，卡拉奇港吞吐量仅达到2590万吨，而上海港

借鸡下蛋，利用外国政府优惠贷款

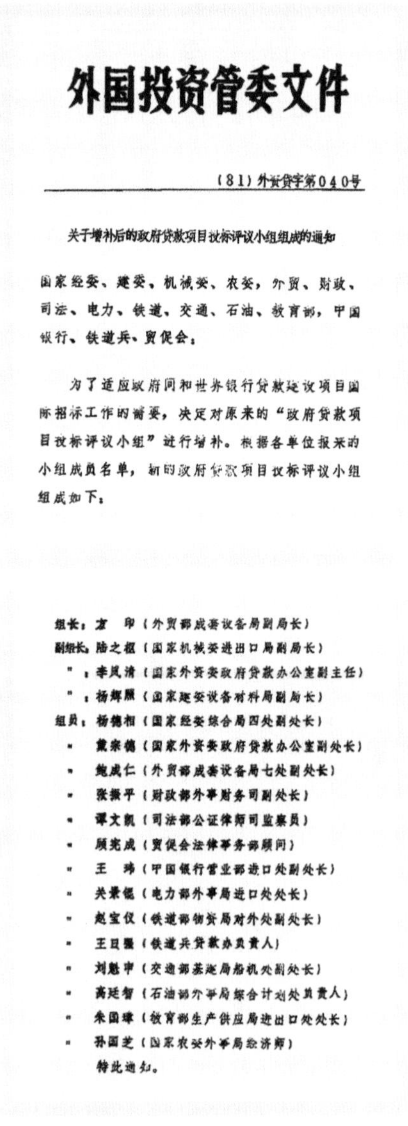

已达到2.6亿吨，是卡拉奇港的10倍。当时我们是向他们学习建港经验，现在是我们帮助他们建港。这种巨大的变化，我想我们那时全体去巴基斯坦考察的同志是想也想不到的。

以项目促管理促生产　自从1980年与世界银行建立合作关系后，我国很多年一直享受使用世行国际开发协会提供的无息优惠软贷款。后来由于我国人均GDP的提高和对贷款需求的增大，无息软贷款的比重逐步减少，使用有息的硬贷款逐步增多，直到1999年，我国才停止使用国际开发协会的无息优惠贷款。使用世界银行贷款，对加速我国经济和社会发展起到了“借鸡下蛋”的积极作用。过去，我们国内建设项目的采购一般是采用询价，通过“货比三家”由业主单位决定。这种采购方式容易产生弊端。按照世界银行的规则，使用该行贷款采购和工程承包，必须在国际上公开招标，项目所在国的企业在同等条件下有优先中标权。因此又组织有关部门学会了一套招标的程序。例如，怎样公开招标，怎样投标，怎样进行投标资格审查，

外国投资管委文件

(81)外资贷字第018号

关于利用世界银行贷款的教育项目招标事项的通知

外贸部、教育部：

利用世界银行贷款的教育项目，第一批招标采购的仪器仪表及电子计算机等设备清单（合计金额约6000万美元），经国家机械委员会和计算机委员会审查完毕，同意按教育部所列技术规范进行招标。请抓紧时间，做好招标前的一切准备工作。具体登报招标的时间，请教育部与世界银行商定后告中技公司。

这次招标金额大、设备数量多，请十分注意鼓励我国企业参加投标，并努力造成对我企业有

国家外资委关于世行贷款教育项目采购招标的通知

外国投资管委文件

(81)外资贷字第040号

关于增补后的政府贷款项目议标评议小组组成的通知

国家经委、建委、机械委、农委，外贸、财政、司法、电力、铁道、交通、石油、教育部，中国银行、铁道兵、贸促会：

为了适应政府间和世界银行贷款建议项目国际招标工作的需要，决定对原来的“政府贷款项目议标评议小组”进行增补。根据各单位报来的小组成员名单，新的政府贷款项目议标评议小组组成如下：

组长：方　印（外贸部成套设备局副局长）
副组长：陆之枢（国家机械委进出口局副局长）
　〃：李凤清（国家外资委政府贷款办公室副主任）
　〃：杨辉照（国家建委设备材料局副局长）
组员：杨德相（国家经委综合局四处副处长）
　〃　戴荣德（国家外资委政府贷款办公室副处长）
　〃　鲍成仁（外贸部成套设备局七处副处长）
　〃　张振平（财政部外事财务司副处长）
　〃　谭文凯（司法部公证律师司监察员）
　〃　顾宪成（贸促会法律事务部顾问）
　〃　王　玮（中国银行营业部进口处副处长）
　〃　关景锟（电力部外事局进口处处长）
　〃　赵宝仪（铁道部物资局对外处副处长）
　〃　王旦暨（铁道兵贷款办负责人）
　〃　刘魁中（交通部基建局船机处副处长）
　〃　高廷智（石油部外事局综合计划处负责人）
　〃　朱国璋（教育部生产供应局进出口处处长）
　〃　孙国芝（国家农委外事局经济师）
　特此通知。

国家外资委关于贷款项目招标管理的有关文件

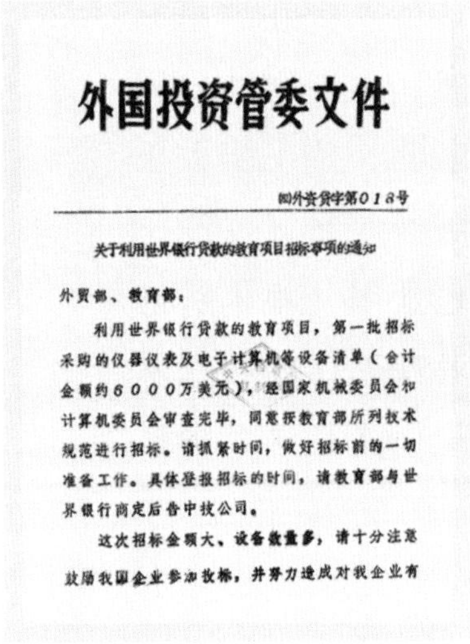

怎样制定"标底"，怎样对"标底"保密，怎样评标、开标，怎样公示等等，为了真正做到招投标的公平公正，还成立了一个评议小组进行监督，防止招投标中的不法行为。经过一段的实践，1983年对外经济贸易部会同国家经委等有关单位制定实施了世界银行贷款项目招标采购办法。由于招标采购的项目我国尚不能制造或质量达不到要求，我们鼓励投标的外商与国内有关企业联合投标，用他们的先进技术在国内制造，这样既降低了成本和造价，又提高了国内企业的技术水平。不少联合投标的中外企业后来都变成合资企业或到第三国投标的合作伙伴。例如，20世纪80年代初期，在天津港扩建时采购了一台上海港口机械厂制造的大型吊装设备，由于机电

学习公开公正招标
（作者篆刻）

1983年，对外经济贸易部关于试行世界银行贷款项目招标采购办法的函。

1983年，作者对招标采购办法的批示。

技术不过关，开始经常坏，修了多次也解决不了问题，后来干脆不能使用了。1986年使用世界银行贷款，在天津港和上海港同时建设我国最早的集装箱泊位时，我们鼓励上海港口机械厂和日本住友公司合作生产，联合投标。使该厂产品很快达到国际先进水平，现在已是享誉国内外的名牌产品。

1982年初，当世界银行第一批教育项目正在顺利实施，第二批能源、交通项目正进行评估和谈判时，国务院决定进行政府机构改革。传出的国家外资委要与外贸部、外经部合并，还有其他一些部委要调整合并的消息，使世界银行和与我国有贷款合作关系的外国政府担心我国的对外开放政策有变化。世界银行还专门派出高级贷款官员彭加

借鸡下蛋，利用外国政府优惠贷款

301

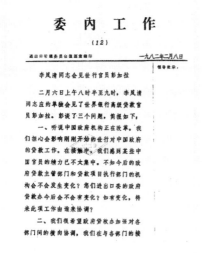

拉访华。1982年2月6日他向我反映了3个问题，他说：1.听说中国政府机构正在改革，我们担心会影响刚刚开始的世行对中国政府的贷款工作。在接触中我们感到某些中国官员的精力已不太集中。不知今后的政府贷款主管部门和贷款项目执行部门的机构会不会发生变化？你们国家外资委的政府贷款办今后会不会有变化？如有变化，将来此项工作由谁来协调？2.我们很希望政府贷款办加强对各部门间的横向协调。我们在与各部门的接触中常常感到这方面的困难。例如，同煤炭部谈煤炭项目，他们只了解

1982年作者会见世行官员彭加拉情况的简报

煤炭项目本身，对铁道、港口、电站如何相应地配合建设，他们就不大了解。这样就很难对煤炭项目的"可行性"做出全面评估。因此，我们希望您指示政府贷款办的工作人员尽可能地参加各专业项目的会谈，了解情况，及时帮助我们协调存在的问题。3.听说政府贷款办的人员已增加到30人（注：据说当时印度有200人），很高兴。增加数量是一个方面，提高工作人员的水平也是很重要的。想听听您在这方面有何计划，我们愿意在培训方面给予可能的帮助。同时，不知有无可能从中国派往国外的攻读学位的留学生中选一些人到政府贷款办工作？因为他们对国际经济和金融方面可能更熟悉些。

对他谈的问题，我谈了以下几点：1.我国政府机构改革的主要目的，是明确责任、提高效率，这对进一步发展与世界银行的合作关系是有利的。但是，我想政府贷款办的世界银行处不会有变动，可能只会加强，不会削弱。在这次改革中，国务院领导特别强调指出，在机构改革中不能影响当前工作。对此，一方面我们要注意，另一方面您的同事如发现有什么问题，也请随时告诉我们，我们将尽力解决。2.您关于加强横向协调的意见很好，我们今后将注意加强这方面的工

作。我已经要求我的同事们尽可能参加每一次的项目谈判，发现问题加以解决。煤炭和运输项目的协调在大的方面已有所安排，但有些具体衔接工作尚有待进一步去做。3.由于种种原因，应当承认，我们在国际经济和金融方面的理论和实践都相当缺乏，多数人的英语也不行。除了要求大家努力自学外，我们每周已拿出6小时安排大家学习英语，并有计划地送一些同事去学院进修。但我看从实践中学习，也是很重要的。在这方面，对世行的安排和帮助，我们表示感谢。这几年我国派的出国留学生大多是学理工的，学财经管理的人很少，今后我们要注意财经专业人员的培训提高。彭加拉先生的这些意见都是建设性的，在机构改革新成立的对外经济贸易部负责管理政府贷款工作后，在总结过去经验的基础上，进一步规范和完善了贷款和干部培训工作，使世界银行和政府贷款工作继续正常开展。

我国恢复与世界银行的关系后，怎样与世界银行发展关系，怎样利用其优惠的开发援助贷款，来促进我国的经济社会发展，对我们是一项全新工作。为了使这项工作尽快开展起来，我们参加了世界银行组织的考察和培训。为了让更多的有关部门和地方的同志，了解和掌握这方面的业务，经江泽民同志批准，1982年初，我们邀请了巴基斯坦财政部负责世界银行业务的首席专家乌拉赫·汗先生来我国办讲座。听讲座的对象主要是各地区、各部门与世界银行业务有关的负责干部。他来华后首先与国家外资委领导会见座谈，接着举办讲座。记得当时还发生过一个插曲。第一次讲座定在上海进行。由于讲座很重要，我还专门给上海有关领导打电话，问他们是否需要我们派翻译去。上海的同志告诉我，他

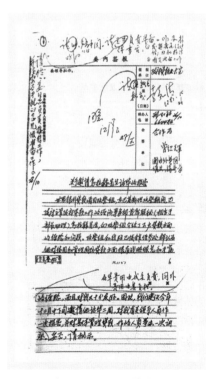

1981年10月，江泽民签批的关于邀请乌拉赫·汗先生访华的报告。

借鸡下蛋，利用外国政府优惠贷款

303

们已经选了一位在中国银行伦敦分行工作过11年，英语很好的同志当翻译，没有问题。当我陪同乌拉赫·汗到坐满人的讲堂时，得知听众大部分是局、处级干部。但是我没有想到这位翻译，一开始就翻译得文不对题，开始大家感到莫名其妙，然后是不耐烦，又发展到不满。幸好上海的同志们都很讲礼貌，外宾在场时这种不满情绪并未发作。是专家讲得不好吗？不但不是，而且是讲得非常精彩，讲座一开始我就做了详细的笔记。问题完全出在翻译，无可否认他的英语的确不错，但他对世界银行的业务完全不懂，自己不懂焉能让别人懂呢？为了不让这么多渴望了解世界银行业务的同志们白白浪费近两个小时的时间，我便让翻译陪专家先回宾馆，然后告诉同志们专家讲得很好，主要是翻译不了解世界银行业务，向大家表示歉意，并征求大家的意见，如果各位有时间有兴趣，我可以按我的笔记扼要地讲一下，大家鼓掌表示同意。当我讲完时，同志们的热烈掌声才使我心中的一块石头落地。

1982年2月，江泽民签批的关于乌拉赫·汗访华费用由我国负担的通知。

乌拉赫·汗在讲座中就经济发展中是否需要使用外国资金，对各种贷款的评价和选择，利用外资项目的选择和确定，统一归口争取外资和外援，要多派人进入世界银行，建议中国加入亚洲开发银行，希望中国向第三世界提供更多的技术服务和资本货物等七个方面的问题进行了研讨。他认为中国恢复世界银行的席位以后还有一个好处，即在世界银行贷款项目的招标过程中，中国企业有权参加投标，并取得合同。当时每年世界银行贷款项目有近百亿美元的额度。由于中国劳动力成本和物价较低，中国企业投标是有竞争力的，这样将会给国家取得很多外汇。为利于中国在承包工程中更多地签订合同，应在招标广告正式发布之前，取得工程项目的技术要求，所需设备的品种、规格等，以及其他有关信息，这可通过所在国的使馆和中国在世界银行的执行董事来办此事，再把这方面的信息转达到国内有关企业，以便做好投标准备工作。他还建议我国组建4—5个国际工程承包公司，如水利、电力、公路、建筑等承包公司，把全国知名专家的名字写在公司技术领导的名单上。如果有的行业缺乏水平较高的专家，也可以邀请外国著名专家，在他们同意下，把他们的名字写在公司名单上，以便为世界银行所接受。如果中国的承包公司能够打出去，在某一国家承包世界银行的贷款项目，这样就同时可以出口许多设备。为了帮助工程承包公司更好地取得合同，有必要成立一些咨询公司。咨询公司也要把中国一些著名专家的名字写在咨询公司的名单上，也可以邀请一些在国外的有中国血统的高级专家作为咨询公司的兼职人员，把他们的名字也写在公司名单上，请他们合作搞一些项目。如果一个国家的咨询公司能够打出去，就可以承包一些项目，为签订一些信贷合同创造条件。另外，他还建议我国要求将中国著名专家的名字列入世界银行的"思想库"。这样对国际上有关这方面的事务，中国的专家也有权去参加。他的讲座取得了很好效果，实际上也是世界银行业务的简明教程，对我们

1982年3月，对外经济贸易部印发乌拉赫·汗谈第三世界国际金融合作问题。

与世界银行业务及有关合作项目的开展，都发挥了很好的作用。应各有关方面的要求，国家外资委后来将乌拉赫·汗先生的讲座内容印送了500份，供有关部门和地区的干部学习。

乌拉赫·汗先生的那些意见、建议，有些当时就逐步实施了，有的至今也还是值得我们参考的。例如，1982年4月国家进出口委就批准成立了我国首家国际咨询企业——中国国际工程咨询公司。通过这次讲座我们深深感到，我们的同志对国际经贸合作的知

1982年4月，国家进出口委同意成立中国国际工程咨询公司。

305

识太缺乏了，但他们渴望学习。这种类似的学习方式，以后又举办过多次。例如，我们组织为对外谈判的科技人员补习英语，由于他们大多数从小学到大学都是学英语的，只是因多年不用，荒废了，经过短期培训，便迅速提高，取得良好效果。

2007年12月14日，我看到一篇关于世界银行下属的国际开发协会在柏林召开了一次援助贫穷的发展中国家筹资会议的报道。国际开发协会表示，他们已筹集416亿美元，捐款国在未来3年承诺的资金超过了记录，达到251亿美元，另外的165亿美元将由世界银行内部和此前的减免债务捐款来调集资金。这笔资金将在2008年至2011年间用于对受援国的项目赠款、无息和低息贷款，其中一半援助资金将用于非洲。中国首次对世界银行捐资，成为国际开发协会的出资国。

读到这篇报道，深有所感。我国在8年前还是国际开发协会的受援国，如今已从受援国转变为捐款国，这一巨大的变化当然原因是多方面的，我国始终坚持和发展邓小平同志为我们开创的改革开放伟大事业，是其中重要原因。同时，这还不仅意味着我国经济和社会的发展进步，也体现了中国和平发展自会承担更多的国际责任。

从一国到多国，拓展贷款合作关系

由于我国与日本和世界银行金融合作有了良好开端，我国迈开了使用国外贷款的步伐，来源也不断扩大。在表示愿意向我国提供买（卖）方信贷等长期商业贷款的同时，许多发达国家还纷纷与我国建立政府优惠贷款的合作关系。

外国政府贷款是带援助性质的优惠贷款，借款成本低。有无息的，也有带息的，一般年利率在2%—3%；还款时间长，偿还期一般20—30年，含7—10年的只付息不还本的宽限期；与市场利息相比，一般赠予成分在35%以上。

继我国表示同意接受日本政府贷款后，1979年10月，比利时政府也向我国承诺提供第一笔政府贷款。经过双边政府谈判，1980年4月30日双方签订第一个中比政府财政协定，由比利时政府向我提供3亿比利时法郎的政府软贷款。比利时政府还以其政府贷款中的20%，让上海贝尔电话、西安杨森制药两个合资企业作为其投资股份来使用。这说明西方国家善于运用这类无息或贴息贷款来发展与国外的合作。

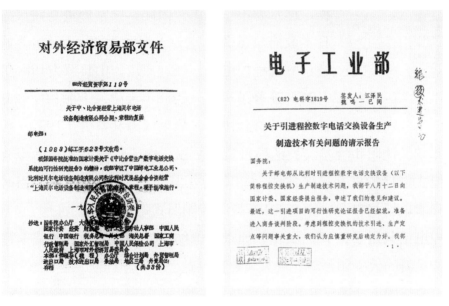

1983年，对外经济贸易部关于中比合资经营上海贝尔电话设备制造有限公司合同、章程向邮电部的复函。其中比方投资股份为利用比利时政府贷款。

1982年，江泽民签发的关于引进程控数字电话交换设备生产制造技术问题向国务院的请示报告。该项目为利用比利时政府贷款项目。

贷款引进程控电话　谈到程控电话，当时我国是世界上电话通信技术很落后的国家之一。电话发展的历史有几个阶段：最早是供电式的电话，就是那种摇把式的，我国早在晚清时代就已经使用了；接着是步进制、纵横制、编码制、程控到现代的数控。在20世纪80年代中期以前，我国的电话通讯不仅规模容量小，而且技术落后，打电话难是一个普遍的社会问题。当时发达国家已进入程控电话时代，我国大量使用的还是步进制和纵横制电话，在县城，慈禧太后时代用的供电式的电话仍在使用。编码制电话，在70年代建设第二汽车制造厂作为

1984年10月26日中日双方签署的关于天津、上海和广州电信扩充项目贷款协议文本。

新产品试用过，结果因技术不过关又回到纵横制。对外开放后，电话通讯落后，也成为吸引外资的障碍之一。例如，在北京谈判合资设立建国、长城两家饭店时，外商就尖锐地提出电话通讯问题。这也是我国与比利时合资程控电话项目的背景。然而从合资建厂、引进技术、消化吸收到投产还有个过程，远水解不了近渴。因此，国家外资委建议先用日本政府贷款为北京、上海、天津、广州4个城市进口一批程控电话。经过商谈，中日双方1984年10月26日签署了1984—1988年天津、上海和广州电信扩充项目贷款协议，后来双方又签署了1992—1993年北京、沈阳和哈尔滨长话项目贷款协议。由于广州、天津两市为扩容旧式电话的机房已经建成，即率先各引进4万线程控电话。当时我到天津电话局参观，原来的1万线纵横制旧式电话建造的机房，4万线程控电话只用了1/10的面积，原来就像纺织厂那样的噪音也完全消失了，运转的效率和可靠性也大大提高。这标志着我国电话通讯开始进入跨越式发展的新时代。程控电话的引进和合资，大大促进了我国程控和数控通讯科技及制造业的快速发展。

我国接受的第三国政府贷款，是1981年科威特阿拉伯基金会承诺提供的一笔4360万第纳尔贷款，其中一部分用于建设厦门的国际机场、安徽宁国水泥厂、新疆化肥厂等。

接着是意大利政府提供赠款和政府贷款，从1981年开始洽谈，经过项目的考察

意大利政府贷款项目——北京急救中心

评估等一系列工作。1982年7月，我国派出政府贷款代表团访问罗马，由对外经济贸易部副部长魏玉明任团长，我任副团长，还聘请国家经委朱镕基同志担任顾问。经过一周多的谈判，于7月16日由魏玉明和意大利外交部副部长帕莱斯基代表各自政府，签订了《中国和意大利政府三年经济、技术和财政合作纪要》。双方达成协议的主要内容有：1.意政府同意对中国政府提出的15个项目（主要是北京急救中心和其他医疗设施等）提供2970万美元的赠款。2.意政府同意对中国政府提出的9个项目提供1.48亿美元的低息政府贷款(年利率为2.25%)，偿还期为13年，其中还款宽限期2年。3.意外贸部副部长1982年5月访华期间与我签订的使用意出口信贷的50个项目(共1.7亿美元)，如能在年底前签订正式合同(个别比较复杂的项目不迟于1983年上半年)，年利率仍可保持7.5%不变(根据经济合作与发展组织（OECD）的规定，当时的利率已提高到10%)。同时，还对其中部分项目提供总额15%的政府贷款，以便支付本应用现汇支付的预付款。4.意政府原则同意为西南能源开发项目提供5亿美元的出口信贷、500万美元的可行性研究赠款和600万美元的设计费用的政府贷款。但由于该项目太大，意方需派专家来华考察和进一步谈判后才能最后确定。意政府有同我长期友好合作的愿望和诚

1982年7月，中国政府代表团访问意大利，商谈并签署了《中国和意大利政府三年经济、技术和财政合作纪要》。右三为魏玉明，左三为朱镕基，左二为作者。

意。迄今为止，意政府只同四个友好的发展中国家签订了长期经济、技术和财政合作计划，我国是其中之一。

在罗马与意方谈判时，有几点印象至今仍记忆犹新。意大利是最先

1982年，作者签报的对外经济贸易部关于执行中意两国三年经济技术和财政合作计划纪要的通知。

对我对外开放感兴趣的国家，早在1977年就与我国农业机械工业部谈判洛阳拖拉机厂的技术改造问题，协议尚未签订就把接受中国实习人员的公寓准备好了。尽管他们在谈判中遇到很多挫折，他们坚持不懈，终于与洛阳、上海达成拖拉机，与南京达成"依维柯"汽车的协议。在罗马的谈判中，意方开始对我在政府间贷款方面的知识和谈判能力估计不足。当谈判开始时，我们提出是先由意方提出方案还是我方提出方案？意方表示先由他们提出方案，而事实上他们又没有一个成形的方案，再加之意方的谈判人员又是由各部门组成的，缺乏协调，因此谈了几天还没有头绪。由于当时意大利政府更迭非常频繁，我们担心再拖下去，政府一改组，说不定谈判又要从头开始，于是我们提出，能否在我方提出的方案基础上讨论，他们表示同意。由于我们在与日本和世界银行的合作中已积累了一些经验，在国内也已对贷款项目进行了初步研究评估，因此，双方经过实质性的讨论后，便顺利达成协议。

严格执法的警察　另外一件事也使我们难以忘怀。在谈判中的一个星期日，我国驻意大利使馆的商务参赞说他们刚从联邦德国进口一台新的旅行车，建议我们乘它去参观罗马市容。当我们参观第一个景点后，返回停车的地方，发现有两位意大利警察正在向司机盘问，司机又不会说意大利语，正在用他懂的几个单词加手语向警察解释。当我们走近时才知道，原来该车尚未上牌照，入关时的有关证件都留在使馆办公室，车上什么证件也没有，警察要扣留汽车，司机不让他们扣留。司机见我们来了，就理直气壮地通过翻译告诉警察，这是中国使馆的车，并指着我们一行对警察说，这是你们政府请来的中国政府代表团，你们不能扣我们的车。然而其中一位警察有礼貌地说，我们欢迎来自中国的客人，但我若放走这辆没有任何证件的车，就是玩忽职守，如果我的这位同事告发我，我将受到严厉的处罚。请我们允许他把车带到警察局，他们会很好保管它。警察还说，既然是使馆的车，你们可以通过外交部明天带证件来交涉，估计不会有什么麻烦，请放心。有的同志还打算说服警察，被大家制止了，于是我们一行徒步走回使馆。虽然那天参观市容的计划未能实现，却使我们感受到一次法制教育。第二天，当我们与意大利朋友聊天谈起此事时，他们在表示歉意的同时说，是啊，即使意大利政府的部长遇到这样的事，警察也不会通融。

　　丹麦在地域上说虽然是一个小国，但却是一个经济和社会高度发达的国家，也是肉、奶等食品的出口大国。当时我国食品十分匮乏，尤其是奶制品，不但一般成年人喝不上牛奶，就连幼儿和老年人申请订购牛奶也非易事。因此，我们就探询有无可能使用丹麦政府的优惠贷款，引进先进的奶牛养殖和奶制品加工技术。经过使馆和历史上与我国有长期贸易关系的宝隆洋行创始人的后裔、丹麦友好人士的工作，丹麦政府反应积极，愿意向我国提供长期无息贷款。1981年11月丹麦政府派出以国际开发署署长莫根斯·伊萨克森为特使的代表团来华考察和洽谈，在我国提供的候选项目中选择了向北京牛奶公司、黑龙江安达县乳品厂、吉林省新中国糖厂、

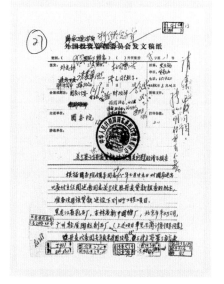

1982年3月13日，江泽民签发的关于签订丹麦贷款协议有关问题的请示件。

311

广州轻质陶粒制品厂提供1.25亿丹麦克朗贷款，1982年4月19日两国政府代表在北京正式签订协议。

中央领导关心项目实施 1982年9月我们在简报中反映黑龙江安达乳品厂在1984年四季度可以建成试车，1985年投产，该厂可日处理鲜奶200吨，年产奶粉7000吨。胡耀邦同志看到简报后很重视，在简报上批示："大概要两万头奶牛才行。同时要在

1982年9月28日，对外经济贸易部《两个丹麦贷款项目进展情况》的简报及领导批示。

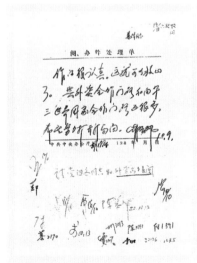

1982年10月9日，胡耀邦对对外经济贸易部传达落实丹麦贷款项目意见的批示。

一百华里地区之内，否则运送鲜奶有困难。请主要注意这一点。"当我们认真学习胡耀邦同志指示精神，并将传达落实情况向他报告后，胡耀邦同志又批示道："作得很认真。这就可以放心了。与外资合作门路和向第三世界国家合作门路还很多，希望努力打开新局面。"全国一批乳品项目陆续建成投产后，通过使用外国政府贷款引进先进优良的奶牛品种、先进的养殖和加工技术，很快就缓解了我国牛奶供应紧张的局面。

自1979年日本、比利时向我国承诺提供政府贷款开始，陆续有科威特、意大利、丹麦、瑞典、瑞士、澳大利亚、奥地利、联邦德国、西班牙、英国、法国、挪威、芬兰、加拿大、荷兰和卢森堡等国家与我建立提供长期优惠项目贷款的合作关系。

由于我们在外国政府贷款工作中积累了知识和经验，为了进一步降低借款成本和创造对我国更有利的条件，经过与贷款国友好协商，努力争取，借贷手续不断简化，贷款条件不断改善。如，联邦德国同意把政府贷款年利率从2%降为0.75%，丹麦把混合贷款中40%的政府无息贷款改为赠款，加拿大提供的第二批混合贷款中政府无息贷款的比例由原来的30%提高为40%，等等。

在利用国外资金的过程中，也曾遇到过国外一些不法分子利用我国刚刚对外开放，不大了解国外情况和缺乏国际金融方面知识的弱点，对我们的一些部门进行诈骗。例如，以"优惠贷款"为诱饵，等你上钩后，用种种手段变成实际上的高利贷，或用以推销质次价高的设备，或借此洗黑钱，甚至骗取高额佣金后逃之夭夭等等。一度曾发生这儿可借给我们几十亿美金，那儿可借给我们几十亿美金等信息，甚至谎称已在与我们驻外使馆洽谈等。经过我们查询，这些"天上掉的馅饼"几乎都带诈骗性质。然而，尽管我们多次通报提醒不要上当，多少年后仍时有发生。

据统计，截至2007年底，世界银行、外国政府向我国提供优惠贷款，累计协议金额约1004亿美元，累计提款金额828亿美元，用于2679个项目。贷款建设项目遍及31个省、自治区、直辖市。

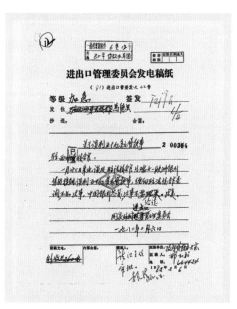

1982年2月6日，江泽民签发的关于谈判50亿美元贷款事的电文。

在贷款的使用方面，其中近50%用于能源、交通、电讯等项目，从而加强了能源、交通运输、通讯等基础设施和国民经济薄弱环节的建设，对于调整产业结构，促进国民经济协调发展发挥了积极的作用。例如：世界银行和外国政府贷款181亿美元，用于电站、煤矿、油田等能源项目，291亿美元用于港口、铁路、机场等交通运输项目。这些项目都是国家重点工程。电力方面，建设了天生桥水电站等项目，增加发电设备能力约500万千瓦，每年可增加发电量200多亿度。在煤矿建设方面，共增加原煤年生产能力约5000万吨。在石油建设方面，除华北胜利油田保产外，贷款用于油田建设，增加了我国原油的生产能力。港口建设方面，新建了山东省石臼港，扩建了秦皇岛港、青岛港、连云港，天津港和上海港的第一个集装箱码头，新增23个万吨级以上泊位，每年增加港口吞吐能力6000万吨以上。对于解决晋煤出口，北煤南运，满足南方工业用煤以及发展我国对外贸易有着重要的意义。铁路建设方面，新建了兖石(山东兖州至石臼港)铁路，对京秦(北京至秦皇岛)、郑宝(河南郑州至陕西的宝鸡)、衡广(京广线的南段，从湖南的衡阳至广州)等三条铁路修筑复线并进行电气化改造，共1800公里，每年可增加运输能力1亿多吨。公路建设方面，新建了我国第一条高标准的高速公路——京津塘高速公路。此外，还利用外国政府贷款修建了厦门特区等地的国际机场，在天津建设年产2万辆微型汽车厂，在南京建设年产6万辆轻型卡车项目，为加快我国交通运输事业的发展起了积极的促进作用。

在具体使用数量方面：

1.利用外国政府贷款5.45亿美元，改善了数十个城市的通讯条件，发展了光缆通讯，建设了淮河数字微波电路，天狼星卫星地面站和海事卫星地面站，为我国及时了解世界各地信息，沟通内部情况，促进经济发展增加了重要的手段。

2.利用外国政府贷款4.21亿美元，改造了13个冶金企业，不仅增加了钢铁产量，更重要的是提高了产品质量，增加了一些短线品种，满足了国内生产建设的需要，节约了国家的外汇支出。使用12.36亿美元贷款，建设27个石化、化工项目。使用2.21亿美元，建设了23个建材项目。这些项目的建成投产，对于支援农业生产起了一定的作用。

3.使用外国政府贷款支援了机电行业的技术改造，使用5亿—6亿美元用于72个机电企业的建设和改造，对于装备机电

利用外国政府贷款项目：内蒙古化肥厂。

行业，促进其技术进步，取得了良好的效果。如黑龙江省安达乳品机械项目，使用丹麦政府无息贷款引进两套许可证产品的设计和制造技术，填补了我国的一项技术空白，使乳品加工的喷雾干燥和蒸发设备达到国际先进水平。又如利用意大利政府贷款引进意大利脉冲编码通信设备(PCM)生产线的邮电部重庆通讯设备厂，是国家"七五"期间第一批重点进行技术改造的大中型骨干企业之一。自1986年10月引进的PCM生产技术合同生效后，工厂开始生产具有国际80年代水平的PCM成套设备。填补了国内空白，每年为国家节省大量外汇，并对我国通讯条件的改善和邮电通讯事业的技术进步起到了重要的作用。再如目前世界上最长的隧道之一的大瑶山双轨电气化铁路隧道，利用外国政府贷款建设，引进了一批先进的挖掘机械，装备了一支具有现代化水平掘进机械化施工队伍，使我国首次在新线隧道成功地使用高新技术，实现了大口径全断面凿岩机一次性开挖。这一高新技术后用在北京地铁和大秦线军都山隧道的工程建设上，产生了很好的效果。

4.新建和改造了一批出口创汇企业或进口替代型企业，为发展我国出口贸易、提高创汇能力服务。此外，利用4亿美元的贷款、赠款

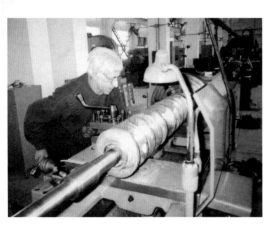

外国技术专家正在内蒙古化肥厂调试设备

帮助"老、少、边、穷"地区搞建设，对扶持贫困地区脱贫致富都起了积极作用。

5.在利用外国政府贷款建设的340个轻工、纺织项目，72个机电仪表项目，27个石化、化工项目，23个建材项目中，多数是出口创汇项目或进口替代型企业。特别是1000亿日元"黑字还流"贷款建设的项目，基本上是出口创汇型企业。如吉林造纸厂利用瑞典政府贷款引进瑞典E61纸机生产线，使产品更新换代。该生产线自1988年4月正式投产，到1989年6月，已生产49.5克／平方胶印新闻纸5.5万吨，产品质量全部达到部颁标准，共实现利税3921万元，出口1.42万吨，创汇436万美元。

通过工作实践和各种形式的培训，已经初步形成一支结构比较合理、政治思想素质较高、业务较熟练的利用外国政府贷款管理干部和科技人才队伍。实践证明，利用国际上的优惠贷款资源，加速我国的经济建设和社会发展，不但是可行的，而且为我国带来了多方面巨大利益。

艰辛起步，
开始外贸体制改革

　　1950年1月，中央人民政府公布新的海关税则，由国家管制对外贸易。此后的近30年间，我国一直实行国家统制对外贸易的政策，进出口贸易基本上由外贸部所属各专业进出口公司统一经营。

　　这种根据当时历史条件实行的高度集中的外贸体制，对取消帝国主义国家在旧中国的贸易特权，进行私营进出口商行的社会主义改造，打破帝国主义的经济封锁，恢复和发展经济，起了重要的历史

1956年11月，中国出口商品展览会在广州开幕（1957年改为中国出口商品交易会，简称广交会）。

作用。但是，随着国内外形势变化和经济规模的发展扩大，它的弊端也日益显现。一是国家的进出口贸易一年制订一次计划，开两次广交会，这种对外贸易方式，总是计划赶不上市场变化。二是出口商品由外贸部专业出口总公司部署其所属的各地分、支公司先收购，再由总公司统一安排外销，产销不见面，工贸不结合。三是一家专营，统得过死，不能调动各方面的积极性。四是由国家统包盈亏，吃"大锅饭"，经济效益差。五是把对外贸易仅仅视为"互通有无，调剂余缺"的手段，没有发挥参与国际分工和国际竞争，引进技术和资金等综合作用。

"文革"期间，"广交会"在周恩来总理的关怀下始终没有间断。图为1967年5月15日，周恩来（右二）视察春季"广交会"纺织品展馆。

粉碎"四人帮"后，随着经济建设提到重要位置，各个方面要求改革外贸体制的呼声日益强烈，引起党中央和国务院的重视，并提到日程上来。1978年7月召开的国务院务虚会反复讨论的重点议题之一就是外贸体制问题。李先念同志在总结讲话中就提出：香港、南朝鲜、新加坡、台湾这么小的地方，进出口贸易都比我们大，难道我们还不能超过他们吗？为了增加出口，我们有些制度和办法要做相应的改革，例如改用贸易外汇牌价，让生产部门和单位直接出口交货，实行外汇留成，等等。邓小平同志对这次会议给予了肯定。1979年4月召开的中央工作会议，又对外贸体制问题进行了研究，在邓小平同志的支持下，形成了有计划有步骤地认真切实加以改革的决策。

打破外贸垄断体制

当时，我国对外贸易的规模很小，国家的建设和发展需要大量外汇，而我国又有丰富的低廉劳动力资源等优势，怎样挖掘潜力发展对外贸易，增加出口创汇，是非常紧迫的问题。1979年8月13日，国务院发布《关于大力发展对外贸易增加外汇收入若干问题的规定》，提出：各地区、各部门要千方百计发展出口商品生产，积极组织非贸易外汇收入。现行的外贸管理体制和其他有关的管理体制，必须实行改革，以利于调动各方面的积极性和主动性，发动大家办好外贸，办好能增加外汇收入的各项事业。

打破垄断
(作者篆刻)

从1979年到1982年期间，国家进出口委在调查研究的基础上，认为扩大出口创汇存在三大问题，一是垄断外贸体制，不能发挥各方面的出口积极性；二是生产技术水平低，出口产品质量低、品种少；三是出口亏损，国家为创汇背上很大的包袱。为解决这些问题，国家进出口委曾提出要让有关工业部门、地方和工业生产企业，直接参与外贸工作；利用补偿贸易等办法，对出口生产企业进行技术改造，扩大生产；各地还可以从地方外汇和留成外汇中拨出相应份额用于扶植出口生产。

为了解决出口商品"高亏"问题，国家进出口委从1981年3月开始就深入到地方和企业调研。当时外贸实行进出口统算盈亏，一直以进口盈利(部分年份包括关税、工商税收入)来弥补出口"亏损"，1980年当年"亏损"达32亿元。当时把"亏损"率在70%以上的(改用贸易外汇内部结算价格后为40%)商品叫做"高亏"商品。1980年出口的"高亏"商品就达462种，金额共11.08亿美元。通过调查发现，导致出口商品"高亏"的主要原因：一是由于进口原材料作价高、国内税收高、工业利润高、收购价格高等不合理因素造成的"高亏"。这类"政策性亏损"，占"高亏"商品亏损额的2/3；二是由于生产和流通

艰辛起步，开始外贸体制改革

环节的经营管理不善及外贸经营管理不善造成"高亏"；三是由于生产技术落后，原材料价高质次等原因，使出口商品成本高、档次低、卖不上好价格而造成"高亏"。例如，我们出口袖珍式收音机每台约合2美元，而日本产品则每台为8—10美元；四是有少数出口商品生产成本高，在国际市场缺乏竞争能力。如草粉、叶粉及某些饲料，往往是为了照顾某些困难地区，收购价格很高，但外销价格很低。

通过调查研究，1981年11月，国家进出口委向国务院上报了《关于出口商品高亏问题的分析和改进意见的报告》，提出为了解决"高亏"，要有鼓励出口的政策措施，还要积极改革我国现行的吃"大锅饭"的经济体制(包括工业、财政、外贸等体制)。要扩大沿海城市经营进料加工业务的自主权，在权、责、利三统一的原则下，实行核定换汇成本、定额包干、独立核算、自负盈亏，使上海、天津等地成为进料加工的出口商品基地。要引进技术设备扶持出口商品生产，应在使用外汇的额度和人民币贷款方面给予支持，1981年在出口外汇收入中留出了0.5%的外汇额度(8500万美元)，用于扶持出口商品的生产。要抓紧按行业、分商品组成工贸

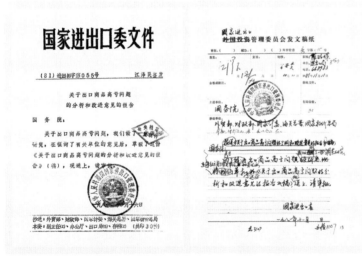

1981年11月，江泽民签发的国家进出口委向国务院上报的《关于出口商品高亏问题的分析和改进意见的报告》。

(或工农贸)公司、中央与地方相结合的专业进出口公司(如丝绸公司)，以及出口企业联营实体和行业出口协会的试点工作。在体制改革中，要认真贯彻政企分开、工贸合一、按经济办法管理、打破老框框的束缚等原则，在按商品核算换汇成本的基础上，实行定额包干、自负盈亏，"权、责、利"结合的经济责任制。

为落实国务院要求，从1979年到1982年期间，国家进出口委在调查研究的基础上，协调有关部门，围绕放权搞活，开始推动对垄断外贸体制的改革。在广东、福建实行特殊政策和灵活措施，扩大了两省对外贸易经营权，允许成立地方性的外贸公司，经营地方生产和地方需要的、不涉及国家规定需统一经营的商品的进出口业务。1979年8月召开北京、天津、上海三市出口工作座谈会时，根据三市具备的条件，又将这些政策扩大到上述三市。1979年11月20日，国家进出口委召开全国进出口工作会议，历时一个月，进一步研究外贸体制改革，把给予外贸经营自主权扩大到沿海、沿长江等省区，如辽宁、河北，条件成熟一个，批准一个。主要进行了五个方面的改革：

1980年6月，江泽民签发的批准辽宁省试行京、津、沪三市外贸管理体制的文件。

一是对出口商品实行分级分类管理。针对过去外贸出口统一由外贸部各外贸总公司对外成交这种统得过死的做法，将部分出口商品交由地方管理，由地方和有关部门经营出口。放权各省、市、自治区成立专业贸易公司，办理地方商品出口和进口业务。对外贸部所属外贸总公司设在京、津、沪三个直辖市和广东、福建、辽宁三省的外贸专业分公司，下放部分商品进出口成交权。国务院有关部门也开办出口商

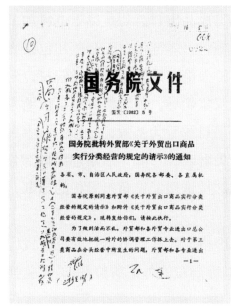

1982年，国务院批转外贸出口商品实行分类经营规定。

品供货公司。除外贸部所属11个专业进出口总公司以外，国务院批准

冶金、机械、兵器、航空、船舶等部门成立外贸公司，并赋予其由这些部门所辖企业生产的产品进出口权。这些工贸公司的成立，虽然未能解决政企分开的问题，但打破了外贸部门一家垄断的格局，成为实现外贸主体多元化的一个良好开端。

二是扩大生产企业办外贸的权限，组织多种形式的工贸一体化的试点。例如，上海玩具公司，自营产品出口和原料进口。北京工艺美术品公司和北京特种工艺品出口公司，实行产销联营，统筹安排生产和外销。此外还有工贸合资举办出口专厂的方式，如中国五金矿产进出口总公司与四川冶金厅合办海绵钛厂等。

三是发展进料加工成品出口。国务院于1981年11月在北京召开了北京、天津、上海、辽宁、河北、山东、江苏、浙江、广西等沿海九省、市、自治区对外经济贸易工作座谈会（广东、福建两省，因执行特殊政策，未出席此次会议），国家进出口委、计委、经委、财政部、外贸部、交通部等部门的负责同志参加了会议，讨论决定采取调整税收等措施，促进沿海地区进料加工成品出口。凡是属于进料加工成品出口所需要进口的原料、材料、辅料、零部件、配套件和包装物料，免征关税和进口工商税。进一步扩大沿海地区的外贸经营权，外贸业务实行以地方为主的中央与地方双重领导。外贸财务也下放地方管理，责、权、利相结合。以1981年出口盈亏为基数，亏损的由中央财政专项拨款；盈利的由地方上解中央财政。1982年后增加出口部分的盈亏，盈利的纳入地方预算；亏损的按谁用汇谁负担亏损的原则，分别纳入中央和地方预算。

四是外贸出口收汇实行内部结算价格，提高地方出口外汇留成比例，鼓励出口创汇。当时中国人民银行公布的外汇牌价约1美元兑换1.8元人民币，由于人民币币值过度高估，造成出口严重"亏损"，而人民币又不能一次大幅贬值。为解决这一难题，由国家进出口委组织有关部门经过大量的调查研究和核算工作，先后座谈研究了100多次，提出了一个双重汇率的方案，即官方汇率暂时不动，对列入国家计划的出口收汇，按1美元兑换2.8元人民币的汇价结汇，经党中央、国务院批准，从1981年起实行。此方案后来因美元汇率的官方牌价已逐步调整到超过2.8元人民币而停止执行。为了解决地方所需进口商品的用汇，同时还提出实行出口收汇留成制度，规定一般省、市为10%，广东、福建为25%，各民族自治区执行过留成50%的规定。

五是建立海外贸易机构。1980年对外贸易部在东京、伦敦、巴黎、汉堡设立中国进出口公司代表处，各代表处的常驻代表由有关外贸专业总公司派出的业务人员组成，成为外贸专业公司驻外的联合办事机构。各公司代表在业务上由各派出公司直接领导，接受交办的各项任务。

同时，为方便各地出口，改变了原来过于机械的出口口岸专业分工（例如地毯一律通过天津口岸成交，茶叶一律通过上海口岸成交等），按出口商品的合理流向，作了一些调整，以便货物能够由产地就近出口。

适应多渠道经营外贸的情况，制订了若干协调管理的办法。仅1980年和1981年两年，就下达过15个规定，包括《出口工业品生产专项贷款办法》、《出口许可证制度暂行规定》、《客户管理办法》、《外贸专业公司与省、市、自治区外贸公司出口商品经营分工规定》、《出口工业品专厂管理办法》、《农副产品出口生产基地管理办法》等。

中央对外贸体制改革非常重视。1981年7月底，国家进出口委向中央书记处就外贸的基本情况、战略设想和有关政策措施问题作了汇报。中央领导在听取汇报时指出："对外经济贸易要提高到战略高度来认识。对外经济贸易工作，要把战略眼光作为第一条。我们的经济工作有两种力量，有两个战场，两种资源。两种力量，主要靠自己的力量，要以自己的力量为主，力争外部力量为辅。两种资源，要充分利用国内资源，但不要忽视外部资源。一个国内战场，一个国际战场。要学会两套本领，既

用好两个市场两个资源
（作者篆刻）

要提高国内工作的本领，又要走向全世界。要提到这么一个高度认识问题。""比如国际市场，我们有什么地位？一年两次广交会，这本身就是封闭式的方针，世界上很多市场对我们来说是空白。""（外贸）一家独办，别无分店是从来办不好的。各个省市的力量要充分发挥。我们要解放思想，放开手脚、积极打出去，打到国际市场上去。"

上面提到的对外贸易垄断经营体制，是在西方对我们实行贸易封锁、外汇极度短缺和高度计划经济的背景下形成的。而且当时与苏联等国家的政府易货贸易又是对外贸易的重要部分，由于垄断外贸体制已实行了30年，是计划经济非常典型的领域，特别是，外贸体制是一项系统工程，它的改革又牵涉到计划、财政、金融、外汇、税务等方面的制约，因此，外贸体制改革，虽然起步较早，但举步维艰，进展有限。

然而，随着外部环境的变化和经济规模的扩大，问题就逐步暴露，特别是改革开放以后，原来的外贸体制就更不适应，因此，不对外贸体制进行改革，对外开放的国策就难以推进。这就出现了最难的改革和最迫切的改革相遇。权力的下放也意味着部门利益的调整和消失，等等。当时谷牧同志和国家进出口委就承受了巨大压力。然而不管困难多大，改革必须进行，否则没有出路。因此，如果不了解当时的背景，就很难理解当时改革的艰难和重大意义。就拿当时下放外贸进出口权迈开的一小步来说，如今看来似乎微不足道，但那是对多年外贸垄断体制的突破，遭遇的非议和阻力就非同小可，因而对其历史作用决不能低估。

20世纪80年代初期提出的外贸体制改革的设想，一部分在当时已试行，有一些由于整个经济体制上的障碍，虽然当时未能实施，而20世纪80年代后期开始的新一轮外贸体制改革：废除外贸垄断体制，外贸专业总公司与地方分支公司脱钩，下放外贸经营权，授予生产企业和科研院所外贸自营权，政企分开，调整汇率，实行出口退税，自负盈亏等等，证明当时提出的外贸体制改革方向是正确的。

改革改出活力

随着改革开放进程和外贸发展的客观需要，外贸体制改革也在进一步研究和逐步推进。例如，1984年9月15日，国务院批转对外经济贸易部《关于外贸体制改革意见的报告》，提出外贸体制改革的基本原则是：（一）政企分开，对外经济贸易部专司管理；（二）外贸经营实行代理制；（三）工贸结合，技贸结合，进出结合。要求外贸体制实行政企分开，对外经济贸易部和各省、自治区、直辖市对外经济贸易厅（委）专司对外贸易的行政管理。外贸企业独立经营进出口业务，独立核算，自负盈亏。各级行政部门，不要干涉外贸企业的经营业

1988年2月，国务院关于加快和深化对外贸易体制改革若干问题的规定。

务。这些改革方针无疑是正确的。但是，我国外贸体制存在的一些根本性问题尚未解决，例如由于汇率严重高估和不按国际惯例实行出口退税，从而造成外贸出口"亏损"而依赖补贴，不仅制约了我国的外贸出口，垄断贸易体制实际上也难以突破。再加外贸体制改革牵涉国家经济体制改革的方方面面，各部门之间的不同意见也难以协调，改革举步维艰。

然而，随着我国改革开放步伐加速，我国原有的外贸体制的弊端进一步暴露，地方要求"放权"，企业要求"松绑"的呼声也日益强烈。在国务院领导下，对外经济贸易部反复调查研究论证，并经国家经济体制改革委员会的支持和协调，形成了我国外贸体制总体改革方案，并由国务院于1987年（国发〔1987〕90号）、1988年（国发〔1988〕12号）先后两次发文颁布实施，在各方面的协调和共同努力下，对我国外贸体制进行了重大改革，并取得了阶段性的显著成效，我国的进出口贸易额

由 1987 年的 826.5 亿美元增加到 1992 年的 1655.3 亿美元，其中出口贸易额由 1987 年的 394.4 亿美元增加到 1992 年的 849.4 亿美元，出口商品的结构也开始由初级产品向机电等制成品升级转化。

这一阶段改革的主要内容如下：

一、改革汇率和外贸补贴机制。由于当时固定汇率是 1 美元兑换 2.8 元人民币，也就是说外贸公司出口收汇 1 美元，通过国家指定银行结汇时，只得到 2.8 元人民币，显然要发生"亏损"，为此政府就得按不同商品核定换汇成本，给以相应的"补贴"。要取消"补贴"，就要调整汇率，而调整汇率又意味着人民币大幅度贬值，可能会引发经济和社会震荡的风险。因此在取消出口补贴的同时，采取一面逐步调整汇率，一面给出口创汇的外贸公司保留一定比例的外汇额度，这部分外汇可以用于进口或到市场按市场实际汇价调剂，用以补偿其出口成本。这就是曾经一度出现过的两种汇价并存的缘由。当然在改革过程中，还一度出现过外汇黑市等问题。后来随着合法外汇调剂市场的出现，黑市也就逐步消失。有一个时期，实行了双轨制汇率并轨，外贸公司出口收汇可以按市场汇价到国家银行结汇，外汇留成和外汇调剂市场也就自然地取消了。到 20世纪 90 年代，实行贸易项下外汇可自由兑换，以上问题就更不存在了。

二、实行出口退税制度。只解决汇率问题，还不能完全补偿出口成本。世界各国对在本国销售的商品都要征税，有的征消费税，有的征增值税，而对出口的商品，由于未在国内销售，则在出口时按法定的出口凭证退税。我国实行的是增值税制度，因此在出口时也应退税，否则就不能与其他国家平等竞争而丧失出口竞争力。但是，由于我国增值税制度建立较晚，税收征管制度的完善需要一个过程。因此，在实行出口退税的实践中，还一度出现过骗取出口退税等问题。随着税收征管制度的完善，特别是全国增值税专用发票计算机稽核网络系统（称"金税工程"）的建立和逐步完善，骗取出口退税的违法行为明显减少。然而与不法分子的斗争，是一项长期的任务，在税制改革和监管方面还有许多工作要做。

三、改革对外贸易垄断经营体制，放开外贸经营权。1984 年提出当时外贸体制改革的重点是简政放权，要求对外经济贸易部所属的外贸专业公司、其他部门的外贸公司和地方的外贸公司，都要从原来所属的行政部门独立出来，政企分开，独立核算，自负盈亏，向专业化、社会化方向发展。为调动各方面发展对外贸易的积极性，经过一段探索和统一思想的过程，各外贸总公司与所属各省市分支外贸公司脱钩，赋予省市外贸公司外贸经营权。以后又逐步扩大到原来只管收购的市、县外贸公司，以及部分生产企业和科研院所。为使对外经济贸易部更好地履行政府职能，实行在财务上与各外贸总公司脱钩，由财政部直接对他们进行监管。取消各外贸企业的专业经营范围，外贸企业可实行以一业为主、多种经营，鼓励外贸企业发展出口加工和生产。改革外贸企业单纯收购商品出口的经营方式，鼓励外贸企业为生产企业代理进出口，实行代理制，等等。

　　当时，许多同志都明白一个简单的道理：只靠外贸部门的十几个专业外贸公司就使十几亿人口的中国外贸有大的发展，那是绝不可能的。然而，仅仅明白这一大道理并不能完全解决问题，由于长期垄断经营形成的思维、体制、工作方式的影响，突破一步，阻力和意义都非同小可。正是有了 20 世纪 80 年代的对垄断体制的突破，证明要发展外贸只靠对外经济贸易部所属的一些外贸总公司不行，还要调动各部门、各地方的积极性；只靠贸易公司的积极性也不行，必须调动出口产品生产企业的积极性。这才有了 1988 年外贸总公司与全国各地分、支外贸公司的脱钩；才有外贸经营权的下放，并授予 100 个科研单位外贸经营权；才有进一步的工贸结合、技贸结合、外贸企业实行贸工技结合的转型改革；才有通过逐步调整汇率，建立出口退税制度，取消外贸"补贴"，实行自负盈亏的改革；也才有今天外贸经营权由审批制改为登记制的全面放开。到 2007 年底，全国有 63.4 万家企业具有外贸经营权。

　　维护垄断体制的同志一个最重要的理由，就是担心无序竞争，怕乱。而竞争又恰恰是市场经济的一个核心问题，有竞争才有活力，有竞争才有进步。而无序并不是必然的，是通过改革体制、管理，完善法律、法规可以解决的，也正是我们建设社会主义市场经济必须做的工作。因此，不能对竞争采取因噎废食的态度。反过来说，垄断体制难道就没有无序竞争吗？

外贸体制改革前，我就曾遇到过这样一件事：该由谁出口抽纱制品？现在提出这个问题，似乎是多余的，因为回答很简单：只要是经过国家有关部门批准注册的企业都可以出口。可是在 20 世纪 80 年代外贸体制改革以前，可不是如此。当时实行的是对外贸易垄断经营体制，全国的进出口贸易，由对外经济贸易部下面的十几个外贸总公司及其所属分支公司实施。再加上当时实行的是固定而且过度高估的汇率制度，不得不对不同的出口商品，每年都按照国内收购和国外出口价格的变动，核定换汇成本，并给予不同的补贴。为了防止外贸公司出口换汇成本较低的商品，领取较高的创汇补贴，就要对各个外贸总公司规定不同的出口商品经营范围，不允许经营其他外贸公司的出口商品。

苎麻大战　我讲了以上这样一些复杂的前因后果，恐怕不是过来人还不易弄得清楚。的确如此，就连我们主管这方面工作的人，也感到很头疼。在这里可以举个例子：由于当时抽纱制品（一种以苎麻纤维为主要原料生产的纺织品）的换汇成本较低，中国纺织品进出口总公司、中国土畜产品进出口总公司和中国工艺品进出口总公司三家都争着经营，纷纷到农村去争购原料，从而爆发了一场抢购苎麻的"苎麻大战"，使苎麻的收购价格由每斤 2 元哄抬到 8 元，弄到出口难以为继的地步。为了调停三家之间的"大战"，对外经济贸易部有关司的领导试图协调，明确他们各自的经营范围，避免"打乱仗"，然而谁都不听，都说应当由自己的公司经营。这时，我不得不把三家公司的总经理找来听取他们的意见。记得当时他们各自陈述的理由如下：纺织品公司总经理说，抽纱是纺织品，应当由他的公司经营；土畜产公司总经理说，抽

纱的原料是苎麻，而苎麻是土产品，应当由他的
公司经营；工艺品公司总经理说，抽纱是用人
工编织的，是工艺品，应当由他的公司经营。三
位总经理争得面红耳赤，土畜产公司总经理甚至
说，凡是天上飞的，地上长的，人工养的，都是
土畜产品，都应当由他的公司经营。他的意思实
际上是，所有商品都应当由土畜产公司经营。我
之所以找各总公司第一把手来开会，就是想要
他们顾全大局，讲点政治，尽快"停战"，不要

1978年春季广交会纺织品馆陈列着3.7万多
件丝绸、棉布、苎麻等产品。

再争了，谁知他们仍不肯罢休。说实话，这个裁判连我都不知道该怎么
做，但不做裁决也不行，所以只好做了以下一个硬性规定：苎麻原料，
如苎麻球由土畜产公司经营；凡抽纱制品中以纺织品为主兼有少量点缀
性抽纱的，如桌布、餐巾、服装等，由纺织品公司经营；以抽纱为主的
商品，如女士用的抽纱披肩等由工艺品公司经营，不得相互交叉，以免
再"战"，由海关监督执行。可这个规定本身就不尽科学合理，更不是
治本之策，只能算是一个"临时停战协定"，还不能从根本上解决问题。

　　当时类似这样的问题还很多，如抢购鳗鱼苗的"大战"，抢购蚕茧
的"大战"等等。可以这样说，凡是换汇成本较低的出口商品，由于利
益驱动，各外贸公司就想方设法突破专业经营分工，抢着经营，去抬价
争购货源，压价竞相出口，弄得这类商品由于政府无法承受不断增长的
补贴，而不得不退出国际市场，才被迫罢休。这些问题的发生，主要是
我们这些外贸公司的领导的问题吗？显然不是。况且他们之间又无冤无
仇，何必争战不休呢。那么问题究竟出在哪里呢？主要还是在体制上。

　　记得当时我宣布外贸总公司与地方分、支公司脱钩时，有的总公
司领导向我诉苦说，与下面的外贸公司脱钩就等于把我们的胳膊腿都
砍掉了，我们今后怎么活呀！我对他们说，你们的胳膊腿是没有了，
而且还要去掉你们的靠山，对外经济贸易部与你们也脱钩。但是给你

艰辛起步，开始外贸体制改革

329

们留下了最宝贵的东西——"脑袋"，几十年来培养的外贸人才大部分都集中在你们这里了。我相信你们会搞得更好的。果然，凡是积极转型、认真改革的外贸总公司，如粮油、化工、机械等公司，后来都发展成我国的大型骨干企业，而少数经营理念转变慢，留恋旧垄断体制，不能适应市场竞争的外贸总公司，均被时代所淘汰。当时外汇体制改革，也使大家认识到汇率对国家的外贸、金融和经济发展的重要意义，从而开始了汇率改革的曲折而艰难的过程。

四、改革出口创汇的指令性计划任务，实行出口指导性目标。为克服外贸企业职工干好干坏一个样的"大锅饭"的弊端，实行承包经营责任制，后来又在部分外贸企业试行本企业职工可以自愿出资购买企业部分增量股权的"股份合作制"，试行多年来取得了良好的效果。当然，由于受整个经济体制改革进程的制约，特别是以上多数改革是在计划经济体制下进行的，必然会有历史的局限，只能是完成一定的历史使命，为进一步深化改革打下一定的基础。

打破收购包销，打开机电出口新局面　　记得那时，我国机电产品的出口，采取由外贸企业收购包销的办法。这种办法的主要问题是市场需求与出口产品制造企业之间的信息反馈很不灵敏，出口的机电产品往往不能及时适应国际市场的需要，甚至造成积压滞销，机电产品出口在我国出口总额中的比重很小。1981 年，我国机电产品出口额仅有 6.2 亿美元，只占外贸出口总额的 2.97%。而当年日本出口总额为1520 亿美元，其中机电产品为 1029 亿美元，占 67.6%；出口总额与我国相近的韩国，其机电产品也占 22.5%；印度出口总额仅为我国的一半左右，但其机电产品的出口额却比我国高一倍；即使与某些发展中的国家和地区相比，我国也有很大的差距。

我们在调研的基础上，做了一些国际比较，认为我国发展机电产品出口，有许多有利条件：我国有丰富的物质资源和劳动力资源，劳动力成本不仅比发达国家低，比某些发展中国家也低；已有了比较完整的工业体系和配套的横向工业基础，作为工作母机的机床保有量已达 300 万台之多；有了一定的从事科研发展、设计试制和工艺制造方面的技术力量；在国际市场上有了初步的推销机电产品的知识和经验；我国的机电产品有广大的国内市场作后盾，比那些机电产品主要依赖国际市场的国家风险要小。因此，只要我们采取积极措施，努力发挥这方面的优势，发展我国机电产品的出口是完全可能的，在这方面潜力是很大的。只要解决好产品质量、市场网络、管理体制等一些较急切的问题，我国机电产品的出口就会有一个大发展。

我把这些想法写成了一篇《关于进一步打开我国机电产品出口新局面的几点意见》。1982 年 12 月 18 日，中央书记处研究室主编的《经

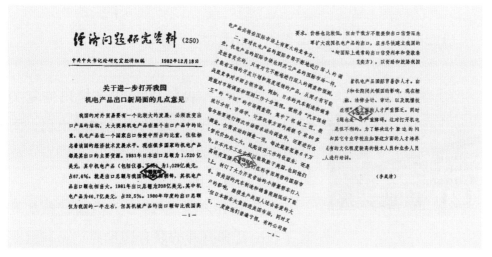

1982年，中央书记处《经济问题研究资料》刊登作者撰写的文章。

济问题研究资料》采用了这份报告。文中提出的一些体制改革建议，后来付诸了实践。

如当时提出：将机电产品收购包销出口办法，逐步改变为由外贸企业代理出口的办法。"代理制"比起"收购包销制"有许多好处，它既可调动出口产品制造企业的积极性，又有利于工贸双方在利益一致的基础上统一对外，可以将专业外贸企业在国际商务方面的优势，同制造企业技术方面的优势很好地结合起来。后来"代理制"成为外贸体制改革

的一个重要措施，现已成为许多企业对外贸易经营的一种方式。

又如改革出口机电产品的考核奖励办法。由于当时我国机电产品的生产技术水平还比较落后，许多企业对出口产品和内销产品往往实行不同的质量标准，对出口产品往往标准要求高，比内销更费工、费钱，表现为"亏损"，挫伤企业生产出口产品的积极性，为此，建议出口产品主要根据创汇成本、创汇额来进行考核、奖励。

通过几十年的努力，我国机电产业的国际竞争力有了显著提高，1981 年，我国机电产品出口只有 6.2 亿美元，而 2007 年已达 7011.7 亿美元，占我国外贸出口总额的 57.6%，实现了我国贸易结构从初级产品、轻纺产品为主向机电产品和高新技术产品为主的重大改变。

从拒绝"富人俱乐部"到申请"复关"

位于瑞士日内瓦的世界贸易组织总部

大家知道，我国从 1986 年提出恢复关贸总协定（GATT）缔约国地位的申请，到 2001 年正式成为世界贸易组织（WTO）成员，经历了漫长的 15 年。

早在 1948 年 3 月 24 日，中国就参加签署了在哈瓦那召开的联合国世界贸易和就业会议通过的最后文件，成为国际贸易组织临时委员会执行委员会的成员。1948 年 4 月 21 日，中国签署了关贸总协定临时适用议定书，并于同年 5 月 21 日正式成为关贸总协定创始缔约国。新中国成立后即宣布：对于旧中国政府与外国政府签订的各项多边条约，我国政府将按其内容进行审查，分别予以承认，或废除，或修改，或重订。但台湾当局 1950 年 3 月 6 日以中国名义宣布"退出"关贸总协定。当时关贸总协定曾要求我国取代国民党政府的席位。但由于历史原因，那时我们认为它是"富人俱乐部"而未进入。从 1971 年开始，我国在联合国以及其他许多国际组织和机构中的合法席位相继得到恢复。我们对关贸总协定的认识也有了转变。

进入 20 世纪 80 年代后，中国开始同关贸总协定恢复联系。1980 年 8 月我国应邀出席了国际贸易组织临委会执行委员会会议。1981 年参加了关贸总协定纺织品委员会主持谈成的国际纺织品贸易协议（MFA）并成为关贸总协定纺织品委员会的成员。

1982 年 12 月 25 日，对外经济贸易部会同外交部、国家经委、财政部、海关总署联合向国务院上报了《关于参加关税和贸易总协定的请示》，提出：目前，我国实行对外开放政策，我同关贸总协定成员国的贸易正在发展，其贸易额已占我外贸总额的 80% 左右。因此，不管我是否进入该协定，总协定的有关决定对我都有直接、间接的影响和利害关系。在国际货币基金组织和世界银行恢复我席位之后，我国进入总协定问题客观上势必要提到议事日程上来。为维护我正当权益，我拟加入总协定为宜。

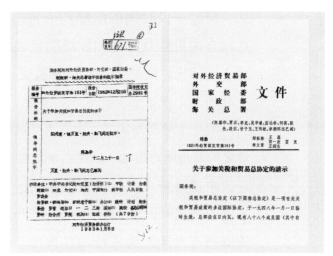

1982年12月，国务院领导同志对对外经济贸易部等五部门上报的《关于参加关税和贸易总协定的请示》作出批示。

当时，我国外经贸活动日益增多，迫切需要一个稳定的国际环境，国内经济和外贸体制改革也开始向市场化发展，初步具备了加入多边贸易体制的条件。1982 年 12 月 31 日，陈慕华同志对五部门的请示批示：拟同意，请万里、劲夫、鹏飞同志批示。其他领导同志很快圈阅同意。

国务院批准在做好各项准备工作之后，选择有利时机申请恢复我在关贸总协定的缔约国地位。当时分析认为，争取恢复席位比重新加入有利，这与我在联合国和其他国际组织采取恢复席位的一贯立场相衔接，又可以避免同主要缔约国就"加入条件"进行漫长谈判。在这些考虑的基础上，提出了我国在恢复关贸总协定缔约国地位方面的原则立场：(1) 中国要求恢复（RESUME）关贸总协定缔约国地位。(2) 中国政府愿意就恢复条件同缔约国进行实质性谈判。(3) 中国是一个社会主义发展中国家，应当享受与其他发展中国家同等的待遇。

按这些原则，有关部门抓紧进行准备工作。1982 年后，派人列席了总协定缔约国大会、理事会及其有关会议，赴匈牙利、巴基斯坦、南斯拉夫等国了解了他们加入总协定的条件和经验教训，并先后同美国、欧洲共同体等 20 多个国家和地区就我恢复总协定地位问题进行了非正式磋商。

经过一段时间的酝酿和准备，1986 年 7 月 10 日，中国常驻日内瓦联合国机构及其他国际组织代表团大使钱嘉东，通过关贸总协定副总干事马吐，向总干事邓克尔递交了申请照会。照会全文如下：

尊敬的总干事先生：

我荣幸地通知阁下，中华人民共和国政府，忆及中国是关税和贸易总协定的创始缔约国之一，现已决定要求恢复中国在总协定的缔约国地位。

中国目前正在执行对外开放、对内搞活经济的基本国策，并将在未来坚持这项政策。中华人民共和国政府坚信，正在进行的经济改革进程将有助于扩大同缔约各国的经济贸易关系，中国作为一个缔约国参加总协定的工作将有助于实现关贸总协定的目标。中国是一个发展中国家。中国政府期望得到与其他发展中缔约国同等的待遇。

中国准备同缔约各方就恢复缔约国地位问题进行谈判。为此目的，它将提供有关经济制度和对外贸易制度的情况。

阁下如能将中华人民共和国政府的要求转达缔约方全体，加以考虑，我将对此深表谢意。

顺致崇高敬意。

中华人民共和国常驻日内瓦联合国机构

及其他国际组织代表团大使

钱嘉东

1986 年 7 月 10 日

至此，我国开始了从贸易制度审议、关税减让到多双边市场准入的谈判。大约又经过一年时间，中欧谈判正式开始。1987年6月，经国务院批准，由我率领代表团赴布鲁塞尔的关贸总协定总部，与欧共体进行了首轮双边正式磋商，阐明了我方对"复关"问题的基本立场，并就关贸总协定中国工作组的主席人选和工作程序问题达成共识。然而，始料不及的是，这一谈就是15年。

1987年6月，作者率团赴布鲁塞尔与欧共体进行"复关"首次双边磋商前制订的活动方案。

1987年6月，中国与欧共体进行"复关"首次双边磋商的情况简报。

谈判为什么历经了15年之久呢？从我自身的经历和对这一工作的了解，现在回过头来看，除发达国家在谈判中的苛刻要求和过高要价外，我觉得主要有以下几个原因。

第一，当时我们对关贸总协定不是很了解，直到提出"复关"之后，才开始进行专门研究。20世纪80年代初，我国才与关贸总协定有了接触。1980年8月4日，我国作为监督国际贸易组织临时委员会执行委员会的18个成员国之一出席了该委员会会议，参与选举了关贸总协定总干事邓克尔。1982年11月，我国政府首次派代表团列席了关贸总协定第38

届缔约方大会，会议期间，代表团就"复关"问题咨询了关贸总协定秘书处。总干事邓克尔等提供了法律咨询意见，秘书处的法律专家强调，中国"复关"与加入其他国际组织不同，需要和缔约方进行实质性谈判，承担关税减让和其他方面的义务。1984年我国成为关贸总协定观察员后，才与有关缔约方和关贸总协定有了较多的接触。

第二，当初国内很多人把关贸总协定视为"富人俱乐部"，中国作为发展中国家进入其中，是利是弊看得不很清楚。1971年11月16日关贸总协定做出了驱逐台湾当局观察员地位的决定，周恩来总理18日就指示外贸部和外交部研究"对关贸总协定的看法、对这个组织我们抱什么态度及如何表态"等问题。11月底，经过慎重调研，两部门向国务院提出报告认为：从长远看，参加关贸总协定在政治和经济上对我国是有利的。但是，总协定实行的最惠国待遇妨碍我国根据不同类型的国家所采取的国别政策，而且参加总协定需要承担一定的义务，并需要一定时间才能对协定及其活动进行深入了解，因此建议目前暂缓参加。那时很多人认为总协定是"富人俱乐部"，对于我国这样的发展中国家，对外贸易仅是调剂余缺和换取外汇，按照关贸总协定要求开放市场对我们不利。这种认识在当时不难理解，直到我国对外贸易发展到一定规模，参加关贸总协定才被提上日程。

第三，由于要与提出要求的缔约方逐一谈判，每个缔约方为了各自的利益，会提出这样或那样的要求，其中有的是合理的，有的是不合理的，也有的是对我极为不利的，实际上也就意味着每个国家都有"否决权"，因此就有一个"讨价还价"的艰苦谈判过程。其中，中美关于"复关"和后来加入世贸组织的谈判，是最难和最棘手的。20世纪90年代初，美国贸易代表是被国际贸易谈判界称为"铁女人"的卡拉·西尔斯，她在谈判中经常挥舞大棒以制裁相威胁。当吴仪同志刚到对外经济贸易部担任副部长时，就遇到这样一个谈判对手。记得在1991年的一次中美关于知识产权的谈判中，我们的立场是明确的，保护知识产权既是美国和其他国家的需要，也是符合我国自身利益的。因为只有这样，才能使我国的科技创新成果不受侵犯，促进科技的发展。但由于我国在这方面缺乏经验，所以希望同别国加强合作，以便有效地保护知识产权。然而，美方当时不但缺乏合作意愿，反而动辄横加指责，甚至诬称我国是知识产权的"小偷"。当时，吴仪同志再也不能容忍这种蛮横无礼的侮辱，当场列举1900年美国参加八国联军侵华，进行烧杀抢掠，才是不折不扣的强盗！1992年9月，在亚太经合组织（APEC）第四届部长级会议期间，我与这位美国贸易代表在曼谷也就知识产权问题进行了会谈，她提出，中国许多化工产品和药品是无偿使用美国专利生产的，侵犯了美国的知识产权，因此美国要求：1.过去生产的要追索专利补偿；2.正在生产的要给予补偿，否则要立即停产；3.以后使用美国专利生产的新的化工产品和药品，要经过谈判，交纳专利使用费，才能许可生产。这三条中，第一条完全不合理；第二条似乎有些道理，但对我国公众利益损失太大，绝对不能接受；第三条是可以谈的。我明确对她表示：您提的第一条既不合理又不可行，不合理且不说，单从可行性讲，您能否说出过去我们到底生产了多少？我可以明确告诉您，不但您不知道，我们自己也无法掌握，既然事实都不清楚，补偿从何谈起？第二，正在生产的，如果按您的说法，立即停止生产，您想过没有，中国病人无药可治，你们经常强调的人道主义怎样解释，又有哪个中国人敢答应您，即使有人答应您，他一定会被撤职查办，因此也是完全无效的。至于第三条，可以在尊重知识产权的基础上，进行互利谈判。这次会谈，最终按我方意见达成了原则协议。

第四，我国的工业技术落后、基础薄弱，经不起外来的冲击。记得我们当年与外商谈判合资时，在相当长的时间里，经常坚持

"老三条"：1.合资企业产品全部外销，不能挤占国内市场；2.产品要在国内制造，不能只是装配，要求有较高的"自制率"；3.合资企业的外汇要自行平衡，外商提出用替代进口来平衡外汇，我们往往也不能接受，因为用于进口的外汇是属外贸部门，合资企业用汇是生产部门，是两个系统，无法融通。这是我们与合资外方谈判中最难达成协议的"老大难"问题。我们1978年与德国大众汽车公司谈合资时，就遇到这些问题。例如，我们要求汽车零部件国产化，大众公司原则上也同意，但他们考察了我们有关工厂后表示，我国工厂的工艺技术和设备，基本上是他们祖父时代使用的，送去检验的国产零部件绝大部分不符合德国的质量和安全标准。最后经我方极力争取，才勉强同意在桑塔纳轿车上使用国产的轮胎、收音机、喇叭和"上海"二字的标牌，仅占零部件总值的2.7%。而正是这块代表商誉的小小标牌，也是质量最差的，黑乎乎的，很难看清"上海"二字，我还为此严厉批评过他们。那时，生产汽车的原材料也供不上，就连当时武钢最先进的1.7米轧机轧出的钢板也太窄了，做不了轿车的覆盖件。这种状况如何迎接"复关"或加入世贸组织后的冲击呢？因此，我们抓紧在加入世贸组织前，制定了我国第一个汽车工业产业政策，实施了一系列鼓励提高我国汽车工业技术水平和零部件国产化率的措施，特别是进口关税税率与国产化率挂钩的政策，发挥了重要作用，为使我国汽车工业在加入世贸组织后取得大发展打下了基础。

第五，谈判中各部门意见分歧很大。很多部门担心本行业受冲击，也有一些出于部门利益，这就使负责对外谈判的对外经济贸易部夹在中间，很难协调，经常内部吵架。我曾给谈判的同志出了一个"点子"，我说你们不要代表他们到第一线去谈判，而要组织他们到第一线去谈判，让他们直接听取外方的要求，也让外方听听我国产业界的意见。这个办法很有效。这样，大家就不是只站在部门利益、只从自己一方来考虑问题了。

第六，在我国"复关"谈判的进程中，由于美国等少数缔约方漫天要价，无理阻挠，我国未能在1995年1月1日世界贸易组织成立前完成"复关"谈判，没能成为世界贸易组织的当然成员，随着关贸总协定被世界贸易组织所取代，我国"复关"也就转变为申请加入世贸组织。"复关"和加入世贸组织是不同的概念，虽然后来的谈判不是完全重新开始，但世贸组织的内容和范围更广了，在程序上也有了差别，从而使得谈判变得更加复杂、漫长。

第七，当时我们自身没有准备好。这是最根本的一条。一是我国长期实行计划经济，改革开放后，虽然开始了市场化改革进程，但直到1992年才明确提出建立社会主义市场经济体制。那时，我国的计划经济体制，与关贸总协定的市场经济基础格格不入，这是一个根本因素，谈判很难取得实质性进展。二是当时我国政企不分，企业不是自主经营的市场主体，而是由政府部门主管包办，直到1998年国有企业才开始与政府脱钩。三是关税减让很难。关贸总协定的主要内容之一就是关税减让，但那时只要一提减点进口关税，各部门就会群起而攻之。那时我是国务院关税税则委员会主任，深感其中难处。这一问题的突破，是江泽民同志自1995年起在亚太经济合作组织（APEC）领导人非正式会议上连续三次宣布我国自主降低关税，并承诺到2005年将工业品平均关税降至10%。这一举措，对我国参与国际分工是非常有利的。

上述这些问题，我们是在15年的过程中边谈、边发展、边改的，有些问题一直到最后，由最高决策层做出决断，才得以解决。那时，人们还有很多利弊的争论，担心弊大于利。实际上中美双边谈判是加入世贸组织最关键的谈判，在谈判的最后关头，江泽民同志请朱镕基、钱其琛、吴仪同志亲自去谈，当场拍板，才定了下来。现在的实践证明，加入世贸组织，利远大于弊，中央的决策是完全正确的。

关贸总协定和世贸组织是建立在市场经济基础之上的。做出"复关"和加入世贸组织决定，表明了我国经济体制和贸易体制市场化改革的决心。在谈判过程中，对外贸易体制做了相应改革，促使对外贸易领域率先开始市场化进程。如，较早减少指令性计划，外贸商品较早放开定价，减少有关进出口贸易的行政管理措施，注重发挥关税、汇率、税收、信贷等经济杠杆在进出口贸易方面的重要调节作用，加强外贸法制建设，制订

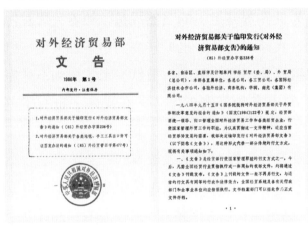

按照关贸总协定有关贸易透明度的要求，对外经济贸易部创办了《文告》，发布贸易政策。图为《文告》第1号。

《对外贸易法》等一系列法律法规，并通过编发《文告》等措施提高外经贸政策透明度，等等。我们还按照国际规则，先后对《中外合资经营企业法》、《中外合作经营企业法》和《外资企业法》等法律法规做了修订，共清理了约2300件相关法律文件，废止了近830件，修订了325件，逐步建立起社会主义市场经济条件下与国际通行规则相适应的外贸管理体制。

外贸体制改革每前进一步，对外贸易发展都迈上一个新的台阶。外贸体制改革的不断深化，特别是加入世贸组织，使我国对外开放进入了一个新阶段，进一步促进了开放型经济的发展和社会主义市场经济体制的完善。

以开放促改革促发展
（作者篆刻）

开创伟业，
在对外开放中学习提高

　　对外开放初期，由于之前长期处于封闭状态，我国对外经贸人才奇缺，急需培养适应对外开放需要的人才。邓小平同志历来重视和提倡学习。1977年复出后，他多次在不同场合反复强调学习，要求全党同志要善于学习，指出："我们现在还要学习，要善于学习，在科学事业上来不得一点虚假。""我们进行现代化建设的决心下了，方针也定了，问题是要善于学习。学得好，就搞得快一点，也搞得好一点。""要实现四个现代化，就要善于学习。"关于对外开放早期培养急需人才的方式，在他一次与谷牧同志的谈话中也有重要指示。

1977年8月17日，邓小平会见美籍华人物理学家丁肇中。在谈话中，邓小平说，对科技工作，要想得远一些，看得宽一些。一是要派人出去学习，二是要请人来讲学。不但科研机构这样，企业也要这样。

　　资本主义市场经济已经有数百年的历史，已经形成一套比较系统完整的经济体制和运行机制，其中有许多科学合理的东西，可以借鉴来改革我们的经济体制，为建设有中国特色社会主义所用。对外开放，不但为我们了解和学习西方经济体制中先进知识和经验提供了良

1977年11月3日，邓小平在会见美籍华人数理逻辑学家王浩时说，科学技术成果是人类共同的财富，我们现在的政策是实行"拿来主义"。"拿来主义"不坏。

好的契机，同时也迫使我们进行改革，否则我们就无法同他们合作。正是这种客观形势的需要，在对外开放初期，掀起了一个学习和培训人才的热潮。

在游泳中学习游泳

从理论上说，学习并不太难，但要把学习付诸到行动上确实不容易。对外开放之初，学习的当务之急，首先是解放思想，更新观念，使大家从思想上真正认识到改革开放的重大战略意义。学习的方法主要是组织大家研究我国历史上兴衰与开放的关系，同时通过驻外使领馆及其他各种渠道收集整理美国、日本、联邦德国、法国、西班牙、匈牙利、罗马尼亚、南斯拉夫、新加坡、巴西、墨西哥、印度等国家以及中国香港、台湾地区的有关资料，印发给大家，认真进行学习讨论。请一些出国考察团组介绍情况，也利用接待外国政府代表团的机会与有关人员交谈，学习一些知识。国家进出口委组织本部门和其他有关部门的骨干到一些重点国家、地区进行短期培训和考察，要求每个团组回国后必须写出详细的学习、考察报告，选编作为学习材料印发。委领导带头学，带头在机关内部讲课。经谷牧同志批准，汪道涵同志还任北大兼职教授，举办讲座。周建南、魏玉明、江泽民等同志分别到中央党校、国家建委、解放军总政治部等单位作报告，对于从事对外开放工作的同志解放思想、统一认识起了良好作用。

1980年，北京大学聘请汪道涵为经济学系兼职教授的函及谷牧的批示。

在对外开放初期许多业务都是全新的，例如现在人所共知的"合资经营"、"三来一补"、"可行性研究"、"开发援助贷款中的'软贷款'、'硬贷款'"、"工程招标"等等。当时从事这方面工作的同志，可以说都是"第一个吃螃蟹"的人。由于任务紧迫，已容不得你按部就班地慢慢学，需要冒险跳到水里学会游泳，由于不想被淹死，学起来就特别快，学到的内容也就特别多。例如，从"合资经营"是什么，怎样调查合资对方的资信，怎样谈判，怎样做"可行性研究"，不同社会制度国家的企业怎样搞"合资经营"，怎样做到对双方都有利，合同、章程应当包括哪些内容，不能包括哪些内容，需要哪些法律、法规和政策，与我们现行的体制和管理模式发生矛盾如何办，合资双方发生纠纷怎样仲裁，等等。

国家进出口委一成立就十分重视干部培训工作，还邀请外国专家来华讲课。据李灏同志回忆，根据邓小平同志的指示，谷牧同志在1979年下半年，邀请联邦德国专家古托夫斯基来华讲学。这是改革开放以来，继邀请日本专家大来佐武朗和向坂正男来华讲学后，第二批来华讲学的专家。

古托夫斯基是联邦德国最高顾问委员会五位成员之一，汉堡文献研究所所长，他对中国友好。在华期间，古托夫斯基除了给国务院及有关部门领导介绍联邦德国有关情况和回答我方提出的问题外，还在北京较大范围内给政府官员、经济界人士及学者就市场经济问题作演讲。他生动详细地介绍了联邦德国社会市场经济体制情况，给大家印象非常深刻。二次大战后，联邦德国与其他欧洲国家一样，面临走什么道路的选择。当时欧洲一些国家实行计划经济体制，经济恢复缓慢，人民生活困难。他说，如果有一个马铃薯丢在大街上，不知会有多少人去抢。为此，联邦德国开展了选择什么经济体制的大讨论，主要有两种观点。一是继续实行计划经济体制，把螺丝拧得更紧。二是实行市场经济体制，放开物价，市场调节，同时用税收等经济杠杆，进行社会财富的再分配，兼顾公平。后来政府采纳了第二种意见，他们叫做"社会市场经济"，实行这种经济体制后，只用短短几年，联邦德国就走出了困境。古托夫斯基最后说，他讲这么多，都是讲联邦德国的情况，而中国是一个大国，有自己的国情。他所讲的仅仅提供一些参考。他的演讲，使我国计划经济烙印很深的广大干部，开始对市场经济有所了解，这也是思想上的"突围"。

无用的合同　我记得有一次有位同志来找我，说他们草拟了一份与外商合资的合同。我过去也同外商谈过合资，知道合资合同往往是很厚的一套文件，除主件以外还有许多附件。他来找我时怎么两手空空，连一张纸都没有？我便问他："你签的什么合同，在哪儿呢？"只见他就从口袋里拿出两张纸交给我说："在这儿。"当我接过来一看，是两张信纸，上面的标题确实写的是合资的合同，再把条款一看，着实使我大吃一惊。且不说这根本不符合"合同"的任何规范和法律准则，单是内容就十分滑稽可笑，几乎每一条都是空话、废话或套话，该写的没有写，不该写的写上了。至今我还记得其中有一条是这样写的：双方在执行合同和合资过程中遇到争议时，本着平等互利的精神，通过友好协商来解决。当然这也没有什么不对，但这不是能解决问题的合同，合同要解决的问题恰恰是"友好协商"解决不了的，到时有争执怎么办？通过哪里来仲裁？这才是合同条款要明确的内容。诸如此类，不一而足，这些都是我们迫切要解决的问题。为了对外谈判工作的需要，我还到北大去听了一学期外教的"国际商法"课程，组织参加谈判的工程技术人员和商务人员进行了一年恢复性的英语培训，使大部分同志都能与外商直接对话交流。国家进出口委也请香港的黄贤先生在北京西山举办一周两次的法律讲座，主管外资工作的同志们都去听讲，一次也不落下。还不时请华侨、华人、港澳地区专家及少数西方学者，讲解经济、法律、合同知识。并从1980年5月开始先后派遣了十余人到香港、加拿大、美国的大学、律师事务所、国际机构等，进行半年至一年的进修、实习。同时还多次在联合国工发组织的安排和资助下，参加东南亚地区举办的招商引资洽谈会，学习发展中国家吸收外资、审批外资项目的程序和经验。顾问室、高校、研究机构和涉外部门的资深专家教授，也都是请教的对象和讲座的主讲人。正因为结合实际进行大容量和高密度的学习，才有可能在短短的两年多时间里，为立法部门建立利用外资的法律框架，为国务院有关法规、条例、规则、程序等一系列文件的起草做了大量的基础工作，还制定了不少重要的指导性文件。

学习可行性研究　"可行性研究"是西方企业家在投资决策时必须进行的一项工作，而当时国内知之者甚少。国家进出口委的领导很快意识到它在我国的重要意义，迅速组织翻译出版相关资料，并组织起草了《可行性研究提纲》，对突破计划经济时代工业项目的"计划任务书—初步设计—技术设计—施工设计"的模式，只顾技术而不重视市场调查、环境和安全评估、成本核算、投资风险和回报等做法，起了重要作用。例如，湖北钢丝厂有个引进轮胎钢丝帘线生产技术与设备的项目，在1980年就开始立项。我国早在1958年就开始研究钢丝子午胎，用了20多年，到1980年底才生产30万套子午胎，其中只有一半是钢丝子午胎，当时国际上钢丝子午胎的价格比普通胎的价格贵一倍。但有关方面在确定这个项目时，没有作详细的经济分析，这个很有前途的项目被一度缓建。直到1982年1月，该厂又向有关部门提出上这一项目，这一次他们作了市场和经济分析，如果采取补偿贸易方式引进一个年产2000吨

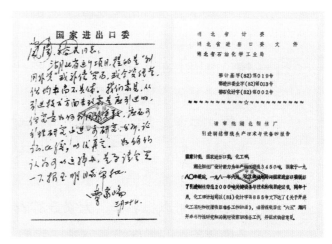

1982年3月，湖北钢丝厂引进钢丝帘线生产技术与设备的报告及国家进出口委的处理意见。

能力的生产线，按照当时每吨钢丝帘线价格5000美元估算，每年可创汇1000万美元，4年内就可以收回成本。我看了他们这份报告后，要他们再进行了一些补充分析，支持他们引进了这个项目。

介绍信拦不住的学习　那时，各个地方也抓学习、抓人才。我在天津就深有体会。1984年，在中央召开的沿海开放城市座谈会上，邓小平同志又嘱咐我们要培养人才。在筹办天津经济技术开发区时，就有这样一段故事。在筹建过程中，一方面在现有干部中选拔精兵强将组成筹建班子，另一方面又为对外开放的人才严重不足而发愁。李瑞环市长征求我的意见时，我建议除学校的英语教师外，在全市懂英语的干部中选拔200名，分别到南开大学和天津财经学院接受有关对外经贸方面知识的培训，以应急需。李瑞环同志赞成这个意见。我要求教委组织实施。原来我对此举很乐观，以为一定会有很多人报名。谁知在报名结束前3天，负责招生的教委副主任于愫同志向我报告说：我们要选拔200人，但到目前只有70人报名。我很奇怪，问她说："难道懂英语的干部不愿去吗？"她说："不是啊，每天到报名处想要报名的人都是人山人海，但单位不放，不肯开介绍信呀！"我这才明白，原来是本位主义在作怪。于是我将此情况报告李瑞环同志，他让我把全市领导干部召集起来做个动员，要他们服从大局，放人！我表示可以，但要他给我一把"尚方宝剑"，即如果再不放人，可以不要介绍信，由招生办公室决定可否报名。李瑞环同志当即表示同意。于是我在干部大会上结合天津的实际，把沿海城市开放、兴办经济技术开发区的重要意义大讲了一番，讲得大家兴奋不已，多次热烈鼓掌。最后我话锋一转，说："看来大家都支持培训干部，放人了。不过我还要告诉大家，如果仍然不放，招生办可以不要你们开介绍信，他们有权决定是否可以报名。"大家鼓掌表示支持。结果短短两天就有1400多名符合条件的干部报名应考，我们从中选了200名送去进修，培养成对外开放的生力军。

从案例中学文明执法　　还有一个很重要的学习方法，就是听取外国专家和港澳同胞、侨胞的意见和建议。有这么一件事给我们留下很深的印象，就是中央领导同志亲自关心文明海关建设。1980年9月8日，中共中央办公厅信访局收到一封美籍华人范周赛瑶给邓小平、胡耀邦同志的信。信中说她这次带着她的小女儿和亲戚从美国回祖国探亲，受到各地同志的热情接待，表示感谢。美中不足的是发生了这样一件事：他们7月17日由香港飞抵上海虹桥机场时，海关工作人员对旅客进行了很严格的检查。她和哥哥、女儿及两个美籍亲戚一共5人，带来手表9只(其

范周赛瑶给邓小平、胡耀邦的来信摘要。

中1只挂表，4只是英纳格，另外4只是很便宜的女表，价值不到400美元)，是要送给大陆亲戚的。但是，当时海关人员把他们带的8只手表和4打眼镜作为走私物品都没收了。他们提出照价完税，也遭到拒绝。这是一件很遗憾的事。还有同机的两个旅客，一个是71岁的美国钢琴家，一个是华侨。他们也因为带一些送亲戚的礼物受到责难，同海关人员在候机室争吵至11点多钟，结果是一部分完税，一部分没收。大家对海关同志的态度深感不满，认为海关同志的态度和做法在大庭广众中造成不好影响。来信说，他们过去对祖国一直是衷心拥护。她先生是台湾十大工程技术权威，是台湾辅导委员会技术领导人，因为热爱祖国在1973年抛弃了优厚待遇到美国定居，在美籍华人中是有威望的人。她是全美六大烟厂总经销公司的董事长，认识侨胞较多，在华侨中比较有声望，这次在中国机场被扣上"走私"的帽子，是多么遗憾之事啊！这次来信，不是想要回8只手表，而是呼吁不要损害祖国和华侨的情义。虽然国家能收入几百元钱，但是损失的情义是难以用

金钱衡量的。呼吁中央指示海关同志耐心而慎重地处理华侨携带的物品，要严格地区别真正的走私物品和华侨回国探亲赠送礼物的界限。

胡耀邦同志接到这封来信以后，于9月14日批示："请谷牧同志考虑。"谷牧同志9月15日批示："请建南同志找有关方面研究，此事应如何处理。"经国家进出口委几位领导同志商量，决定商海关总署派人去现场了解情况。经过认真细致的调查，在弄清事实的基础上，11月24日江泽民同志签发了一份向谷牧同志的报告，在叙述事实经过后，提出：

从所了解的情况看，海关所作的处理是符合海关规定的，但在处理范的问题时，工作做得不细，调查了解不够，在未申报的重点物品中，除一只手表及48副太阳眼镜是范的外，其余均是她哥哥周东成的（中国公民去美探亲），因此，当事人应是周东成，而不是范。上海海关将处分的决定仅通知范是不妥的。范对此事的处理有意见是可以理解的，应引以为训。我们认为，海关在处理这类问题时，应根据不

1980年11月24日，江泽民致信谷牧就范周赛瑶来信反映问题提出处理意见及中央领导批示。

同的情况和对象，像范周赛瑶这种长期生活在国外，而超量未报的物品又不多（手表1只、太阳眼镜48副），且本人又承认了错误，应着重宣传我国的海关规定后，予以免税或从宽征税放行，不宜作为走私案件处理。

11月26日谷牧同志批示：呈送邓副主席、耀邦同志审阅。胡耀邦同志11月27日批示：应注意区别对待。邓小平同志也圈阅同意。

海关的同志及时贯彻了这一指示，改进了工作。这虽然是一宗非常具体的个案，而在那国门初开的岁月里，在作为我国第一国门的海关，几乎每天都要解决许多类似的问题。在工作中，怎样做到既严格把关，又文明执法；既坚持原则，又区别对待，做得合情合理合法，让同胞们感到祖国可亲，这在当时是海关要解决的带普遍性的问题。高层领导同志如此重视，对当时文明海关建设起了推动作用，也使做具体工作的同志深受教育。

所有这些干中学、学中用的方法，对当时对外开放工作的起步，发挥了重要作用。有一次我访问美国麻省理工学院，该院斯隆管理学院的一位教授对我说，你们在利用外资法制建设方面的速度惊人，短短几年，走过了我们西方几十年甚至上百年的道路。你们的学习精神令人钦佩。

加快培养对外开放人才

国家进出口委为贯彻邓小平同志关于对外开放要善于学习，要培养人才的指示，担负起培养对外开放人才的重要任务。

过去对外经贸人才的培养，是在计划经济和垄断贸易体制下进行的。这些人才为我国对外经贸的发展，发挥了重大作用，但是继续按过去的教学内容和方式培养，显然不能适应对外开放新形势的需要。人才的严重缺乏已成为制约对外开放的障碍，因此在搞好在职干部边工作边学习的同时，还必须开展新型对外经贸人才的脱产培训和学习。

举办一所培训新形势下对外开放人才的学校成了当务之急。联合国开发计划署对此计划表示赞同，并愿给予协助。谷牧同志指定汪道涵同志负责这项工作，汪道涵同志调离后，由江泽民同志负责。经与世界银行国际发展学院和美国哈佛大学协商，签订了协助建立国际经济管理学院的协议。当时的办学方针是："以我为主，利用国外同类院校的合作，将该院办成一个国际经济高级学院，招收具有大学程度的有一定实际工作经验的干部和高校讲师以上教师进修，培养比大学更高一级水平的人才。"

谷牧（右）与汪道涵（左）

1980年2月，国家进出口委便委托北京外贸学院与美国加州大学签订协议，先合办专业英语培训中心，当年9月

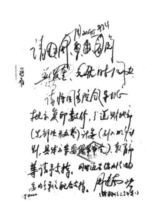

1980年，国家进出口委关于成立国际经济管理学院的请示报告及相关批示。

就招生开学。学院由四部分组成：1.英语进修部　：以外贸学院与美国加州大学合办的专业英语培训中心为基础，学习半年至一年，培养英语口语与听写能力，作为参加对外经济谈判和进一步提高进修的预备班。2.干部短期轮训部：对从事国际经济事务在职的高、中级干部进行专业知识短期培训。3.研究生部：招收大学程度并有一定工作经验的干部学习两年，学习课程有国际经济、金融、经济管理、财政、国际商法及税法、发展经济学等学科。毕业后，将来可担任企业负责干部及大学讲师以上职务。4.咨询研究部：进行有关国际经济、贸易、

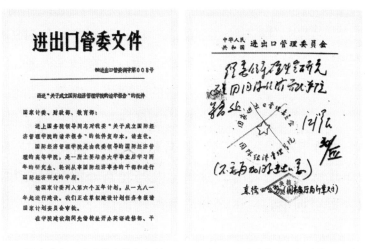

国家进出口委函送有关部门关于成立国际经济管理学院的请示报告的批件

江泽民对确定国际经济管理学院筹备处印章式样的批示

金融、法律等方面研究工作，建立国际经济情报资料中心，提供领导机关决策的参考报告。学校设校务委员会，由国家进出口委、外贸部、外经部、财政部、教育部、社会科学院、中国银行、北京大学、中国人民大学、国际关系学院、外贸学院等单位组成，还设有顾问委员会，聘请国内外校长、专家、教授担任顾问。第一期建设规模是招收1000名学生。经国务院领导批准，在北京香山附近南辛庄建校。由于建校尚需时日，先租用中直农场，开学授课。第一批学员经过入学考试进行培训。由联合国开发计划署委托加拿大开发计划署聘请外籍

美国哈佛大学国际发展学院

筹建国际经济进修学院建议大纲

A、学院组织

1. 办校目的——将学员培训成为：

(1)合营企业的经理

(2)处理国际的、国营的、私营的财政机关公务的官员

2. 招收学员的要求：

(1)现任企业领导干部——已有几年工作经验的人员

(2)有一些管理经历的干部(公务人员)

(3)大学毕业的优秀生

B、教学大纲

一、计划1. 为合营企业培训经理，学习期一年：

(a1)西方会计制度，财务管理

(a2)国际金融

(a3)生产、新式的计划编制、作业管理

(a4)国际销售学

(a5)管理经济学

(a6)决策和企业政策

(a7)国际经济

美国哈佛大学国际发展学院提出的筹建国际经济进修学院建议大纲

教授授课，学制为一年，授课方法主要是用英语讲授与对外开放有关的法律和经贸知识。学习时间虽不长，但效果很显著，学员们增长了不少急需的有关知识，英语水平也有了显著提高。在第一批学员的结业典礼上，当学员们用英语汇报学习成果时，受到江泽民同志和外籍教授的好评。记得当时有些同志曾把它比作对外开放时期的"抗大"（培养抗日干部的抗日军政大学）。在该学院独立存在的两年多的时间里，培养了数百名对外开放方面的干部，也开创了我们与国外著名大学合作培训人才的先例。

1982年政府机构合并时，这所学院与北京外贸学院合并，成为该院的经贸外语培训中心。这个中心继续聘请国外专家授课，派教师出

1980年，国家进出口委关于招考经济专业英语训练班学员的通知。

北京外贸学院与加州大学评议会协议书

国进修，在教学内容和方法上有了显著提高，逐步适应了培养对外开放人才的需要。北京外贸学院于1984年更名为对外经济贸易大学，并成为美国承认我国学历的第一所大学。接着其他外贸学院也相继改为对外经贸院校。有关高校也陆续设立了外经贸院系。天津财经学院还经过国家教委批准，与美国俄克拉荷马城市

1984年北京对外贸易学院更名为对外经济贸易大学。图为对外经济贸易大学挂牌仪式。

大学合作举办了两年制的工商管理硕士（MBA）学历教育，毕业后由两校分别授予硕士学位，首创了中外合作举办学历教育的模式。这些举措为我国培养了大量的对外开放人才和生力军。

恢复大规模派遣留学生

邓小平同志在开启对外开放之门的时候，还果断作出了恢复大规模派遣留学生的决策。在当时"文革"制造的精神枷锁严重束缚人们的思想，整个国家还基本上处在封闭状态、财力拮据的背景下，做出这样的决策是很不容易的。

我国派遣留学生是在"文革"开始后不久停止的。1972年起只向少数国家派遣少量的留学生。针对"文革"后科技凋零、教育落后、人才断层的严峻形势，为加速培养人才、学习国外先进科技，1977年7月23日，邓小平同志复出后第6天，在同长沙工学院负责人谈话时指出：要学习外国的先进技术。你们可以花钱把外国技术资料买来，编到教材中去，也可以派留学生去学。8月1日，他同方毅、刘西尧谈教育时又指出：要派留学生出去。8月8日，他在科学和教育工作座谈会

的讲话中再次强调："接受华裔学者回国是我们发展科学技术的一项措施，派人出国留学也是一项具体措施。"

1978年6月23日，邓小平同志在听取清华大学汇报时，同在座的方毅、蒋南翔、刘西尧等谈话时进一步说：我赞成增大派遣留学生的数量，派出去主要学习自然科学。要成千上万地派，不是只派十个八个。请教育部研究一下，在这方面多花些钱是值得的。这是五年内快见成效、提高我国科教水平的重要方法之一。现在我们迈的步子太小，要千方百计加快步伐，路子要越走越宽。我们一方面要努力提高自己的大学水平，一方面派人出去学习，这样可以有一个比较，看看我们自己的大学究竟办得如何。留学生管理制度也要改变一下，不要看得死死的。留学生可以住在学校，也可以住在外国朋友家里。暑假还可以让他们回来一下，了解国内情况。教育部要有一个专管留学生的班子，可以到留学生较多的国家去看看，经常了解留学生的状况和需要解决的问题。不要怕出一点问题，中国留学生绝大多数是好的，个别人出一点问题也没什么了不起。

1977年8月，邓小平主持召开科学和教育工作座谈会。

这一讲话具有划时代的意义。从此，我国派遣留学生工作翻开了崭新的一页。讲话后不久，教育部就提出了关于加大选派留学生数量的报告。此举引起国外舆论关注，纷纷将此看作是中国开始对外开放的"信号"，认为"迄今在共产主义世界中尚无先例"，"令人信服地表明(中国的)政治自信心"。后来的实践证明，这项措施不仅本身是对外开放的体现，也有力推动了对外开放的发展。

1978年7月，美国总统科技顾问弗兰克·普雷斯向方毅副总理发出邀请，请中国政府派代表团去美商谈互派留学生的相关事宜。7月10日，邓小平同志会见了弗兰克·普雷斯率领的美国科技代表团，说："你们关于留学生问题的建议是很积极的，我们非常赞成。你们提出近期内接受五百人，我们提出的人数可能更多一些。"10月，经过谈判，中美双方达成互派留学生的谅解。此后，我国又陆续与英国、埃及、加拿大、荷兰、意大利、日本、联邦德国、法国、比利时、澳大利亚等国达成互派留学生协议。

1978年12月26日，这个西方的圣诞假日，当时我国并没有多少人留意它。但这一天，正是我国对外开放刚刚开始后一个很有意义的日子。就在这一天晚上，我国第一批50名赴美访问学者在夜幕中乘飞机离开了北京，他们年龄最小的32岁，最大的49岁，学期为两年。临行前，方毅副总理特意接见了他们，全国科协主席周培源及教育部副部长李琦到机场把他们送上了飞机。而在同年3月，中国已选拔了23名"尖子"，于5月—6月间赴加拿大、英国、法国、日本、澳大利亚和新西兰等国学习。第二年，我国又公派出1777名留学生。大门一开，被接连不断的政治运动抑制了多年的留学渴望，迸发为中国历史上最大的一次留学潮。这对这些中青年学子，对刚刚打开国门的中国又意味着什么？很显然，这是一个具有深远意义的开始。

1921年3月，邓小平在法国勤工俭学时留影。

其实，中国自近代以来，已有成千上万热血青年背负着祖国的希望，纵身出国留学。李大钊、周恩来、朱德、詹天佑、严复、鲁迅、蔡元培等革命家、科学家、思想家、教育家就是其中的代表。邓小平同志本人也在1920年赴法国勤工俭学，1926年又转入莫斯科中山大学学习。而每一历史时期留学生的派出与回归，都与中国救亡图强、变革发展的进程密切相关。

1.1920年，邓小平赴法勤工俭学时乘坐的"盎特莱蓬"号邮船。

2.1925年11月至次年1月，邓小平曾在雷诺汽车厂的钳工车间当钳工。这是当时邓小平的工卡。

3.1926年初，邓小平离开法国赴苏联，在莫斯科中山大学学习，俄文名"多佐罗夫"。图为莫斯科中山大学旧址。

　　1847年，容闳在美国传教士布朗的带领下，来到美国。历经8年半工半读的留学生涯后毕业于耶鲁大学，成为中国近代史上第一个留学生。

中国第一批官派留学生是120名12—15岁留美幼童，于1872年至1875年分四批赴美。这些幼童原计划在外学习15年，后因种种原因于1881年被全部撤回。1877年又派海军留学生近百人赴欧洲学习，回国后任各级海军将领。1903年开始大举派送留学生赴日本，官费、自费留学形成高潮。

1872年8月11日，中国第一批留学生梁郭彦、詹天佑等30人从上海启程前往美国。图为中国第一批留学生的合影。

1909年，中国开始派送庚子赔款留美生。1900年八国联军攻入北京，清政府与各国签订了《辛丑条约》，赔款4.5亿两关银，史称"庚子赔款"。1907年美国总统罗斯福提议将美国所分庚款中超过实际消耗的部分，用于中国办高等教育和招收中国学生留美，次年获参众两院批准。此后，英、日、法等国也效仿美国，退回部分庚款，用于兴办中国高等教育。为选拔留美学生，1911年中国还建立了清华学校。

1912年起，提倡"勤以做工，俭以求学"的赴法勤工俭学兴起，培养了大批栋梁人才。苏联十月革命胜利后，1920年决定建立莫斯科东方劳动者共产主义大学，简称东方大学，招收苏联远东少数民族和亚洲各国革命青年。1925年，东方大学中国部改名为孙逸仙大学，又叫中山大学。我们党许多领导同志都在东方大学或中山大学学习过。

新中国成立后，十分重视派遣出国留学生。在全国解放前夕的1948年8月，中央就批准由东北局选派21名青年去苏联学习科学技术。1950年到1952年，中国先后与苏联和东欧各国达成了互派留学生协议，并成立了由聂荣臻、李富春、陆定一主持的留学生派遣工作领导小组。1956年4月，毛主席在《论十大关系》中指出："我们的方针是，一切民族、一切国家的长处都要学，政治、经济、科学、技术、文学、艺术的一切真正好的东西都要学。""将来我们国家富强了，我们一定还要坚持革命立场，还要谦虚谨慎，还要向人家学习，不要把尾巴翘起来。""就是在几十个五年计划之后，还应当向人家学习。一万年都要学习嘛！"

据统计，1950年至1960年，我国共向苏联、东欧国家派出留学生、实习生近万人。他们回国后都成为我国各行各业的专家和骨干，为新中国的建设和发展发挥了重要作用。

之后，中苏关系紧张，派出人员开始改向西方各国。

在加快派出留学生同时，新中国热情召唤在外学子回国工作。滞留各国的留学生也归心似箭，急切寻求回国之途，尽管遭到美国、日本、英国等政府阻挠，但他们奋起反抗，冲破重重险阻，历经坎坷挫折始得回归祖国。李四光、钱学森等就是其中的代表。20世纪50—60年代派出的留学人员回国后，大多奔赴祖国最需要的地方。

1978年恢复大规模派遣留学生后，邓小平同志始终给予了极大的关心。1979年1月，他在出访美国期间专门接见了第一批赴美留学人员。此后，他又多次接见留学人员代表，嘱咐他们不负祖国和人民重托，学出成果，报效祖国。他还为留学人员的民间组织"欧美同学会"和面向在外留学人员的刊物《神州学人》题写了会名和刊名。

大量派遣留学人员后，邓小平同志经常思考、十分重视的另一个问题，就是如何做好留学人员回国工作。1984年8月25日，他在会见美籍华人陈省身教授时说：要用好出国留学人员。1985年7月16日，他在听取胡启立、方毅、宋健、严东生、周光召等汇报时指出：人是最宝贵的财富。我们有几万名留学生在国外，这是财富，要争取他们回来。我们要加强同他们的联系。一个是搞博士后的方法，一个是特区、开放城市招聘留学生的方法。把他们吸引回来，还要想更多的方法。1988年9月12日又说：我们的留学生有几万人，如何创造他们回来工作的条件，很重要。这些人不回来，实在可惜啊。……要把"文化大革命"时的"老九"提到第一，科学技术是第一生产力嘛，知识分子是工人阶级一部分嘛。我这里说的关于教育、科技、知识分子的意见，是作为一个战略方针，一个战略措施来说的。1992年，他在南方谈话中专门讲了一段留学工作：希望所有出国学习的人回来。不管他们过去的政治态度怎么样，都可以回来，回来后妥善安排。这个政策不能变。他还发出了"要做出贡献，还是回国好"的召唤。这些话语体现了对留学人员的热切期望，也激励着广大留学人员的爱国热情，增强了他们回国工作和为国服务的信念。

随着改革开放的深入和留学政策的完善，我国后来确立了"支持留学、鼓励回国、来去自由"的方针，取得了显著的成绩。据统计，1978年到2006年底，出国留学总人数达到106.7万人，其中1978年出国留学860人，2006年13.4万人，29年出国留学规模扩大了155倍。期间，累计公派出国留学生21.8万人，回国14.3万人，约占66%。2007年公派留学人员又比2006年的8242人增加了51%，多达12402人，公派留学人数首次过万。

出国留学，对个人来说，是他们人生的一个转折点；对国家来说，是培养了一大批科技、教育和对外开放等领域最急需的专门人才。他们既带回了先进的知识和技术，也带回了先进的理念和国际化视野，成为经济建设、社会发展的重要力量。同时，出国留学还增进了中外人民的了解、交流和友谊。

借用外脑，引进智力

引进国外智力是对外开放的重要组成部分。在改革开放初期，各项事业都缺乏经验和人才。针对这一状况，1983年7月8日，邓小平同

支持留学
鼓励回国
来去自由
（作者篆刻）

开创伟业，在对外开放中学习提高

志在与万里、姚依林、方毅、宋平等同志谈话时指出：要利用外国智力，请一些外国人来参加我们的重点建设以及各方面的建设。搞现代化建设，我们既缺少经验，又缺少知识。不要怕请外国人多花了几个钱。他们长期来也好，短期来也好，专门为一个题目来也好。请来之后，应该很好地发挥他们的作用。他们是愿意帮助我们工作的。他还强调，将引进智力作为一般的政策来对待是不够的，必须作为一项重要战略方针，长期不懈地贯彻执行下去。

根据邓小平同志的谈话精神，1983年8月24日，党中央、国务院作出了《关于引进国外智力以利四化建设的决定》。《决定》指出，在充分利用外资和引进国外先进技术的同时，积极地有计划有步骤地引进外国人才，特别是引进现在国外的华侨华裔人才，将大大有利于我国的社会主义现代化建设。智力是活的知识力量，它的巨大作用远非设备、书本、资料、图纸所能代替。引进人才与引进技术同时并举，相互结合，还将十分有助于我们消化和吸收国外先进的科学技术和管理经验，可以少花钱，多办事，加速国家建设事业的发展。引进人才要充分利用各种渠道，包括官方的、半官方的、民间的，以及各种国际组织的。引进人才要从我国现代化建设的迫切需要出发，把重点放在引进工程技术和经济管理人才方面。政府的一些部门和经济组织，也可从国外聘请专家作为决策的顾问，或者担任适当的技术或管理负责人。

9月7日，中央决定成立中央引进国外智力以利四化建设工作领导小组，由姚依林、方毅、张劲夫、宋平同志组成。姚依林同志任组长，张劲夫同志负责小组的日常工作。领导小组下设办公室。两天后，国务院召开全体会议，传达邓小平同志的讲话和中央的决定，研究部署引进国外智力工作。会议还邀请30多位知名科学家和部分高校领导列席。

9月12日，姚依林、张劲夫在听取关于引智工作的汇报时指出：对请来的外国专家工作要做细，待遇从优；引进人才要与对外贸易相结合；当前重点引进成熟技术方面的人才，如节能技术、新药研发、合成氨工艺、生物工程、计算机技术等方面的人才。经过调查研究和听取多方意见，9月26日，国务院制定下发了关于引进国外人才工作的暂行规定，就有关管理问题、工作程序、经费安排、国外专家待遇等具体事项做出了规定。

就在这个月，南开大学提出了聘请美籍华裔数学家陈省身教授为该校数学研究所全职所长。这是第一个向中央引智领导小组申报的人才引进项目。考虑到陈省身教授的国际影响较大，请他来开展合作研究的意义重大，张劲夫同志便指示中央引智办对此项目予以支持，连续3年每年资助12万元。1984年陈省身正式受聘担任南开大学数学研究所所长。南开大学也为陈省身教授专门建造

1984年8月25日，邓小平（左一）在北京会见美籍华裔数学家陈省身（右二）和夫人（右一）。

了一所房子，我还专门到他的寓所去看望他，他很满意，表示连给博士生上课的地方都有了。此后，陈省身定期邀请世界知名学者来南开大学召开国际会议，也邀请海外优秀学者来开展合作研究，大大提高了南开大学的数学研究水平。

引进智力政策在各个建设领域都发挥了积极作用。外国专家在宏观决策、技术改造、开发新产品、解决某些关键技术或管理问题方面，都获得了明显的效果。1984年应聘来华的技术和管理专家达300人，1985年发展到1102人；1985年派往国外进修培训的工商企业人员达3200人。后来，国务院聘请新加坡前第一副总理吴庆瑞博士和香港

著名企业家包玉刚担任沿海开发经济顾问。1985年5月15日，邓小平同志在会见吴庆瑞博士时指出：搞现代化建设，最重要的是知识和人才。我们最大的弱点恰恰在这里，知识不足，人才不足。我们请你们来，就是请你们提供知识。不仅请你们来，还要广泛地请发达国家退休的专家、技术人员来帮助我们工作，他们来当顾问或到企业里担任实职都可以。

为方便与国外一些专家组织开展交流，1985年11月，我国成立了中国国际人才交流协会和中国国际人才交流基金会，张劲夫同志任协会主席。协会还在美国、日本、香港等国家和地区建立了不同形式的办事机构，成为引进智力的重要渠道。

洋厂长带来新管理　记得1984年11月，武汉市率先引进洋厂长，在全国轰动一时。他们引进的是联邦德国发动机制造专家威尔

纳·格里希先生，聘请他为武汉柴油机厂厂长，任期两年。这是改革开放后中国企业聘请的第一位洋厂长。几天后，张劲夫同志到湖北考察，表示"武汉大胆走出了第一步"。

1985年1月26日，姚依林(左二)和张劲夫(左一)会见"洋厂长"格里希(左三)。

格里希上任后，首先抓产品质量。当时，武汉许多工厂为柴油机厂提供零部件。他发现，柴油机厂对这些外来零部件未进行质量检验就接收了。检验仪器和设备长期不用，上面沾满灰尘。为此，格里希非常生气，立即将分管质量的副厂长撤了职。撤职事件引起了争论。有的人提出，党任命的干部，怎么能随便撤职？也有的人提出，请外

国人当厂长，咱们的企业还是不是社会主义企业？然而，武汉市的领导支持格里希的做法，说没有这个严格精神，产品质量上不去，工厂是搞不好的。为了提高产品质量，格里希身体力行，每天背着工具包逐个车间巡查，包里面放三样东西：游标卡尺、吸铁石、白手套。游标卡尺用于检测零件的精度，吸铁石用于吸查机器里有没有掉铁渣，白手套用于验证机器是否被脏物污染。

除了狠抓质量外，洋厂长还采取措施，进行工资等多项制度改革，调动职工的积极性，解决人浮于事的问题。通过引进现代化管理方式，加强管理，武汉柴油机厂的面貌焕然一新，产品质量有了显著提高。后来，格里希被朱镕基同志称为"质量先生"。

针对社会上对格里希的改革措施有各种议论，张劲夫同志请中央引智办实地了解。考察的同志认为，格里希的所作所为，切中企业的时弊，所采取的举措，深得广大干部职工的拥护。中央引智办、国家经委、武汉大学还联合举办了《格里希治厂经验专题研讨会》，推进现代化管理。虽然格里希在武汉柴油机厂的工作时间只有短短两年，但有关部门对他的评价是：忠诚工作、大胆改革、从严治厂，为中国企业改革、增进中德人民友谊做出了贡献。他曾先后荣获中华人民共和国"友谊奖"、德意志联邦共和国"十字勋章"和"在华永久居留资格"。2005年4月，国家外国专家局和武汉市人民政府联合为他制作了青铜雕像，铜像坐落于武汉市汉正街都市工业园。

"三件结合"成就了自主发展　　在实际工作中，中央引进智力领导小组探索和实施了将软件、硬件和活件"三件结合"的合作模式，即以贸易为筹码，把引进技术设备和引进国外智力相挂钩。一个典型的例子就是宝钢。在宝钢一期建设中，我们从日本进口了大量设备。尽管按惯例顾客是上帝，但日方却不提供图纸，不转让技术。中方人员去日本培训时，不但要自付费用，活动范围也受到限制。后来，我们把宝钢二期5亿美元的热轧、3亿美元的连铸两个大项目进行国际招标，要求供方在提供硬件设备的同时，要向中方转让技术软件，要让中方专家参与设计制造和培训，并承担中方专家的相关费用。结果，联邦德国西马克公司中标了。他们为了接待我们的专家，还专门盖了一座专家楼。中方先后派出近千人参与设计制造和培训，全面消化吸收了先进技术，从而使宝钢三期高炉国产化率达到90%以上。日本公司落选后，在日本引起很大震动，不久他们就改变了以往的做法，派人来检讨，说自己保守了。

在中央引进智力领导小组的领导和推动下，各级政府的积极性也被调动起来了，他们采取各种措施引进急需的人才，促进地方经济的发展。例如，天津港邀请天津市的友好城市——日本神户市港务局长鸟居幸雄作为顾问，运用日本过去解决压港的经验，帮助天津港解决有关问题，使天津港的吞吐量由1982年底的1287万吨提高到1985年的1856万吨，较快地缓解了港口压港、压船的压力。又如，黑龙江省引进日本水稻专家藤原长作、原正市传授寒地水稻旱育苗稀植栽培技术，亩产提高一倍以上。在日本专家的帮助下，水稻成为黑龙江省的主要粮食作物之一。该项技术经过消化、吸收、创新，逐步从北向南，由寒旱地区向温湿地带展开，后来推广到全国各地。其他类似成功例子也不断涌现。

买"渔"胜过买鱼　20世纪80年代初，我得知了一件有意义的事：天津市以3.6万英镑价格，用引进智力与软件技术相结合的方式，掌握了英国发酵啤酒技术，仅相当于全套进口设备价格的1/4。事情的经过是这样的。1984年，我驻英使馆向天津、湖南推荐英国采用上发酵工艺小规模（年产3000到5000吨）生产啤酒的技术和装备。该生产工艺具有投资少、能耗低、发酵周期短、工艺易掌握、适合小规模生产等优点。掌握该技术的英国奥斯汀啤酒有限公司已向世界各地出售34套生产设备。当时，国家科委作为"星火计划"项目，决定购进一套设备装在湖南浏阳。1984年初，天津市对外科技交流中心邀请了奥斯汀公司的专家来华进行技术交流，随后又组织技术人员赴英实地考察，认为值得引进。

后来，经天津市政府批准，并征得中央引智办和国家科委星火计划办公室同意，采取引进智力和技术，走自行开发、设计、制造设备、建立小型啤酒示范工厂的路子。天津市友谊啤酒技术联合公司与奥斯汀公司签订了引进智力和技术协议。协议规定，由奥斯汀公司派专家来传授上发酵工艺技术，提供工艺流程设备简图，直到生产出几种不同英国风味啤酒，设备完全由中方制造。全部费用3.6万英镑，仅相当于湖南购买全套设备的1/4。

在有关方面的支持下，经过科技人员一年多的努力，该公司完成了对英国图纸的消化和翻版设计与成套制造，并在红光农场改建了一个400平方米的实验车间。在英国专家现场指导下，设备经过安装调试生产出四种不同风味的英国啤酒，即欧型啤酒、英国黄啤、柔和啤酒和甜醇黑啤酒，英国专家认为基本上达到了英国啤酒水平，做出了上发酵啤酒的风味。7月23日，天津市智力引进办、星火办还组织20多位专家召开了品尝会。专家们认为，质量相当好，泡沫洁白、细腻，泡高而挂杯，泡沫持久性好，色泽较重，口味纯正、柔和。

经过示范厂的建设，初步看出此项啤酒技术有五大特点：一是投资少，约为国内同规模下发酵啤酒厂造价的1/3。二是工艺新，发酵周期短，只有3—7天，为国内普遍采用的下发酵工艺的1/5。三是成本低，多品种。一条线可生产5种以上风味的啤酒，且无需全麦，可掺用30%—40%的大米，因而成本低。四是能耗低，用水量和电量为国内同类啤酒厂的20%和28%。五是易于推广。设备定型后，产品可以打入国际市场。

天津市科委来信向我报告了相关情况，我派人去了解的确如此。我们常说，授人以鱼，不如授人以渔。天津的例子说明：买"渔"

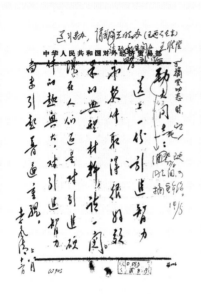

1987年8月12日，作者写给张劲夫的信。

取长补短
（作者篆刻）

胜过买鱼，更具生命力。我看了天津的报告后，觉得此事很有意义，于1987年8月12日给张劲夫同志写了一封短信："送上一份引进智力和软件取得很好效果的典型材料，请一阅。现在人们还是对引进硬件的兴趣大，对引进智力尚未引起普遍重视。"信后附上了天津市科委的报告。张劲夫同志收到信后，随即指示中央引智办介绍这一情况。有关情况后来刊登在《引智动态》上。

1988年，中央引进国外智力领导小组改为国务院引进国外智力领导小组。1993年3月，领导小组撤销，国务院引智办与国家外国专家局合并组建新的国家外国专家局。30年来，引智工作被证明是"花钱较少，效果很好，事半功倍，大有可为"的一项大事业。引进国外智力的战略方针深入人心，来华的外国专家人数成百倍增长，政府和企业选派的出国培训人员每年数万人，引智工作为我国工业、农业、科教、商贸等事业的快速发展发挥了独特的重要作用。

学习现代管理是一场革命

在计划经济时期，企业都是行政化的"单位"，生产资料全部归国家或集体所有，生产经营也由政府管理。企业没有自主权，生产什么、生产多少由国家下计划，生产出来的产品由国家统购统销，也不搞经济核算，亏了赚了都由国家包下来，职工干多干少一个样。这种"大锅饭"体制扼杀了职工的积极性，企业失去了活力，生产管理走入了死胡同。1956年至1977年，国家投资形成的固定资产原值增长了9.2倍，而国有企业利润总额只增长了5.5倍，国有企业提供的财政收入仅增长2.5 倍。

邓小平同志一复出就非常关注这个问题，敏锐地抓住从学习国外管理方法开始，酝酿如何突破僵化体制。

1978年3月28日邓小平同志在同胡乔木等同志谈分配问题时指出："我们有一个最重要的问题需要解决，就是管理问题。"在我国引进技术设备之初，这个问题尤为突出。一些单位对引进的生产线，不知道怎么运行管理，但又不能理解和接受人家的配套管理方法，结果很多引进项目效益发挥不出来，甚至有些项目"玩不转"，闹出很多笑话。企业要求"松绑"的呼声很高，学术界也提出了"企业本位论"，呼吁扩大企业自主权，邓小平同志也非常重视这个问题。

1978年9月13日下午，邓小平同志在出访朝鲜后抵达辽宁本溪，开始在东北地区视察。在东北三省行程数千里，走一路讲一路，用他

1978年9月，邓小平在东北视察。

自己的话说是到处点火。他反复强调两个重大问题：一是要坚持实事求是，二是要学习国外先进管理方法。从思想上和实践上点燃了打破僵化体制的烽火。

9月16日上午，邓小平同志在听取正在建设的霍林河煤矿要引进联邦德国技术的汇报时指出："要引进人家的技术，就要学习人家的管理方法，完全按它的管理方式生产。从开始引进，就要组织一个领导班子，从头到尾负责，包括直接谈判，直接签订合同，根据联邦德国的管理办法组织生产。对这样的企业，不要搞改良主义，要彻底革

命。所有的引进，必须坚持这一点，否则就没有资格引进，我们就永远落后。"他还指出："我们要好好学习，到外国去看一看，看人家怎么管理的。"

1978年9月18日，邓小平（左二）视察鞍山钢铁厂。图中左一为李德生，左三为彭冲。

9月18日下午，视察鞍钢时他又强调："社会主义要表现出它的优越性，哪能像现在这样，搞了20多年还这么穷，那要社会主义干什么？我们要在技术上、管理上都来个革命，发展生产，增加职工收入。……现在我们的上层建筑非改不行。"

邓小平同志回到北京后，就亲自主持修改审定在中国工会第九次全国代表大会上的致词，将这次东北讲话的精神体现了进去。10月8日，邓小平同志将文稿批送华国锋、叶剑英、李先念、汪东兴同志核阅。10月10日，他又在稿子上加写了两段话：（一）"进行这些改革，是全国人民的长远利益所在，否则我们不能摆脱目前生产技术和生产管理的落后状态。……"（二）"我们的企业要实行党委领导下的厂长或经理负责制，要建立强有力的生产指挥系统。……"并致信华国锋、李先念同志："工大祝词，我又考虑了一下，加改了两段，这是比较重要的改动。"这个讲话在全国上下引起很大反响。

1978年12月13日下午，邓小平同志在中央工作会议闭幕会上讲话，指出："我们要学会用经济方法管理经济。自己不懂就要向懂行的人学习，向外国的先进管理方法学习。不仅新引进的企业要按人家的先进方法去办，原有企业的改造也要采用先进的方法。在全国的统一方案拿出来以前，可以先从局部做起，从一个地区、一个行业做起，逐步推开。中央各部门要允许和鼓励它们进行这种试验。"

为落实邓小平同志的讲话精神，当时主管工业的李先念同志要求国家经委组团到日本专门考察企业管理和质量管理。回国后考察团向国务院提交了《日本工业企业管理考察报告》，提出了要学习资本主义国家企业管理的科学方法等建议。随后全国开办培训班，学习借鉴日本等西方企业质量管理等做法和经验，在企业干部中普及现代管理知识。同时，一些地方开始了管理体制改革的试点。

四川从奖金开始探索　1978年2月1日，邓小平同志出访途经成都，在听取四川省委汇报工作时强调说："我曾经讲过，可能有两个问题拖我们的后腿。一是农业，搞粮食可不容易；二是工业管理水平，我们不会管理。"还指出："农村政策、城市政策，中央要清理，各地也要清理一下，零碎地解决不行，要统一考虑。自己范围内能解决的，先解决一些，总要给地方一些机动。"这就是邓小平同志后来在东北说到"我在成都也点了一把火"。

按照邓小平同志的讲话精神，四川省委很快进行了调查研究，认为：搞工业现代化，引进一些外国先进技术和设备，国家投资新建一些现代化企业，是完全必要的；但是，我们主要的立足点还是必须放在学习先进经验，加快现有企业的现代化建设与改造上。紧接着，四川省委在重庆召开常委扩大会议，决定先在部分企业试行奖励和计件工资制度。全省挑选了218家有代表性的企业参加试点。

第一次拿到奖金的职工真正体验到了多劳多得，工作积极性高涨。出勤率、产量、产品质量大幅提高，原材料消耗迅速减少。试点企业基本上全面超额完成国家计划，产量、质量、利润等指标创历史最好水平。

广告的力量　尝到了奖励和计件工资改革的甜头，四川省立即于1978年10月，在宁江机床厂等6家企业实行进一步扩大自主权的探索。当时的宁江机床厂年生产能力500—600台，主导产品已达到或接近国际先进水平，但却被作为国家计划分配物资积压在仓库里。1979年上级通知该厂削减指标，只生产300台。另一方面，是一些拿不到国家统分指标的企业，迫切需要这种机床，一封封求购信飞往宁江机床厂。但宁江机床厂却有产品不能卖，确切地说，是计划经济政策不允许工厂自行做主卖出产品。因为按照计划经济的要求，宁江机床厂完全按照下达的计划组织生产，材料由国家供应、产品由国家统分，技改由国家定，盈亏由国家负，工资由国家发，企业没有销售产品的

宁江机床厂通过竞争，产品由滞销变畅销。图为1980年7月工人在总装自动车床。

自主权。宁江机床厂就曾因卖自己的超产机床，而受到"私自处理国家计划产品"的追究。

试点过程中，国家第一机械工业部和四川省委决定在宁江机床厂改革机电产品分配办法，试行以销定产，产销直接见面。为了搞好这次改革，改变产需脱节的状态，厂党委一合计，他们决定效仿国外企业刊登产品广告。1979年6月25日，《人民日报》在第四版非常醒目的位置刊登了宁江机床厂产品的广告。广告一刊出，"一石激起千重浪"。

首先是销路大开。短短两个月就与全国各地用户签订了1300多台机床的合同，超过计划的3倍，要货的函、电、人员还在源源不断地涌向该厂。宁江机床厂生产的7毫米自动车床质量好，出厂价只有9500元，这使国内同类厂家感到巨大压力，迫使大家纷纷改善管理，节约成本，降低价格。上海第十一机床厂等厂家也跟着开始促销。

二是引起了一场激烈的争论。有些经济学家和政府经济管理部门的负责人认为，根据传统的马克思主义的经济学理论，生产资料是不

能作为商品进行流通的，所以对宁江机床厂的机床这一类生产资料作为商品进入流通领域，竟然在报纸上打广告表示反对和担忧。广大群众和用户则是赞扬和支持的多。8月5日，《人民日报》在头版头条以《产销直接见面供需双方满意》为题，发表了宁江机床厂把计划调节与市场调节结合起来的文章，在编者按中提出：希望有更多立志改革的人，解放思想，不怕麻烦，积极参加这种改革，力争早出经验，早见成效，使我们的经济建设更快地向前发展。并辟出专栏，刊登讨论文章，来稿者各抒己见，展开了一场很有意义的讨论。薄一波同志高度称赞道："这则广告在中国经济体制改革中立了一功。"

其实，改革开放后，广告就迅速在一些城市兴起，并由少到多、由点到面，在媒体、街道、路旁扩展开来。一时间，人们都感到很新奇。广告是商业社会的一种很普遍的做法，许多"金字招牌"主要是商品和服务质量的保证，也是通过广告宣传建立的商誉。广告外国有，中国也曾有，只是在"文革"中才逐步销声匿迹的。

1979年后，北京、上海、广东等地相继成立了专业广告公司。一些外商也开始在国内做广告，宣传介绍产品和企业。至1979年9月，全国有7家报纸和5家电视台刊登播放了外国商品广告。上海广告公司从4月开始到9月收入外商广告费70万美元，广东电视台到7月收入外商广告费80万港元，并签订年内播放合同300万港元。美、欧、日及港澳企业都纷纷与国内媒体办理广告业务。

这在当时引起了一些议论，甚至有人认为是"吹嘘和美化资本主义"。为此，有关部门及新闻单位经多次研究商讨，于1979年9月13日形成了《关于报刊、广播、电视台刊登和播放外国商品广告的报告》。该报告虽然认为应该积极地开展这项工作，但提出的管理建议还是限制多。9月18日，胡耀邦同志看到这个报告草稿时批示："我批注了一些意见。我觉得你们框框太多，限制过多，思想不够解放。要相信报刊、电台的同志能把这件事办好。"他对文中提出刊登播放广告应以国内为主的意见，批示："不要这样限制嘛。"对文中提出不刊登和播发烟酒、化妆品等消费品广告的意见，批示："烟酒广告可以不登，化妆品我看可以，其他许多消费品更可以"。胡耀邦同志的批示后来下发到了有关部门和地方，对促进广告业的发展起了很大作用。

但各地的做法也有不一致的地方。1980年10月13日，人民日报编印的《情况汇报》第508期上刊登了一篇"取消橱窗和路牌广告引起外商疑虑"的文章，反映4月份北京市有关部门发出《今后一律不再签订外商橱窗广告合同》的文件，7月提出"无论现在或将来，地铁都不能搞广告"，8月又提出"北京不搞外商广告的意见"，这些做法，引起了外商的不满和疑虑。

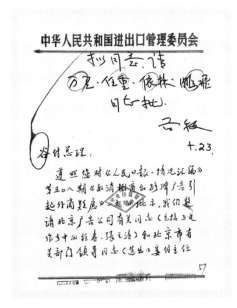

1980年10月22日，魏玉明就广告问题写给谷牧的报告。

10月16日，谷牧同志嘱国家进出口委副主任魏玉明同志研究一下，提出个处理意见。不久，经过两次座谈调研，魏玉明同志专报谷牧同志，提出了兼顾广告和市容建设的建议。指出，一方面，北京是首都，有很多名胜古迹，其市容风貌应该庄重；另一方面，允许外商设置一些广告，对扩大对外经济技术交流，开阔群众眼界，增加外汇收入，是有好处的。把两者结合起来考虑，北京可以有领导有控制地开展广告工作。专报还提出了早日制订广告法的建议。谷牧同志及万里、王任重、姚依林、姬鹏飞等领导同志均表示同意。

后来，经有关部门多方努力，1987年《广告管理条例》颁布实施，广告业发展才有了一个稳定的环境。

广告这种营销手段的兴起，标志着企业竞争理念的增强。四川宁江机床厂等试点企业通过扩大自主经营权、参与市场竞争激发了企业活力，1979年7月9日，在成都召开了全国工交会议，推广他们这种试点经验。国务院将《关于扩大国营工业企业经营管理自主权的若干规定》等五个"放权让利"的文件在会上进行了讨论，7月13日完善后正式下发，并要求有关部门组织好试点工作。国家经委、财政部等6个部委在北京、天津、上海3市，选取了首都钢铁公司、天津自行车厂、上海柴油机厂等8家大中型国营企业进行扩大自主权试点，将生产计划、资金使用、产品销售、利润分配、人事安排等部分权力下放给企业。到1980年6月全国试点企业发展到6600个。这6600个大中型试点企业，约占全国预算内工业企业总数的16%，产值的60%，利润的70%。从1981年起，扩大企业自主权的工作在国营企业中全面推开。

我国企业在开放中逐步学习国外管理经验和方法，开始打破了"大锅饭"的旧模式，迈开了以开放促改革促发展的步子。

历史的答卷，开放中确立市场经济

1977年邓小平同志复出后，不得不面对的一个重大问题是：是对传统的计划经济体制进行修修补补，还是"另起炉灶"？

当时，由于"左"的思想影响，人们普遍认为社会主义国家只能搞计划经济。在计划体制下，主要工农业产品都是实行统购包销，不能进入市场，消费品、生产资料和生产要素等市场也就无法发育起来。

1979年11月26日，邓小平同志在会见美国不列颠百科全书出版公司副总裁弗兰克·吉布尼和加拿大麦吉尔大学东亚研究所主任林达光等客人时，首次集中阐述了他对市场经济的思考，提出了社会主义也可以搞市场经济的思想。他指出："说市场经济只存在于资本主义社会，只有资本主义的市场经济，这肯定是不正确的。社会主义为什么

1979年11月26日，邓小平（右一）会见美国不列颠百科全书出版公司副总裁弗兰克·吉布尼（左二）和加拿大麦吉尔大学东亚研究所主任林达光（左一），第一次明确提出社会主义也可以搞市场经济。

不可以搞市场经济，这个不能说是资本主义。……社会主义也可以搞市场经济。"这一思想突破了长期以来的理论误区，带来思想的大解放。之后，各地纷纷开始学习和尝试市场经济的方法。

特区是最早学习和实践市场经济的"试验场"。在成立之初，中央明确提出：特区主要实行市场调节。蛇口工业区的建设就最先采用了市场化的办法。1979年创办时，中央给了香港招商局向外资银行借贷的权力。蛇口建设主要靠引进外资，第一批资金就是从香港银行借来的。

资金来源的市场化决定了运行的市场化。首先是在工程建设方面，他们按照出资方的要求，学习香港的做法，发包工程采取投标和订合同，解决了过去通过行政指定施工队，经常拖延工期的恶习。

四分钱奖金的效力　为推动生产，蛇口采用香港企业定额超产奖励的办法，在码头工程建设中实行了超产奖。具体规定为：每台运输车每班定额为44车。司机完成基本定额，每车次计发奖金2分钱；每超产1车，计发奖金4分钱；推土、挖土和后勤人员，按运输车完成定额和超产情况，分别计发奖金。这一办法实行后，调动了工人的积极性，平均每台车每天运输99.4车，超产55.4车，每人每天得超产奖

大锅饭吃不得
（作者篆刻）

1.62元。然而不久，根据有关部门关于奖金额不得超过工人一个半月到两个月工资额的规定，蛇口实行的这一办法被硬性停止，工人的积极性被挫伤，工效降低，整个工地由热腾腾变成慢吞吞，运输量和建设速度也随之降了下来，平均每台车每天运输由99.4车迅速下降为32.2车。按照这一速度，码头交付使用计划将要落空，从而影响外商来蛇口建厂。

胡耀邦同志从新华社1980年7月30日内参了解到这一情况后，立即做出批示："请谷牧同志过问一下此事。我记得中央讨论奖金时，中央并没有哪位同志同意奖金额不得超过一个半月到两个月工资额的规定。为什么国家劳动总局能这么办？交通部也这么积极？看来我们有些部门并不搞真正的改革，而仍然靠作规定发号令过日子。这怎么搞四个现代化啊？请你也顺便在财经领导小组开会时提一提。"

谷牧同志7月30日也在另件上批示：请建南、泽民同志考虑：既实行特殊政策，交通部、劳动局的这些规定，在蛇口就可以完全不执行。如同意，请通知广东。

第二天，江泽民同志立即组织贯彻，及时通知广东省的领导同志，并安排联系相关部门，要求把工作做细，分别通知到其在广东省的下属部门予以落实。

8月1日，谷牧同志接到胡耀邦同志批示后再次批示：我已通知广东拒绝执行这项规定。广东执行特殊政策、灵活措施，本来就可以不受这些规定的约束。

很快，蛇口便又恢复了超产奖。

江泽民关于蛇口超产奖问题的批示

特别是外资企业的进入，在蛇口形成了一个按市场经济方式运作的企业群。1979年9月，蛇口第一家合资经营"中宏制氧有限公司"落户蛇口工业区，两年中数百家合营、合作企业进入。这些企业在资金来源、法人地位、股东权益、经营管理等方面都按市场经济规则办事，使蛇口在管理上也采取了相适应的市场方式。

随后，蛇口开始实行经理负责制，企业定岗位、定成本、定利润；实行员工招聘制，允许员工和人才合理流动，工厂可以解雇工人，工人也可以辞职；工资、住房也进行了市场化改革。蛇口的做法很快扩展到整个深圳特区。这一做法，后来被概括为两大特征：外向型的经济和市场机制的管理。

1984年春，邓小平同志视察特区时肯定了蛇口的做法。后来，随着14个沿海城市和海南岛的对外开放，市场机制迅速扩展，在全国产生了示范效应。之后，效益观念、竞争意识、等价交换、法制意识等市场观念逐渐被人们接受，个体经济、乡镇企业、三资企业、股份制企业等新的经济体不断涌现，奖金、练摊、侃价、打工、下海、跳槽、炒鱿鱼等新词新语开始出现在人们的日常生活中。

科技人员尝试市场经济　　中关村原是北京城北的一个小村庄。1952年中科院在这里定址，加上北大、清华等高校，逐渐形成了高科技人才密集区，但这个优势长期没有发挥出来。

1980年10月，中科院研究员陈春先到美国考察波士顿"128号公路"及加利福尼亚的"硅谷"时，重点了解了"技术扩散区"和产、学、研密切联系的市场体制。回国后，他写了一份报告，提出在中关村建立"技术扩散区"，建设中国的"硅谷"。科技人员要像美国科学家一样，自己去借钱，合股开工厂，通过市场将科研成果迅速转化为生产力。

陈春先的想法得到了北京市科协的支持，同意他们用等离子体学会的名义办一个服务部，服务部由科协批准。科协还借给了他500元钱，并帮助他在银行开了一个公司账户。1980年10月23日，陈春先和中科院的14名科研人员，在中关村创办了全国第一个民办科技实体"北京等离子体学会先进技术发展服务部"。他们参照美国的市场运作方式，制定了一个经营方针：科技人员走出研究院所，遵循科技转化规律、市场经济规律，不要国家拨款，不占国家编制，自筹资金、自负盈亏、自主经营、依法自主决策。这个方针，后来成为中关村企业的共同理念。不久，中关村成为了广受关注的"电子一条街"。

这一现象还引发了有关"科研人员的任务究竟是什么"，"研究院所是否应办经济实体"等争议。1983年1月，一份反映有关争论的《内参》送到中央高层。胡耀邦、胡启立、方毅等同志很快做出批示，肯定陈春先的做法是带头开创新局面，是对头的，应予鼓励。

1988年5月，邓小平同志在中关村发展的关键时期，批准建立中关村科技园区，进一步提升了它在促进科技产业发展中的大市场作用。

在学习和实践市场经济的过程中，各地还有许多创新和探索，邓小平同志总是给予肯定。比如，开放之初发展起来的个体户，是学习市场经济最活跃的因素。那时，随着个体经济的发展出现了雇工，于是引发了雇工是不是剥削、市场经济要不要限制的争论。对这些争议，邓小平同志说：我的意见是放两年再看。如果你一动，群众就说政策变了，人心就不安了。又如苏南农民以市场经济方式发展乡镇企业，不久就有人说它搞乱经济秩序，不能发展。1983年2月6日，邓小平同志赴江苏考察。江苏的同志汇报说：社队工业的发展，归根结底，凭借的是灵活的经营机制，实行的是市场经济体制。从原材料的获得，资金来源，到产品销售，完全靠市场。听到这里，邓小平同志坚定地说："看来，市场经济很重要！"

邓小平同志关于扩大开放、发展市场经济的思想，很快就体现在党的文件中。1984年6月，中央开始起草《关于经济体制改革的决定》，拟在十二届三中全会讨论。

1984年10月20日，党的十二届三中全会通过了《中共中央关于经济体制改革的决定》。《决定》指出：加快以城市为重点的整个经济体制改革的步伐，是当前我国形势发展的迫切需要。改革的基本任务是建立起具有中国特色的、充满生机和活力的社会主义经济体制。《决定》强调：改革计划经济体制，首先要突破把计划经济和商品经济对立起来的传统观念，明确认识社会主义计划经济必须自觉依据和运用价值规律，是在公有制基础上的有计划的商品经济。商品经济的充分发展，是社会经济发展的不可逾越的阶段，是实现我国经济现代化的必要条件。

1984年10月20日，中共十二届三中全会作出《中共中央关于经济体制改革的决定》。图为邓小平在十二届三中全会上。

《决定》通过后，邓小平同志发言指出："这个决定，是马克思主义的基本原理和中国社会主义实践相结合的政治经济学。我有这么一个评价。但是要到五年之后才能够讲这个话，证明它正确。"这次全会后，市场化取向的经济体制改革逐步展开。

1984年10月21日，《人民日报》刊登《中共中央关于经济体制改革的决定》。

1984年10月22日，邓小平在中央顾问委员会第三次全体会议上高度评价《中共中央关于经济体制改革的决定》。

市场经济虽是在资本主义国家发展成熟起来的，但通过改革开放，我们把它学了过来。江泽民同志1992年6月9日在中央党校的重要讲话明确提出，我国经济体制改革的目标是建立社会主义市场经济体制，并得到党的第十四次全国代表大会的确认。市场经济这一课，具有深远的历史意义。

1989年11月9日，中共十三届五中全会后，邓小平（右六）和江泽民（右五）、李鹏（右七）、乔石（左六）、薄一波（右四）、万里（左五）、姚依林（右三）、宋平（左四）、杨尚昆（右二）、李瑞环（左三）、王震（右一）、胡乔木（左二）、宋任穷（左一）等同志合影留念。

开创伟业，在对外开放中学习提高

****

对外开放，是我国的一项基本国策，是发展中国特色社会主义、实现中华民族伟大复兴的必由之路，是邓小平理论的重要组成部分。

通过对外开放，敢用他山之石，扩大对外经贸合作，大胆引进国外的资金、技术和管理经验，并加以学习、借鉴和利用，杀出了一条血路，大大加快了我国工业化、现代化的进程，综合国力、经济实力和人民生活都得到了很大提升。2007年，全国进出口额21738亿美元，是1978年206亿美元的105倍。截至2007年底，累计实际吸收外资7800多亿美元。外向型经济吸纳就业一亿多人。中国经济已经成为世界经济的重要组成部分。中国国内生产总值占全球的比重由1978年的1%上升到2007年的5%以上。中国进出口总额占全球的比重由1978年的不足1%上升到2007年的约8%。中国经济对世界经济增长的贡献率超过10%，对国际贸易增长的贡献率超过12%。

30年的探索和实践，对外开放已深入人心，成就有目共睹，全国人民都从中受益。

30年的探索和实践，开放的中国国际地位已显著提高，对世界经济的贡献不断加大，世界人民也从中受益。

现在，我国对外开放的经验一天比一天更丰富了，我国人民对国际规则一天比一天更熟悉了，国内外两个市场、两种资源的结合一天比一天更紧密了。中国从来没有像现在这样离不开世界，世界也从来没有像现在这样需要中国。

展望未来，我国对外开放还任重道远。从国际看，经济全球化进程不断深化，各国互通有无、合作分工、你中有我、我中有你的格局不可逆转，主动适应这一趋势，是实现中国和平发展的必然选择。从国内看，一方面，与发达国家相比，我们在创新能力、尖端技术、高端品牌和人民生活水平等方面还存在着较大差距，实现邓小平同志提出的在建国100年达到中等发达国家水平的目标，对外开放仍有很长的路要走，还有许多问题有待解决，还有许多困难有待克服；另一方面，对外开放对我国经济增长的拉动明显，地位和作用不容忽视。因此，不论外部环境，还是内部需求，都决定我国必须坚持不懈地大力推进对外开放。

邓小平

邓小平同志在1992年南方谈话中坚定地说："不坚持社会主义，不改革开放，不发展经济，不改善人民生活，只能是死路一条。""基本路线要管一百年，动摇不得。"这番话掷地有声，振聋发聩，充分体现出他对中国社会主义改革开放和现代化建设事业不可逆转的坚定信念和认定目标、坚忍不拔、压倒一切艰难险阻的豪迈气概，永远激励着大家坚定不移地全面贯彻党的基本路线，沿着中国特色社会主义道路走向新胜利！

1992年1月20日，邓小平在深圳国贸大厦谈话时强调：基本路线要管一百年，动摇不得。

1989年11月9日，邓小平和江泽民在一起。

江泽民同志1998年在总结改革开放20年来我们党的主要历史经验时指出："历史的事实已充分说明，中国的发展离不开世界，关起门来搞建设是不能成功的。实行对外开放，是符合当今时代特征和世界经济技术发展规律要求的、加快我国现代化建设的必然选择，是我们必须长期坚持的一项基本国策。在我们这样一个人口众多的发展中的社会主义大国，任何时候都不能依靠别人搞建设，必须始终把独立自主、自力更生作为自己发展的根本基点，必须把立足国内、扩大国内需求作为经济发展的长期战略方针，同时又必须打开大门搞建设，必须大胆吸收和利用国外的资金、先进技术和一切进步的东西，大胆吸收和借鉴当今世界各国包括资本主义发达国家一切反映现代化社会化生产规律的先进经营方式、管理方法，把坚持弘扬我们民族的优秀传统文化同积极学习人类社会创造的一切文明成果结合起来，把利用国内资源、开拓国内市场同利用国外资源、开拓国际市场结合起来，把对内搞活和对外开放结合起来，这样就能不断为我

江泽民在党的十六大会议上

国社会主义现代化建设提供强大的动力。在对外开放的过程中，必须始终注意维护国家的主权和经济社会安全，注意防范和化解国际

风险的冲击，防范和抵制各种腐朽思想和生活方式的侵袭。在世界多极化和经济全球化趋势日益加强的今天，我们要进一步完善有关政策，继续坚定不移地扩大对外开放，不断丰富对外开放的形式和内容，不断提高对外开放的质量和水平。"

胡锦涛同志在党的十七大报告中指出："事实雄辩地证明，改革开放是决定当代中国命运的关键抉择，是发展中国特色社会主义、实现中华民族伟大复兴的必由之路；只有社会主义才能救中国，只有改革开放才能发展中国、发展社会主义、发展马克思主义。"

1992年10月19日，邓小平和胡锦涛在一起。

"改革开放作为一场新的伟大革命，不可能一帆风顺，也不可能一蹴而就。最根本的是，改革开放符合党心民心、顺应时代潮流，方向和道路是完全正确的，成效和功绩不容否定，停顿和倒退没有出路。"

胡锦涛在党的十七大会议上

正是由于全党全国人民始终坚持对外开放的基本国策，不断解放思想，深化改革，与时俱进，对外开放才有今天如此巨大的成就。

当我重新学习领会邓小平同志关于对外开放的重要思想和指示，回顾国门初开的那些历史片段，更加深了一个信念：任何一个民族的振兴，无疑主要是要靠自强自立，但自力更生与对外开放，利用国内国外两个市场两种资源，不但不相互矛盾，而且相辅相成。对外开放决不是权宜之计，而是我国需要长期坚持的基本国策，不仅现在要坚持，即使我国将来成为发达国家也必须永远坚持。

改革开放 振兴中华
（作者篆刻）

爱我中华 修我长城

黄崖雄关
（作者篆刻）

长城始建于战国时代，秦始皇统一中国后，为防止匈奴入侵，下令修建一座西自临洮（今甘肃省岷县）东至辽东的万里长城，历经 2000 多年的历史变迁和自然毁损，秦长城已大部不复存在。然而，历朝历代也有局部修建，特别是明代的大规模的修建，使得这座历史遗产并未完全消失。长城不仅是世界上宝贵的历史文化遗产，更是中华文明的精神象征。毛主席的名句"不到长城非好汉"，鼓舞着一代又一代中华儿女为民族伟大复兴而努力奋斗。

1984 年 7 月 5 日《北京晚报》报道了该报和北京八达岭特区等单位发起的"爱我中华 修我长城"社会赞助活动。时任中共中央政治局委员、书记处书记习仲勋同志得知此事后，立即表示"这是一个好的活动，是个大好事"，并应邀亲笔书写了"爱我中华 修我长城"题词，登载于 7 月 6 日的《北京晚报》。不久，《北京晚报》又登载了邓小平同志"爱我中华 修我长城"亲笔题词。在北京掀起了社会力量赞助修复长城的爱国主义热潮。

我当时在天津任副市长，后又兼任天津市委外经外事工委书记。由于我家在北京，并有长期订阅《北京晚报》的习惯，非常关注北京的这一活动。1984 年 9 月，为推动乡镇企业积极参与出口商品加工生产，我在天津蓟县召开对外经济贸易系统现场经验交流会。会议期间的一个周末，我问蓟县的同志：当地有没有可以参观的文物古迹？有一位叫李纯琳的同志说：有呀，有唐代建的寺庙独乐寺、辽代建的白塔、乾隆皇帝的盘山行宫，还有北齐和明代的古长城。听到说天津有长城，不但我才疏学浅不知道，就连天津市区来开会的同志们也都感到意外，同时我立即联想到邓小平、习仲勋这两位中央领导同志"爱我中华 修我长城"的题词，以及北京正在开展保护修复八达岭长城的爱国主义活动。我便追问大老李（当时李纯琳同志是县文化局副局长，我见他长得高高壮壮的，无意中给他起了一个绰号，后来大家也都这样亲切地称呼他），现在那座长城还看得见吗？他说能看见。我对他的话虽然有些将信将疑，但仍抱着好奇心说：好吧，今天我们就去看天津的长城。接着我们与会代表在大老李的带领下乘车来到长城附近的一个叫小平安村的村落。下车后，大老李指着远处的山顶说那就是长城。我们聚精会神地望去，确实能见到一些断断续续的长城遗迹。这时大老李开始讲述天津长城的故事。他说：蓟州长城始建于公元6世纪北齐年代，后历经数百年已逐渐残破消失。明代朱元璋灭元称帝后，担心退居北方的元军残部入侵，开始重修长城。公元1569年明朝抗倭名将戚继光任蓟镇总兵，总辖蓟州、昌平、辽东、保定军务，练兵备战。他认为倭寇虽暂时来不了，但北方敌军的进犯不可不防，此前所筑长城过于单薄，工事过于简单，不足以抵御来犯之敌。他上奏朝廷建议对原有长城改建加固。当时由于长年修筑长城耗资巨大，朝臣对此举颇有争议，幸好重臣张居正鼎力支持，隆庆帝准奏并拨库银20万两白银作为工程款项。戚继光在练兵同时，组织官兵参与修筑，仅用了3年，不但用城砖加固了原有长城，还加建了大量屯兵戍关、可攻可守的空心敌楼等防御设施。据说还将节省的一半银两上缴朝廷。戚继光镇守蓟州16年，蓟州边防固若金汤，抵御了来犯之敌，使百姓得以数十载的安宁。清兵入关后，虽然长城的军事使命不复存在，但也并未遭到故意破坏，用康熙皇帝的话说："留得胜迹壮山河"，在土地革命战争和抗日战争时期也留下了许多与长城有关的可歌可泣英雄事迹。听完他的叙述，我不仅对天津有长城深信不疑，也为他对长城的研究所感动，我问他：到长城脚下有路吗？他说没有正规的路，但步行可以去。我又问他远吗？他说，不太远。我说：走，去看看。但走着走着还未到达，我问大老李还有多远，他总是说快到了。在大家的坚持下，终于走到了古长城的脚下。我对大老李说：你说不太远，其实还是挺远的。他笑着说：我要是说远，你们可能就不来了嘛。这时大家抬头仰望，长城遗迹清晰可见。我又问大老李：能爬上山去看吗？他说：可以，还说他曾上去过多次。我对大家说：毛主席说"不到长城非好汉"，怎么样，上不上？大家虽有些疲劳，还是大声回应：上！于是大家跟着大老李当"好汉"向山顶攀登，然而攀登到一半时，大多数同志已累得不行，掉队了，登到山顶时，只剩下大老李和我等寥寥数人了。虽然眼前的古长城只是残垣断壁，但在群山斜阳的映照下，还是甚为壮观，更能引起"赤壁怀古"之遐思，我即兴说出"群山重叠，银蛇蜿蜒，橙碧交辉，气象万千"的感言。接着，大老李对我们说，他曾来过多次，每来一次，都感到心疼，由于无人保护，这些断壁残垣的城砖（当年戚继光修长城时，城砖上还刻有制砖者的印迹，也是文物）也因被盗窃而越来越少了，如果再不保护，有朝一日恐怕连残垣断壁都没有了。这时我对他说：好一个大老李啊，你把我们"骗"来是向我们呼吁保护长城，保护文物，真是用心良苦啊。大老李也调侃地说：你是天津第一位来此的"大官"，机不可失，只能把您"骗"上来亲自看看，向您呼吁呼吁啊！我当时立即联想到两位中央领导"爱我中华 修我长城"号召修复长城的题词和北京保护修复长城的活动。我想天津也有长城，作为天津的中华儿女也应当对保护修复长城有责啊！于是我进一步问大老李：关于当年的黄崖关长城的全貌有确切的史料吗？他说有，并进一步向我们介绍了有关情况。

回到市里后，我又把《北京晚报》的有关报道仔细翻看一遍，被北京市民修复长城的爱国热情深深感动。我利用假日回北京的机会，找到研究长城的专家罗哲文先生，向他请教了有关蓟州古长城的情况和有无修复的可能，罗先生证实了大老李所说大体属实，并可提供有关史料供修复参考。有了专家支持，我心中有了底，便向市委、市政府主要领导同志汇报蓟州古长城的情况和保护修复的想法，并得到他们的充分肯定。记得当年9月下旬，市委、市政府决定修复天津蓟县境内古长城，并成立"爱我中华 修我长城"社会赞助活动指导委员会，由市政府主要领导同志为主任、市委和市政府有关领导同志为副主任，其中包括我，这项工作本不属我的分工范围，这是给我增加的一项任务。9月底，市里召开动员大会，市政府主要领导同志宣布响应中央领导同志号召，在天津开展保护修复蓟州段长城的爱国主义活动，获得社会各界的热烈响应，有300多家单位参与发起倡议。

根据史料记载，蓟州境内的长城虽然按古代的建制级别不如北京的长城，但各种防御设施多样复杂，修建的工程量不小。据有关专家估算，至少需要1000多万元，这在当时是一笔巨额的资金，市财政根本无法承担。经研究决定，考虑到天津实际情况，由在津企事业单位自愿赞助为主，不强调市民个人捐款，更不得强行摊派，能筹款多少筹多少，先起步修复，分阶段进行。我按照市委、市政府的部署，准备召开一次认捐大会。10月2日，利用国庆假期，我和300多位赞助倡议单位的代表来到长城遗址参观考察，随后在蓟县人民礼堂召开保护修复黄崖关长城赞助捐赠大会。记得与会代表们排着长队，争先恐后地登台讲述他对"爱我中华 修我长城"的感受，以及保护修复的迫切性，慷慨解囊，踊跃捐输，当场确认的赞助款额超过预期，高达700多万元，解决了起步资金问题。市里决定设立"长城基金"，要求工程款项精打细算，严禁挪作他用，账目公开由审计部门严格监督。

由于修复古长城是一项非常严肃的文物保护工程，必须认真做好施工前期准备工作，首先抓四件事：一是聘请罗哲文先生等长城专家为顾问，指导论证保护修复的设计方案。我记得罗先生曾强调，修复工程要做到"修旧如故",古长城遗迹必须保护,没有遗迹的必须按史料修建,尽量恢复明长城原来的面目。二是组织工程指挥部。由蓟县正、副县长同志任正、副指挥,李纯琳同志也任副指挥。为便于市政府和赞助方沟通衔接,经研究,李纯琳同志改任县外经外事办公室副主任,同时考虑到李纯琳同志对古长城历史比较了解,对保护修复长城有强烈的责任心,由他兼任长城主体施工现场指挥部指挥。三是道路问题。由于从公路边的村落到长城遗址都没有路,不解决道路问题,施工人员、建材等统统上不去,根本无法施工。当年我曾好奇地问过大老李,戚继光修长城时,城砖是怎样运上去的?他说是每只羊背两块赶上去的。当然我们现在也不可能用羊来运输,必须先修路。我想,当年戚继光在练兵同时还组织士兵参与修建长城,我们附近不也有驻军嘛,而且是机械化部队。他们虽不擅长古建筑的施工,但修路总可以吧。于是找到当地驻军的领导,他们非常支持,表示他们不但有技术有能力,而且对部队也是非常好的爱国主义教育,但是动用部队他们没有权力,需请示军委总参谋部。经过他们请示和市里帮助向总参沟通,当地的驻军部队担负了修路的任务,解决了一大难题。四是仿制城砖,准备修建材料。为保证城砖的质量,还派人去苏州学习制砖的非遗工艺。

修复工程设计经过严格的评估审定,工程分三期进行,三年完成。大家认为,当年戚继光修建蓟州长城也只用了三年,我们也应当可以。经过紧张而认真的前期准备工作,1985年7月,第一段古长城现场全面施工,一场"爱我中华 修我长城"的大会战轰轰烈烈地展开了。有钱出钱,有力出力,经过所有参与者(包括前期工程参与者)近一年的共同努力奋战,1985年10月,第一期工程竣工。又经过一年的继续奋斗,1986年10月,第二期工程竣工。两期工程共修建明长城墙3025米、关城环城860米、敌楼20座、关城、城楼、角楼、门洞、水门、水关等项目,长城本体修复工程基本完成,还新建了黄崖关博物馆和长城管理所。接着继续筹划进行第三期，包括黄崖关城、牌楼、城里的八卦街、戚继光石雕像等项目。由于当时捐赠款项已经用完，市委、市政府决定由市财政拨款完成第三期工程，戚继光石雕像由团市委组织制作捐赠。第三期工程开始时，我已调任到对外经济贸易部工作，没有再参与了。

天津蓟县黄崖关古长城得以快速保护修建，首先是邓小平、习仲勋等中央领导的高度重视和亲自号召，当时市、县各级领导、各单位、广大群众大力支持，进一步激发了渗透于中华儿女思想基因中的"长城精神"。一线施工人员的奋斗和现场热火朝天的施工会战情景，我至今仍记忆犹新，难以忘怀。就拿我比较熟悉的李纯琳同志为例，他不仅是呼吁保护修复黄崖关古长城的"吹哨人"，也是保护修复工程的现场指挥，记得他当时的誓言是："就是累死在长城，也要把工程全拿下来！"在施工过程中，他始终与其他施工人员一样，吃住在工地，起五更睡半夜，常常几个月不下山，即使下山办事，也常常是过家门而不入。由于工作量大，质量要求高，任务十分繁重，他几次累成重病，高烧不退，嘴上起泡，满脸红肿，他还要求同志们为他保密，不要告诉家人，仍坚持在工地指挥施工。当时为保护修建古长城作出贡献的人很多，也留下许多"爱我中华 修我长城"的感人故事和难忘的记忆。蓟县古长城的保护和修复，是与所有参与者的辛劳和汗水分不开的，他们的奋斗和努力，不仅抢救了一处行将消失的珍贵古迹，也为天津增加了一处爱国主义教育基地和旅游景点。

黄崖关长城保护修建工程全部完工后，蓟县的同志们常捎信希望我回去看看，当时由于工作忙去不了，后来终于找了一个假日约请了谷牧等老一辈领导同志一起去参观了一次。当这段历经 400 多年时代更迭和风雨沧桑、濒临消失的古老长城再现眼前时，这位十分关心文物保护的老人家兴奋不已。多年后，有一次我出差到深圳，去迎宾馆兰园看望在那里休养的习仲勋同志，聊天中还提起当年天津保护修复黄崖关古长城往事，我说：当年要不是小平同志和您亲自号召，也许这段长城就消失了。当他听到现在黄崖关长城已成为爱国主义教育基地和文化旅游景点时，非常高兴。

1987 年，我国的长城由联合国教科文组织列为世界文化遗产，使这一享誉全球历史文明奇迹的金色名片，更加闪耀。回顾当年保护修复古长城的往事，我深切缅怀邓小平、习仲勋等老一辈无产阶级革命家的高瞻远瞩。他们发出"爱我中华 修我长城"的号召，开始了我国历史上最大规模的长城保护修建工程，东起山海关西至嘉峪关、玉门关，全国各地尚存的和行将消失的"万里长城"，都陆续得到必要的保护和修复，屹立于神州大地。"不到长城非好汉"具有丰富内涵的长城精神，激励着中华儿女在中国特色社会主义的康庄大道上，深化改革，扩大开放，为中华民族伟大复兴不断攀登前进。

群山重叠银蛇
蜿蜒擎碧交辉
气象万千

一九八四年秋 石家庄 刘情渡蓟州古长
城登太平寨怀感 李岚清句 王颂馀书

编者后记

　　为纪念邓小平同志，纪念改革开放30周年，去年下半年，我们向李岚清同志提出了采访的要求。岚清同志是对外开放领域的老领导，为之付出了很多的心血，倾注了很深的感情。在采访过程中，他对对外开放初期的历史如数家珍，娓娓道来。他对这段历史的切身的感受和独到的见解，深深地感染了我们。把他讲述的内容记录下来，就是一部生动的对外开放创业史。近年来，他为广大读者先后写作了教育、音乐、篆刻等书籍，深受欢迎，特别为青年人所喜爱。请他写作一本关于对外开放的书籍，成为我们和读者共同的期盼。我们多次向他表达了这一愿望。令人惊喜的是，半年之后，这部《突围》的书稿真的就呈现在我们面前。我们荣幸地成为了第一读者。

　　岚清同志在本书中以自己的所知、所为、所见为素材，记述国门初开的那段岁月，真实、感人。早在1978年，他就作为国家重点工程——重型汽车厂筹备处负责人，主持引进成套技术设备的对外谈判工作，接着按照邓小平同志的批示，谈判中外合资经营，并参与了我国中外合资经营企业有关法律、法规、条例等的起草工作。1981年，他任国家外国投资管理委员会政府贷款办公室负责人，组织利用外国政府和国际金融组织的贷款工作，支持建设了一批重大项目。1982年，他任对外经济贸易部外资管理局局长，推动创办了一批早期的中外合资企业，为打开我国利用外资的局面做出了努力。他带队前往广东调研，召开利用外资座谈会，为南方省份和特区发展献计献策。

1983年，他调任天津市副市长，分管全市涉外工作，指导天津经济技术开发区的创建和天津港改革，为全国做出了探索和示范。1986年后，他历任对外经济贸易部第一副部长、部长，参与领导"复关"、中美知识产权等早期重大对外谈判，组织推动外贸管理体制和国有外贸企业改革，提出了以质取胜战略和市场多元化战略。1992年后，他到中央工作，历任中共中央政治局委员、常委，两届国务院副总理，成为第三代领导集体成员。他坚持贯彻对外开放的战略。作为30年对外开放的全程参与者、执行者和见证者，他将亲历的历史再现于读者面前，不仅具有权威性，而且令人感到十分亲切。

一读到这部书稿，我们就感受到了它的厚重。岚清同志认为，一部对外开放的历史无疑是决策人、执行人和人民群众共同奋斗集成的。因此，这部书稿从全局和历史的高度，用丰富的第一手资料，比较系统地回顾了对外开放初期有关重大事件，真实地再现了以邓小平同志为核心的党的第二代中央领导集体带领全国人民进行对外开放的伟大探索和实践，展示了邓小平同志作为倡导者、总设计师，在对外开放初期的关键时刻和重大决策上的战略思维、非凡胆识和历史性贡献；展示了一大批中央、地方领导干部和人民群众作为先行者，在实际工作中对强国富民之路的探索思考，在对外开放初期"敢为天下先"的开拓精神和首创精神；揭示了我国实行对外开放的必要性、艰巨性和开创性，回答了人们关心的一些重大实践和理论问题。因此这部书稿不仅具有历史研究价值，而且具有理论研究价值。

在编辑过程中，我们时时感受到岚清同志的历史责任感和实事求是的科学态度。为写好一部信史，岚清同志严谨细致，精益求精，在回忆的基础上，查阅了大量史料和文献，考察了有关省市，寻访了多位当事人，反复求证、一再斟酌，力求史料翔实、准确。岚清同志在书中体现的严谨和务实的治学作风，诚如他在与我们对话中所谈到的那样，在他的心目中，这是一件非常严肃的事。全书提到的人物、讲述的故事、涉及的事件、谈到的项目，都是史实。很多珍贵史料和图片属首次公开披露。特别是对一些重要事件和历史关键点，岚清同志都画龙点睛地加以描述，做到夹叙夹议，以便于读者理解。本书见事、见人、见理，内容丰富，思想深刻。

我们感到，本书采用故事叙事、图文并茂的体裁，别具一格，令人耳目一新。书中用小故事阐述大历史，用人们身边的小事情说明大道理，以故事作为记叙的基本元素，以对外开放为主线，以创办经济特区、引进技术和设备、举办中外合资企业、利用外国政府贷款、探索外贸体制改革等重点突破领域为面，立体地再现了国门初开的历史场景，阐述了高层决策和具体实践的过程，以及收到的实效和值得汲取的经验教训，辅之以文献、档案资料、领导人手迹和照片，把历史还原得生动活泼，趣味盎然。读者既可以浏览图片，感性阅读；又可以品味故事，理性思考；两者相得益彰，引人入胜。记住一则故事，一帧图片，就记住了一段历史。

从本书的字里行间，可以读到岚清同志对改革开放事业的坚定信念和深深热爱，对邓小平同志等老一辈领导人的崇敬和缅怀。特别是书中首次披露了许多关于江泽民、谷牧等党和国家领导人在对外开放初期创业活动的历史资料，更加全面地反映了他们在对外开放初期所做出的突出贡献，弥足珍贵。

历史是一面镜子。岚清同志多次对我们说，此书主要是为没有经历过那段历史的青年写的，目的是帮助他们加深对对外开放重大意义的理解，在以胡锦涛同志为总书记的党中央领导下，更自觉地做好这方面的工作，并将对外开放事业一代一代地进行下去。为此，本书在体例安排、叙事方式、语言风格上，无一不是为了便于青年朋友阅读考虑，寄托着岚清同志对年轻一代的关爱和期待。这是一本写给青年的书，写给未来的书。

本书的编辑出版工作得到中央文献研究室冷溶、杨胜群和李捷等几位负责同志的热情指导和帮助。廖晓淇、赵维绥、郭向远、赵晓江等对编辑工作提出了许多宝贵意见。冯云生、王建平对编辑工作给予了具体的指导。中央文献研究室、中央档案馆、商务部、教育部、财政部、港澳办、新华社、国家外专局、国家图书馆、中国机械档案馆，以及北京、天津、上海、广东、福建等地的有关单位提供了部分资料和图片，在此一并表示感谢。

参加本书编辑工作的有闫建琪、龙平平、储士家、刘景嵩、赵贤权、王斌等。

编者

2008年10月

历史真实之再现

（作者篆刻）

图书在版编目(CIP)数据

突围——国门初开的岁月/李岚清著.—北京:中央文献出版社,

　　2008.11

ISBN 978-7-5073-2664-2

Ⅰ.突…　Ⅱ.李…　　Ⅲ.改革开放—历史—中国

Ⅳ.D61

中国版本图书馆CIP数据核字(2008)第161098号

特约编辑 / 龙平平

责任编辑 / 边彦军　杨茂荣

责任印制 / 郑　刚

装帧设计 / 北京飞亚景设计工作室

出版发行 / 中央文献出版社

社　　址 / 北京市西四北大街前毛家湾1号

邮政编码 / 100017

网　　址 / www.zywxpress.com

购书热线 / 010 — 66513569,63097018

经　　销 / 新华书店

印　　刷 / 北京华联印刷有限公司

开　　本 / 800×1100mm　1/16

印　　张 / 25.25

字　　数 / 330千字

版　　次 / 2008年11月第1版

印　　次 / 2024年6月第20次印刷

定　　价 / 88.00元